낚시 Q&A ④

배스낚시 100문 1000답

낚시춘추 편집부

예조원

엘도라도 제너레이션[ELDORADO GENERATION]
NEW
THE GOLDEN STICK FOR BASS
eldorado generation
배스 빅원을 꿈꾸는 자의 선택, 엘도라도 제너레이션
NS
FEATURES
1
2
3
4
AXIS
GRAPHITE UNIT
1.FUJI TITAN "K-T2" GUIDE, SiC TOP~ 4개 TORZITE 사용
2.FUJI ECS, VSS REEL SEAT 적용
3.TIP T2-TORZITE GUIDE 적용으로 바란스를 최적화 시킴
4.CP 020 4YA-5(8축 원단) 원단을 사용하여 블랭크의 뒤틀림과 강도를 향상
대한민국 대표 낚시브랜드 Black Hole

eldorado THE GOLDEN STICK FOR BASS generation

엘도라도 제너레이션 NEW

규격	전장 (m)	절수 (本)	접은길이 (cm)	무게 (g)	선경 (mm)	원경 (mm)	LURE wt. (oz)	LINE (lb)	GUIDE (ea)	GRIP (mm)	판매가 (원/₩)
S·632 UL·ST	1.90	2	98.0	98	0.9	9.6	1/32~3/16	2~6	9	180	630,000
C·652 ML·L·ST	1.95	2	101.5	113	1.0	9.9	1/16~3/8	4~12	10	210	650,000
C·682 XM	2.03	2	105.0	123	2.0	10.8	1/4~2	8~20	10	250	660,000
C·682 XMH	2.03	2	105.0	133	2.2	11.2	3/8~3	10~28	10	270	660,000
C·702 XH	2.14	2	111.0	149	2.3	11.9	1/2~4	12~36	10	300	690,000

※구매일로부터 1년 이내 1회 무상A/S

CARBON 99%

※제품 규격 및 디자인과 판매가는 품질향상 등의 이유로 사전 예고 없이 변경될 수 있습니다.

타란튤라 엣지[TARANTULA EDGE]
Tarantula
EDGE
새롭게 돌아온 신화!
AXIS GRAPHITE UNIT
QUALITY N·S PRODUCT
대한민국 대표 낚시브랜드 Black Hole

타란튤라 엣지 [TARANTULA EDGE]

규 격	전장 (m)	절수 (本)	접은길이 (cm)	무게 (g)	선경 (mm)	원경 (mm)	LURE wt. (oz)	LINE (lb)	GUIDE (ea)	GRIP (mm)	판매가 (원/₩)
TES-671 ML-ST	2.01	1	201	110	1.1	10.9	1/8~3/8	4~10	9	230	380,000
TEC-671 L-ST	2.01	1	201	116	1.0	10.3	1/16~1/4	4~8	10	210	380,000
TEC-671 M	2.01	1	201	122	1.5	10.4	1/4~3/4	8~14	10	245	380,000
TEC-6101 MH	2.09	1	209	128	1.6	11.0	3/8~1	10~20	10	250	390,000
TEC-721 XXH	2.19	1	219	157	1.9	11.9	3/8~4	P.E 2~6 호	10	285	395,000
TES-672 ML-ST	2.01	2	104	105	1.1	11.3	1/8~3/8	4~10	9	230	380,000
TEC-672 L-ST	2.01	2	104	113	1.0	11.3	1/16~1/4	4~8	10	210	380,000
TEC-682 M	2.03	2	105	123	1.3	11.5	1/4~3/4	8~14	10	245	385,000
TEC-682 MH	2.03	2	105	127	1.3	11.7	3/8~1	10~20	10	250	385,000
TEC-702 H	2.14	2	111	140	1.7	13.1	3/8~2	12~25	10	270	390,000
TEC-722 XH	2.19	2	113	146	1.8	13.4	3/8~2 1/2	P.E 2~4 호	10	285	395,000

CARBON 99%

※1pcs 구매일로부터 1년이내 1회 25% 구매 / 2pcs 구매일로부터 1년이내 1회 무상A/S

※제품 규격 및 디자인과 판매가는 품질향상 등의 이유로 사전 예고 없이 변경될 수 있습니다.

GUIDE SYSTEM	FUJI "K" GUIDE, SiC 사용
REEL SEAT DESIGN	REEL SEAT는 FUJI 최신형 시트로 슬림하여 그립감을 향상시킴.
SPECIAL TECHNOLOGY	TIP TITANIUM GUIDE 적용으로 밸런스 최적화 실현
BLANK TECHNOLOGY	CP 020 4YA-5 원단사용 (8축 원단)

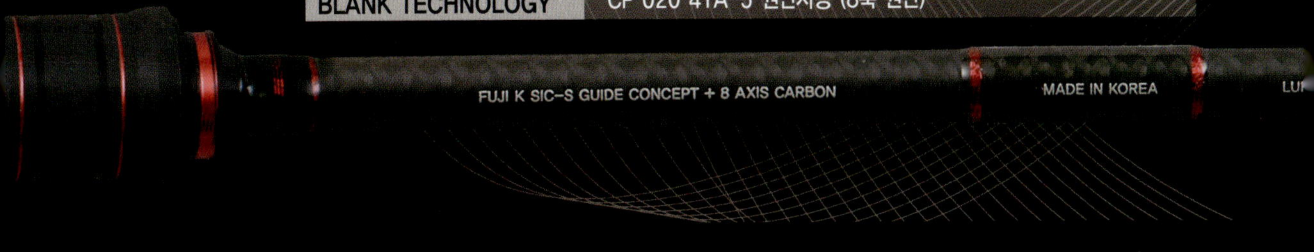

N·S 주)엔에스 인천광역시 남동구 염전로411번길 38 Web: http://www.nsrod.co.kr
TEL 032)868-5427 A/S 문의처 032)868-1004 FAX : 032)868-5423

다크호스 배스V2 [DARK HORSE BASS V2]
DARK HORSE
BASS V2
혁신적인 제품 사양으로 특별 기획되다.
GRIP 175mm
SPINNING MODEL (S-682M)
GRIP 245mm
CASTING MODEL (C-682M)

DARK HORSE BASS V2

다크호스 배스 V2

규격	전장 (m)	절수 (本)	접은길이(cm)	무게 (g)	선경 (mm)	원경 (mm)	LURE wt. (oz)	LINE (lb)	GUIDE (ea)	GRIP (mm)	판매가 (원/₩)
S-672ML	2.01	2	104	115	1.6	11.9	1/8~3/8	4~8	8	165	105,000
S-682M	2.03	2	106	117	1.7	12.6	3/16~1/2	8~14	8	175	105,000
C-642ML	1.93	2	101	115	1.6	11.7	1/8~1/2	6~12	9	235	105,000
C-682M	2.03	2	106	119	1.7	12.6	3/16~3/4	8~14	9	245	105,000
C-682MH	2.03	2	106	128	1.8	13.0	3/8~1	10~16	9	245	105,000
C-692H	2.06	2	107	137	2.0	13.3	1/2~11/2	10~20	9	255	105,000
C-732XH	2.22	2	115	164	2.3	14.2	1/4~4	12~25	9	290	110,000

※구매일로부터 1년 이내 1회 무상 A/S

CARBON 99%

※제품 규격 및 디자인과 판매가는 품질향상 등의 이유로 사전 예고 없이 변경될 수 있습니다.

GUIDE SYSTEM	FUJI GUIDE 시스템
REEL SEAT DESIGN	캐스팅 : ES-06C REEL SEAT / 스피닝 : ES-05S REEL SEAT채용
SPECIAL TECHNOLOGY	콜크 원그립 채용
BLANK TECHNOLOGY	CF 1115-1 원단사용 블랭크 보강

文武兼備(문무겸비) – 이론과 실전을 겸비한 낚시

붕어낚시 이론서

송귀섭의 붕어낚시 첫걸음

FTV 〈월척특급〉을 통해 잘 알려진 평산 송귀섭 선생이 그의 일생에 걸친 낚시 노하우를 알기쉽게 풀어낸 '전통 붕어낚시 교과서'

송귀섭 | 올컬러 248쪽 | 13,000원

붕어 전층낚시 첫걸음

일본 떡붕어낚시 명인(名人) 고야마 게이조씨가 특별 집필한 붕어 전층낚시 바이블. 부록으로 '한국의 名떡붕어낚시터 200선' 수록.

고야마 게이조 | 올컬러 204쪽 | 13,000원

송귀섭의 붕어 대물낚시

취대비취소(取大非取小)! 30.3cm 월척을 넘어 4짜, 5짜를 위한 특급 프로젝트. FTV 월척 전도사 송귀섭 씨가 밝히는 대물 붕어 공략의 준비에서 완성까지.

송귀섭 | 올컬러 400쪽 | 17,000원

실전! 월척 쉽게 낚는 책

'초고속 월척 사냥술'로 불리는 〈서찬수의 갓낚시〉를 체계화한 이론서. 새우 미끼로 떡밥보다 더 많은 마릿수를 올리는 비결은?

허만갑 | 312쪽 | 13,000원

붕어낚시 100문 1000답

우리나라 붕어낚시의 기초에서부터 전층(중층) 기법에 이르기까지 붕어낚시 전 분야를 가장 알기 쉽게 풀이한 문답식 가이드 북.

낚시춘추 편집부 | 336쪽 | 13,000원

민물낚시터 안내

낚시터백과 1 – 경기 · 강원편

인천 · 경기 · 강원 지역의 붕어낚시 명당 208개소의 상세정보 외, 전체 803개 낚시터에 대한 기본정보가 부록으로 수록돼 있다.

이영규 | 올컬러 256쪽 | 14,000원

낚시터백과 2 – 충남 · 충북편

대전 · 충남 · 충북 지역의 붕어낚시 명당 210개소의 상세정보 외, 전체 1,783개 낚시터에 대한 기본정보가 부록으로 수록돼 있다.

서성모 | 올컬러 272쪽 | 14,000원

낚시터백과 3 – 대구 · 경북편

대구 · 경북 지역에 소재한 붕어낚시 명당 308개소의 상세정보 외, 전체 3,300여개 낚시터에 대한 기본정보가 부록으로 수록돼 있다.

이기선 | 올컬러 328쪽 | 14,000원

낚시터백과 4 – 부산 · 경남편

부산 · 울산 · 경남 지역의 붕어낚시 명당 381개소의 상세정보 외, 전체 3,531개 낚시터에 대한 기본정보가 부록으로 수록돼 있다

서찬수 · 허만갑 | 올컬러 368쪽 | 16,000원

낚시터백과 5 – 전남 · 전북편

광주 · 전남 · 전북 지역의 붕어낚시 명당 390개소의 상세정보 외, 전체 5,416개 낚시터에 대한 기본정보가 부록으로 수록돼 있다.

낚시춘추 편집부 | 올컬러 472쪽 | 18,000원

Steady seller

최신 전국낚시지도

민물 · 바다 · 루어낚시터 총 10만여 개소의 위치를 한 권의 책에 집대성하여 대한민국 낚시터를 한눈에 볼 수 있는 500만 낚시인의 출조 길잡이.

낚시춘추 편집부 | 올컬러 408쪽 | 30,000원

우리바다 어류도감

국내 최초! 육상 및 수중에서 촬영한 우리 바다 어류 334종 자연 모습 그대로! 낚시인과 낚시점, 수산업 관계자들의 필독 애장서.

명정구 외 | 올컬러 288쪽 | 30,000원

Total fishing

낚시 채비 대백과

민물과 바다, 우리나라 낚시대상어 80여종의 생태와 장비 · 채비 · 기법 및 미끼 사용법까지를 일목요연하게 정리한 종합 백과사전.

낚시춘추 편집부 | 올컬러 370쪽 | 18,000원

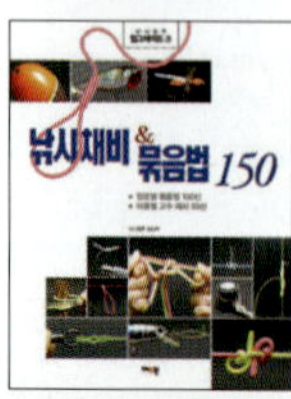

낚시 채비&묶음법 150

낚시의 기본은 채비! 채비의 기본은 묶음법! 각종 채비 묶음법 150가지로 초보자도 단숨에 고참의 경지에 오를 수 있는 마술의 책!

낚시춘추 편집부 | 276쪽 | 12,000원

전국 대형 온,오프라인서점 및 낚시 쇼핑몰에서 절찬리 판매중!

배스낚시의 매력은 무엇일까?
강렬한 바늘털이? 낚시인의 머리 꼭대기에 올라가 있는 듯한 명석한 두뇌?
전국의 강 · 호소에 널리 퍼져 있는 풍부한 배스 자원? 고기 욕심을 벗어날 수 있는 매너?
걱정하지 말자. 굳이 어느 한 가지를 꼽느라 머리를 싸맬 필요가 없다.
어느 것 하나 배스낚시의 매력 아닌 게 없기 때문이다.

LOWRANCE

배스낚시는 역동적인 낚시다. 파워풀한 낚시다.
또 낚시를 하는 동안 계속 공부를 하게끔 만드는 지적(知的)인 낚시이기도 하다.
그리고 또 하나, 배스낚시는 젊음이 넘치는 낚시다. 아니 배스낚시는 마술사이기도 하다.
남자건 여자건, 노(老)건 소(少)건 배스 낚싯대 한 대 들고 나서면
의욕과 활력이 넘치는 젊은 배서(basser)로 탈바꿈시켜주기 때문이다.

머 리 말

배스가 우리나라에 들어온 지 올해로 32년, 낚시 대상어로 자리 잡은 지는 25년여로 계산된다.

1973년 6월 15일 국립수산진흥원 산하 청평내수면연구소에서 평균 3~4cm 크기의 배스 치어(稚魚) 500마리를 미국 루이지애나주(Louisiana州)로부터 들여온 것이 시초이다. 무지개송어가 도입된 지 8년 후의 일이며, 일본에 배스가 도입된 시기(1925년 5월)와 비교하면 50여년의 차이이다.

1973년 도입 이후 1978년도까지 청평내수면연구소에서 양식된 배스는 약 1만 9천여 마리. 이 가운데 500여 마리가 개인에게 분양되었으며, 나머지 1만 8천여 마리의 치어가 청평 조종천과 팔당호 등지에 시험 방류되었는데, '생태계 위협' 이라는 학계의 반대 여론에 밀려 1978년 이후부터는 더 이상의 공식 방류를 중단한 것으로 알려진다.

그 후 1979년~1980년 사이, 팔당호 양수리 일대에서 처음으로 대낚시에 잡히기 시작한 배스는 1990년대 들어 우리나라 루어낚시의 새로운 장르를 형성함과 동시에, 급속도로 확산된 서식처만큼이나 '국내 생태계를 교란하는 유해 외래어종' 으로 지목되고 있다.

이 같은 배스에 대해 국내 낚시계의 의견은 찬반양론으로 나뉘고 있다. 퇴치론과 활용론이 그것인데, 한 가지 분명한 것은 배스는 물론, 새로운 환경에 정착한 외래 동식물은 인위적인 퇴치가 불가능하다는 점이다. 이에 배스의 유해성 논란과는 별도로 본서(本書)에서는 우리나라에 배스가 유입된 정확한 근거를 밝히는 한편, 배스의 종류 및 습성 등, 그간 외지에 의존하던 배스의 생태학 측면까지 깊이 고찰하였다.

이 책을 펴내기 전까지 국내 배스낚시에 관한 이론과 실제는 본사에서 매월 발행되는 〈낚시春秋〉 지면을 통해 차츰 체계화되기 시작했으며, 이후 99년부터 여타 출판사에서 몇 종의 배스 전문 단행본이 출간되기도 했다. 그러나 배스가 외국으로부터 이식된 어종인 만큼 배스낚시에 관한 이론 역시 외국 서적에 의존하는 경향이 많았고, 각종 용어 또한 외국어 그대로 구사되거나 심지어 오역(誤譯)하는 사례마저 잦아 혼란을 가중시켰다. 게다가 배스 전문 필자 또한 저마다의 이론과 취향이 다르고, 널리 검증되지 않은 주관적 견해가 많아 우리나라 실정에 맞는 배스낚시 통합 이론서를 꾸미는 데 장애 요인이 되었다.

이에 본서는 배스낚시에 관한 '단순한 지식이나 테크닉의 과시가 아닌, 누구나 쉽게 이해하고 편하게 따라 할 수 있는 현장 가이드 북' 을 지향하고자 했다. 이를 위해 배스낚시의 본고장인 미국과 일본의 다양한 전문 서적과 관련 잡지를 참고한 것은 물론, 국내에 배스가 도입된 이래 낚시춘추 지면에 다뤄진 기사 및 관련 자료들을 최대한 검색하여 에센스 부분을 추출해냈다. 더불어 경향 각지, 배스 전문 꾼들의 낚시 패턴을 취합, 우리나라 낚시 풍토에 맞는 이론과 실기를 집대성함으로써 명실 공히 이 책이 '한국판 배스낚시의 결정판' 이 되고자 했다. 이를 위해 중구난방 식으로 구사되고 있는 배스낚시 관련 용어들도 가능한 순화, 통일시키고자 노력했다.

또한 본서는 스포티한 배스낚시의 현장감을 살리기 위해, 국내 낚시단행본 중에서는 보기 드물게 '올 컬러' 인쇄를 채택했다. 그리하여 총 160여 컷의 자료 사진과, 300여 컷의 그림들은 입체감과 생동감을 자아내며, 본문의 이해도를 높이는 데도 많은 도움이 될 것으로 믿는다.

물론 미흡한 부분도 많다. 어명(魚名)에서부터 장비 · 채비는 물론 다양한 루어 상품에 이르기까지, 온통 외국어로 된 배스낚시 용어들을 아직 우리나라 말로 전환 · 제정하지 못했으며, 일부 고수들의 하이 테크닉 사례 모두를 한 권의 책에 미처 다 수록할 수 없었던 점이 아쉬움으로 남는다. 다만 이 책은 배스낚시를 전체적으로 이해하고 체험할 수 있는 초급편으로서, 그리고 경험자의 실력을 차곡차곡 향상시킬 수 있는 중급편으로서의 가이드 북 역할은 충분히 수행하리라 믿는다.

끝으로 이 책을 펴내기까지 도움을 주신 많은 분들께 감사드린다. 특히 귀중한 해외 자료를 제공해 주고 국내 낚시계에 잘못 알려진 배스 및 배스낚시에 관한 오류와 편견을 바로잡아 준 조홍식 박사, 필드를 뛰는 현장 배서의 입장에서 생생한 조언을 아끼지 않은 최석민 프로, 각종 낚시장비와 소품 촬영에 협조를 아끼지 않으신 (주)런커 김태한 사장에게 고마움을 전한다.

2005년 8월 1일. 낚시춘추 편집부

CONTENTS

제3장 배스낚시용 루어(Bassing Lure)

제4장 배스낚시용 루어 활용법 (Bassing Lure Technique)

제5장 **실전장비 운용술 1**

제6장 실전장비 운용술 2

제7장 배스낚시 포인트

제1장

배스의 생태학

1973년 6월 15일, 미국 루이지애나주(Louisiana州)로부터 최초 도입된 배스는 1980년대 들어 경기도 팔당호 인근에서 그물 및 낚시에 잡히기 시작한 이래, 90년대에는 그 서식 범위가 확산되면서 국내 루어낚시의 새로운 대상어로 그 위치를 굳히게 되었다. 이후 1990년대 중반, 우리나라 토너먼트 낚시대회의 붐을 주도한 배스는 날로 그 자원이 늘어나는 추세에 힘입어 동호인 숫자 또한 꾸준한 증가 추세를 보이고 있는데, 정작 배스의 생태 및 족보, 국내 유입 경로 등에 관한 정보는 부족한 실정이다.

1970년대 도입된 이래 국내 루어낚시의 대표 어종으로 자리잡은 라지마우스 배스. 국내에는 이 한 가지 종만 이식됐다.

우리나라에 서식하는 배스는 어떤 종류인가

■ **라지마우스 배스(Largemouth Bass)** – 우리나라 낚시인들이 일반적으로 배스 또는 블랙배스(Black Bass)라고 부르는 라지마우스 배스(Largemouth Bass)는 아메리카 대륙의 남동부가 원산지로 학명은 *Micropterus salmoides*이다.

이름처럼 큰 입을 가진 라지마우스 배스.

라지마우스 배스는 우리나라에는 원래 서식하지 않는 어종인 선피쉬과(Sunfish科)의 물고기로서, 1970년대 말에 이를 국내의 어류도감에 처음 등재하면서 우리 식 분류 체계에 맞춰 검정우럭과로 분류하였다. 즉, 농어목 검정우럭과 미크로프테루스속으로 분류되는 배스의 우리나라 명칭은 '큰입 우럭' 이다.

그러나 큰입 우럭이란 명칭은 바다에 서식하는 우럭(조피볼락)과 혼돈을 초래할 수 있을 뿐 아니라, 실제로 배스를 '큰입 우럭' 이라고 부르는 이들도 거의 전무한 상태여서 '배스의 국내 표준명을 현실에 맞게 바꿔야 한다' 는 의견이 어류학계에서 꾸준히 제기되고 있다.

아무튼 우리나라 수계에 서식하는 배스는 라지마우스 배스(Largemouth Bass)의 아종인 노던 라지마우스 배스(Northern Largemouth Bass) 한 종류인 것으로 확인되고 있다.

노던 라지마우스 배스

네오쇼 스몰마우스 배스

스포디드 배스

과달루프 배스

레드아이 배스

노던 스몰마우스 배스

스와니 배스

쇼올 배스

〈그림〉 대표적인 배스 5종류와 구분점

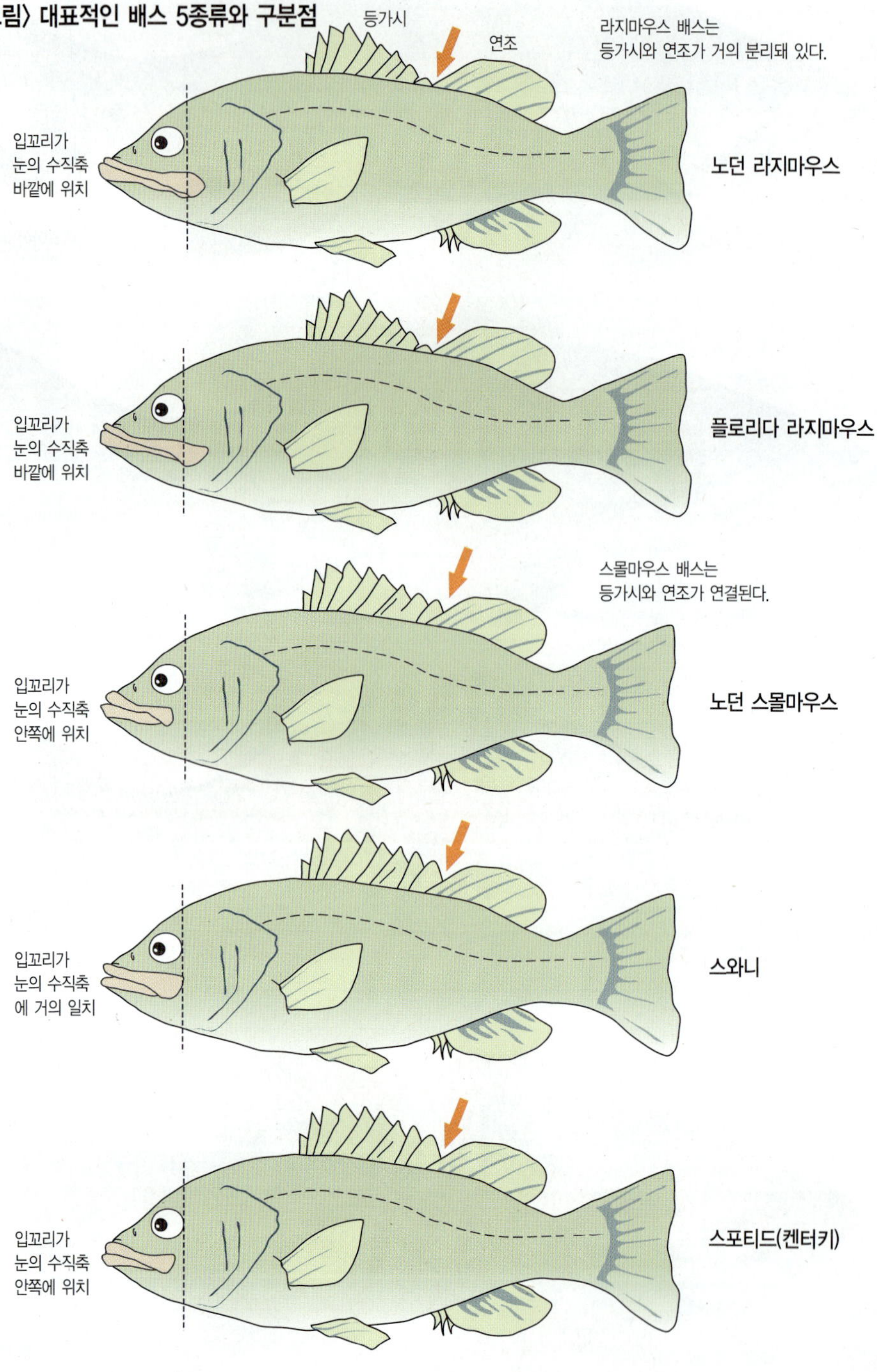

〈표1〉배스의 종류

종 류	학 명	비 고
라지마우스 배스(Largemouth Bass)	*Micropterus salmoides*	가장 광범위하게 서식하는 노던 라지마우스 배스와 몸체가 거대한 플로리다 라지마우스 배스가 아종으로 존재한다.
스몰마우스 배스(Smallmouth Bass)	*Micropterus dolomieui*	노던 스몰마우스 배스와 네오쇼 스몰마우스 배스가 아종으로 존재한다.
스포티드 배스(Spotted Bass)	*Micropterus punctulatus*	북아메리카 중서부 계류에 적응, 서식하며 켄터키 배스라고도 불린다.
레드아이 배스(Redeye Bass)	*Micropterus coosae*	
스와니 배스(Swannee Bass)	*Micropterus notius*	미국 플로리다주 북부의 스와니강에서만 서식하는 소형종이다.
과달루프 배스(Guadalupe Bass)	*Micropterus treculi*	
쇼올 배스(Shoal Bass)	*Micropterus cataractae*	

블랙배스(Black Bass) 명칭의 유래

배스를 체색이 검지 않음에도 일반적으로 '블랙배스(Black Bass)' 라고 부름은 미국에서 유래하는 것으로서, 블랙배스의 '블랙' 에는 '추하다, 더럽다' 는 이미지가 함축되어 있다. 그 이유는 미국에서 계류의 송어낚시가 최고의 낚시라고 여겨지던 시절에 생겨난 것으로, 한정되고 청정한 물에서만 서식하는 송어에 비해 서식처를 가리지 않고 아무것이나 먹는 라지마우스 배스가 상대적으로 지저분한 이미지를 보이는 데에 기인한다. 이때부터 '블랙' 이란 단어가 어두에 붙어 '블랙배스' 라고 불리게 되었다고 전해진다.

전 세계에 서식하는 배스는 몇 종류인가

서구세계에서 배스(Bass)라고 불리는 어류는 상당수 존재한다. 입이 크고 농어의 형상을 닮은 어류를 단순히 지칭하는 것으로서 실제적으로 배스의 종류가 아닌 경우도 많다. 실제적으로 미크로프테루스속(Micropterus屬)에는 크게 7종류가 알려져 있으며 종별로 여러 아종이 존재하는데 잘 알려진 종류는 〈표1〉과 같다.

이중 유명한 종류인 것은, 분포지역이 넓은 '노던 라지마우스 배스(Northern

Largemouth Bass)', 거대한 크기로 성장하는 '플로리다 라지마우스 배스(Florida Largemouth Bass)', 캐나다에까지 분포하며 냉수역에 잘 적응하는 '스몰마우스 배스(Smallmouth Bass)', 북아메리카 중서부의 계류에 적응한 '켄터키 배스(Kentucky Bass)'라고도 불리는 '스포티드 배스(Spotted Bass)', 미국 플로리다 북부 스와니 강에만 서식하는 소형종인 '스와니 배스(Swannee Bass)' 등인데, 원산지인 미국에서도 '배스'라 하면 일반적으로 다른 종에 비해 그 서식 범위가 광범위한 '노던 라지마우스 배스(Northern Largemouth Bass)'를 지칭한다.

배스는 어떻게 국내에 유입됐나

세계적 분포

배스의 원산지는 북아메리카 대륙이지만 인위적인 이식으로 그 서식지는 계속 확대되고 있다. 현재는 북아메리카는 물론, 중남미 여러 나라, 한국, 일본, 중국 등 아시아의 여러 나라(일본의 경우 1925년에 이식), 또한 아프리카의 일부에 까지 확대된 상태이다.

국내 유입

배스의 국내 유입은 1973년 6월 15일 국립수산진흥원 산하 청평내수면연구소에서 배스 치어 500마리를 미국의 루이지애나주(Louisiana州)로부터 들여온 것이 시초이다.

당시 도입목적은 농어촌 수입증대와 국민 건강증진을 위한 단백질 공급원의 확보였으나 결국 목적한 용도로는 사용되지 않았다. 이후 연구소에서 생산된 치어(18,720미)를 1975년에서 1978년에 걸쳐 경기도 가평군 조종천과 팔당호에 방류하였고 이후 생태계의 영향을 고려하여 방류를 중단하였다.

국내 분포

배스는 1980년대 중반까지만 해도 팔당호를 중심으로 한 경기도 광주시 및 양

〈다양한 배스 서식처들〉

댐건설로 생겨난 대형 호수도 배스의 좋은 서식처다.

크고 작은 저수지도 배스가 유입된 곳이 많다.

배스가 유입된 간척호 상류나, 강·하천에 연결되는 농수로에서도 배스가 서식하는 곳이 적지 않다.

특히 늪지형이나 평지형 저수지는 배스의 좋은 서식처다.

평균 부근의 수역과 강화도내의 수계, 수도권내 소수의 유료 낚시터로 그 서식지가 국한되었으나 1990년대에 들어서면서 전국으로 확산됐다.

홍수로 인한 자연 유입이나 민간 양식장을 통한 유입, 낚시인들의 인위적인 방

류 등이 원인이 되어 현재에는 한강을 비롯하여 소양강, 한탄강, 임진강, 금강, 낙동강, 남강, 섬진강은 물론 전국의 대단위 인공호수, 저수지, 수로 등 거의 모든 강,하천에 배스가 서식하고 있다하여도 과언이 아닌 실정이다.

배스가 좋아하는 서식환경은

배스의 환경 적응력

배스는 환경 적응력이 뛰어난 물고기다. 10℃ 이하의 저온과 27℃ 이상 고온에서도 생존 가능한 물고기로 광범위한 수온에서 생존, 번식할 수 있는 것으로 알려져 있다. 그러나 배스의 적정수온은 19~27℃로 이때 가장 왕성한 먹이활동을 한다.

배스는 또한 수질에 대한 적응력도 뛰어나 산소량이 적은 곳에서도 충분히 적응할 수 있다. 유속에도 크게 영향 받지 않아 저수지나 호수 이외 강이나 하천 등까지 그 서식영역은 매우 넓다. 다만 배스는 상대적으로 유속이 없는 곳을 좋아한다. 수온도 비교적 따뜻한 곳을 좋아하는 온수성 물고기이다. 때문에 강이나 계곡형 저수지보다는 상대적으로 서식환경이 좋은 늪지형이나 평지지에 더욱 많은 개체수가 확인되고 있다.

배스는 이와 같이 매우 환경적응력이 뛰어난 어류이지만 당연한 사실은 배스 역시 여타 어종과 마찬가지로 오염이 심한 곳에서는 살 수 없다는 점이다.

배스의 개체수와 성장

배스는 서식여건에 따라 개체수와 크기에서 차이를 보인다. 유속이 센 곳(하천이나 강)에서는 대체적으로 크기가 작고 개체수도 상대적으로 적은 것을 알 수 있다. 이는 물 흐름으로 인한 배스의 체력 소모 때문에 성장이 더디고, 번식률 역시 낮은 것으로 추측되고 있다. 그러나 이러한 환경의 배스에게서도 활발한 먹이 활동은 지속된다.

배스의 국내 서식처 형태

배스는 인공호수, 저수지, 강, 수로, 늪지, 웅덩이 등 장소를 가리지 않고 먹이가 있는 곳이라면 얼마든지 서식할 수 있다. 즉, 이는 국내 거의 모든 내수면에서 배스가 서식가능하다는 것을 의미한다.

배스는 우리나라 자연계 내에서 천적이 없는 것으로 알려져 있으나, 안동 임하호, 화천 파로호 등처럼 유독 쏘가리가 많은 수면에서는 대량으로 서식하지 못하고 서식영역도 일부지역에 국한되는 형태를 보이고 있다.

배스의 감각기관은 어느 정도 수준인가

배스가 무언가를 공격하려면 나름대로의 판단을 해야 하는데, 이러한 판단을 위한 모든 사전 정보가 수집되는 곳이 바로 감각 기관이다. 즉 배스의 감각 기관에 대한 지식과 이해가 배스낚시의 초석이 된다.

배스는 시각 · 청각 · 미각 · 촉각 · 후각의 5감각을 갖는다. 배스가 루어를 공격하는 경우 이 5감각을 모두 사용하지만 이중 루어낚시에서 가장 중요한 감각은 역시 시각과 청각이다.

배스의 시각

① 구조

배스는 수중에서도 물체를 매우 뚜렷하게 식별할 수 있다. 대부분 물고기의 눈이 그러하듯 배스 역시 수정체가 동공을 통해 밖으로 돌출되어 있어 제자리에서도 360° 에 가까운 넓은 각도의 시야를 갖는다.

배스의 눈은 눈꺼풀이 없다. 대신 카메라 렌즈처럼 수정체를 앞뒤로 움직여 망막에 초점을 맞춘다. 또한 망막은 야간에도 잘 볼 수 있는 구조로 되어 있다. 눈꺼풀이 없기 때문에 눈으로 들어오는 빛의 양을 조절할 수가 없어 한낮에는 강한 빛

배스는 시각과 청각을 위주로 하여 먹잇감을 찾는다. 후각과 미각은 보조감각이다.

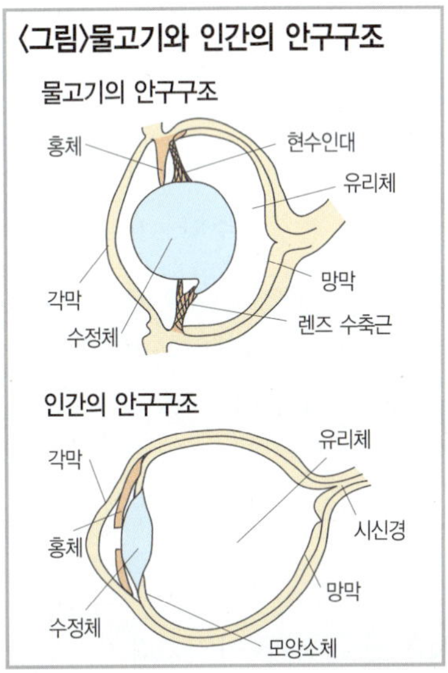

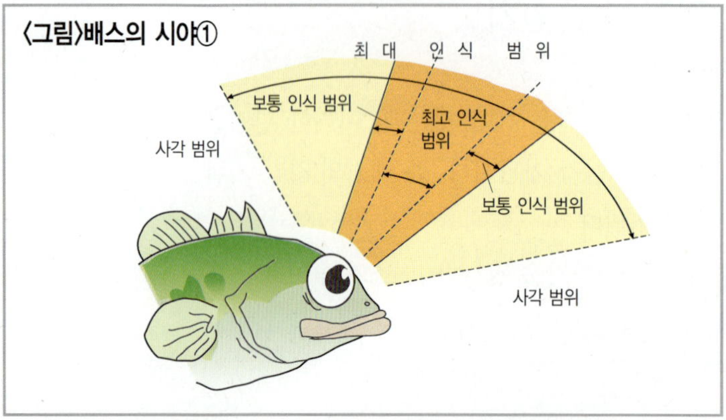

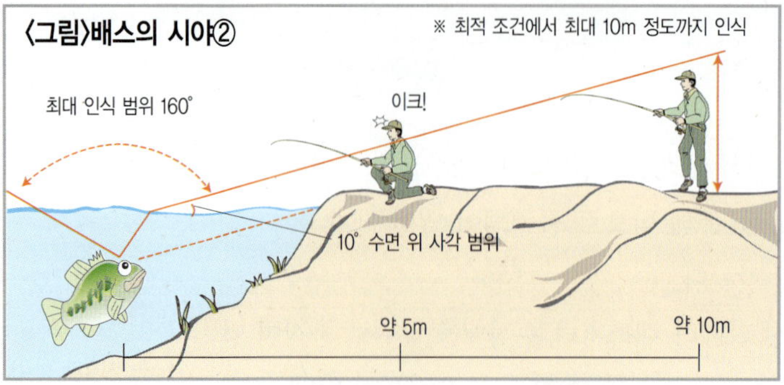

을 피해 그늘을 찾아 들어가게 된다. 따라서 한낮의 배스는 직사광선이 닿지 않는 그늘지역을 우선적으로 탐색할 필요가 있다. 배스는 명암을 구분하는 간상세포와 색을 구분하는 원추세포가 모두 존재한다. 또한 각각의 눈을 통해 독립적으로 사물을 볼 수 있다.

② 시야

배스는 사각(死角)인 몸의 뒷쪽과 아래쪽을 제외하고 최적의 조건에서 최대 10m 정도까지를 인식하는 것으로 알려져 있다. 또 눈의 구조상 정면의 위쪽 물체를 가장 잘 잘 볼 수 있다. 수족관의 배스가 측면이나 아래쪽의 물체를 보기 위해 머리를 돌리는 모습을 볼 수 있는 것도 바로 이 때문이다. 그 결과 머리 위에서 사선을 그리며 떨어지는 물체를 좀더 빠르게 인식한다.

③ 색감

배스가 색깔을 구분한다는 것은 이미 여러 가지 실험을 통해 입증된 바 있다. 일반적으로 가시광선 중 장파장에서 중파장에 걸쳐 있는 빨강 · 주황 · 노랑 · 초록을 잘 탐지할 수 있는 것으로 알려져 있다. 그러나 배스의 시각은 수심, 물의 탁도, 빛의 세기 등에 의해 인식거리는 물론 색상의 구분도 많은 제약을 받는다. 바로 이 점이 배스낚시 도중 루어의 색상 선택시 중요한 단서가 되는 것이다.

배스의 청각

① 구조

소리를 들을 수 있는 배스의 청각 기관은 내이(內耳)와 측선 두 가지이다.

내이는 배스의 뇌 뒤쪽의 몸체 속에 있는 귀이다. 측선은 배스의 아가미 끝에서부터 꼬리자루까지 길게 늘어서 있는 것으로 마치 점선을 그어 놓은 것 같은 모양의 기관이다.

〈그림〉배스의 감각 기관

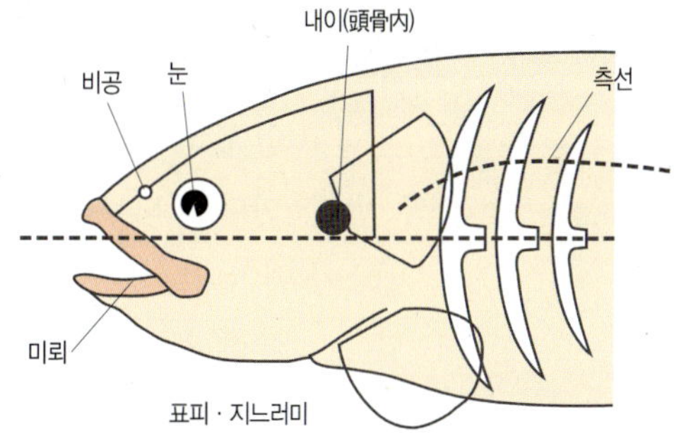

② 기능

귀로만 듣는 사람의 청각과는 달리 배스는 내이와 측선 두 기관을 통해 듣는데, 각각의 기능이 조금씩 다르게 작용한다.

내이는 소리를 듣거나 몸의 중심을 잡아주는 평형유지 역할을 담당한다. 측선은 외부의 진동을 감지하는 역할을 한다. 물의 탁도 등에 따라 많은 제한을 받을 수밖에 없는 시각에 비해, 청각과 진동 감지 능력은 육상 동물의 그것보다 훨씬 더 발달한 편이다. 이는 물 속에서 소리 전달이 공기 중에서보다 빠르기 때문이다. 내이는 20~1,000㎐ 정도의 높은 주파수 대역을 감지할 수 있고, 측선은 이보다 낮은 4~200㎐ 정도를 감지할 수 있다.

또한 측선은 수온 변화나 물의 흐름, 수압까지도 감지한다. 이 측선은 배스에게 아주 중요한 감각기관이다. 빛이 없어 시각을 사용할 수 없는 경우에도 배스는 먹이사냥이 가능한데 그 비밀이 바로 측선에 있는 것이다.

배스의 미각

배스의 미각(味覺)은 체표면에 분포하고 있다. 특히 입주위에 많이 분포한다. 그러므로 먹잇감을 입에 문 후 작용하여 그 맛을 느끼게 된다. 이때가 되어서야 배스는 비로소 입에 문 대상이 먹는 것인지 못 먹는 것인지를 구분할 수 있다.

〈그림〉배스의 미각

배스의 미각은 여타 감각 기관에 비해 덜 발달된 편이다. 때로는 인조 미끼인 루어를 그대로 삼켜버릴 때도 있다. 실제 소프트 플라스틱 웜(Soft plastic Worm)을 이용한 실험에 의하면, 배스가 웜을 입에 넣었다가 이내 뱉어버리는 경우와 그대로 삼켜버리는 경우가 번갈아 나타난다. 때문에 일찌기 웜에 소금을 첨가하여 배스의 미각을 자극하는 제품이 등장하였고 미국이나 일본에서는 배스가 웜을 더욱 오랜 시간 물고 있게 하기위한 첨가제까지 함유된 제품이 속속 등장하고 있다.

반면, 단단한 나무나 합성수지로 만들어진 기타의 하드 베이트(Hard bait)는 배스가 뱉어내는 빈도가 훨씬 높다. 이는 미각보다도 촉각이 관여된 문제로 추정된다. 때문에 하드 베이트 루어에는 바늘을 노출시키거나 갈고리 형상의 트레블 훅(Treble hook)을 장치하여 자동적인 챔질 확률을 높여놓도록 고안한 제품이 대부분이다.

배스의 촉각

배스의 촉각(觸覺) 역시 체표면에 분포하고 있다. 특히 입주위에 많이 분포한다. 배스처럼 육식어종은 사냥을 할 때 활발히 움직이는 먹이를 입으로 물어 움직임을 일단 제어해 놓는 습성이 있다. 이 경우 배스는 생물체와 같이 좀더 부드러운 것을 오래 물고 있는 경향을 보인다. 그러므로 최근에 개발되는 소프트 플라스틱(Soft plastic) 소재 루어들은 보다 부드럽고 유연해지는 경향을 보이고 있다.

배스의 후각

어류의 후각(嗅覺)은 때때로 그 놀라운 능력이 증명되곤 한다. 예를 들면 바다의 대표적인 육식성 어류인 상어는 1/20,000의 비율로 물에 희석된 동물의 피 냄새를 맡아낼 수 있으며, 연어의 모천회귀 또한 후각과 관계가 있는 것으로 알려져 있다.

배스는 상어처럼 극도로 민감한 후각은 아니지만 동족이나 다른 어류가 뿜어내는 특정 체액의 냄새는 맡을 수 있는 것으로 판단되고 있다.

배스가 상처를 입으면 일종의 경고 물질을 발산하여 동료들에게 위험을 알린다고 하는 것도 그와 연관해 생각할 수 있다. 때문에 일부 배스 낚시인들은 처음 배스를 잡아서 바로 그 자리에 놓아주면 다른 배스들을 모두 끌고 도망간다 하여 다소 떨어진 곳에다 놓아주기도 한다. 그러나 현재까지는 배스의 먹이 활동이 후각보다는 역시 시각이나 청각에 보다 의존하는 것으로 알려져 있다.

〈그림〉 배스의 먹잇감들

배스의 식성은

삼켰던 먹이를 토해내는 배스.

최상위 포식자로서의 배스

배스는 수중 생태계 최상위에 속하는 완벽한 어식성(魚食性) 어류이다. 소형어류는 물론 수생곤충, 양서류, 파충류 등 살아있는 생물을 먹고 살아간다. 심지어는 헤엄치는 쥐와 같은 소형 포유류나 오리와 같은 수서 조류까지도 공격한다.

배스는 자신의 큰 입을 이용해 삼킬 수만 있다면 자신의 60~70% 크기 물체까지 삼키는 것으로 알려져 있다.

배스의 탐식성

배스는 움직임이 없는 죽은 먹이에는 관심을 두지 않고 주로 살아서 움직이는 먹이만을 활발하게 사냥한다. 루어에 낚인 배스를 관찰하면 낚이기 직전에 삼킨 먹이를 토해내는 경우가 종종 있다.

바로 이러한 배스의 강한 탐식성 먹이 습성 때문에 루어낚시 대상어종 중의 왕자로 군림할 수 있는 것이다.

배스가 루어를 공격하는 이유

배스가 루어를 공격하는 이유에는 가장 일반적인 배고픔에 의한 사냥 이외에도 분노, 반사동작, 호기심, 영역보존, 산란장 보호 등 여러 가지 원인들이 복합적으로 작용한다.

이러한 원인에 따라 배스를 낚기 위해 사용하는 루어나 액션, 색상이 달라질 수도 있으며 이는 실제 배스낚시용 루어가 다양해질 수밖에 없는 이유 중의 하나다.

〈그림〉배스의 공격 유형

배스가 루어를 공격하는 경우를 원인별로 보다 자세히 살피면 아래와 같다.

먹이섭취와 매치 더 베이트

루어를 먹잇감으로 인식하고 이를 먹기 위해 공격하는 경우이다. 이 때는 주로 실제 먹잇감과 유사한 색상과 동작을 연출하는 루어가 유효하다. 하지만 지나치게 강한 인위적인 동작의 연출은 자제하는 것이 좋다. 해당 시기의 먹잇감과 가장 유사한 루어가 가장 효과적인 루어라는 '매치 더 베이트(match the bait) 이론'이 정확하게 들어맞는 경우라 할 수 있다. 먹이활동이 활발한 시기에는 가능한 먹잇감과 동일한 색상과 크기의 루어선택이 입질로 이어질 수 있다.

분노

루어에서 발생되는 소음이나 진동 등으로 인해 배스가 신경질적으로 반응하는 경우다. 루어에 '래틀(rattle)'을 삽입하여 사용하는 경우나 버즈 베이트(Buzz bait) 등과 같은 주로 소음을 일으키는 루어를 배스가 신경질적으로 공격하는 경우가 있다. 배스의 본능을 이용한 방법으로 이러한 반응은 특정한 장애물 사이에 은신해 있는 대물 배스일수록 빈도가 높다.

반사 동작

표현 그대로 무엇인가 빠르게 도망가려는 물체, 갑작스레 움직이는 물체에 대해 반사적으로 그것을 공격하거나 좇으려하는 성질을 말한다. 이와 같은 배스의 반응을 이용한 루어 조작기술을 '리액션 바이트(Reaction bite)의 유도' 라고 부른다.

호기심

타고난 사냥꾼인 배스는 움직이는 것에 대한 수렵본능을 갖고 있어 강한 호기심을 나타낸다. 설령 배가 부른 상태일지라도 자신의 앞으로 지나가는 물체에 대해서 본능적으로 공격하는 습성을 보인다. 이와 같은 경우에 루어를 입으로 물지 않는다하더라도 강한 호기심과 함께 공격하려는 자세를 취하는 것을 볼 수 있다.

영역 보존

배스는 일정 구역을 거점으로 자신의 영역(Territory)을 갖고 지낸다. 특히 대물 배스일수록 이러한 성향이 강하다. 이때 자신의 영역을 지나는 루어를 영역 침입자로 간주하고 이를 내쫓기 위해 공격하게 된다.

산란장 보호

4~5월경 배스는 단단한 모래밭이나 진흙바닥, 큰 바위 옆, 수몰나무 주위 등에 산란을 한다. 암컷은 산란 후 자리를 떠나지만 수컷은 끝까지 남아 산란장을 보호하는 독특한 부성애를 발휘한다. 수컷 배스는 지느러미를 이용해 산란장으로 산

〈그림〉장애물과 스트럭처

〈배스의 주요 포인트〉

수초대.

수중 능선과 콧부리.

인공구조물.

수중섬.

수몰나무.

직벽.

소도 공급하고 알을 먹으려하는 다른 물고기가 접근하면 쫓아내기도 한다. 바로 이때 루어가 알자리 부근을 지나치면 바로 공격으로 이어진다. 이 경우에는 적을 쫓기 위한 짧은 공격으로서 루어를 삼키지 않고 바로 뱉어내므로 배스를 낚아내기 위해서는 챔질에 유의해야 한다.

배스가 좋아하는 지형구조(Structure)

배스의 습성

배스가 좋아하는 장소를 알아내는 것이 배스가 잘 낚이는 포인트를 알아내는 지름길이다. 배스의 습성을 관찰하여 배스가 머무는 장소를 공부하여둘 필요가 있다.

배스낚시에서 배스가 좋아하는 '스트럭처(Structure)' 란 사전적 의미처럼 단순한 '구조, 구조물' 이 아닌 배스가 일시적으로 또는 정기적으로 머무르거나 이용하는 모든 것을 의미한다. 그러므로 수중의 지형, 장애물이나 그림자 부분, 기타 구성물 등 지형지물이 모두 이에 해당한다. 스트럭처라는 말을 엄격히 구분하여 표현한다면 무리가 없지 않으나 일반적으로 장애물을 포함한 모든 요소를 포괄하여 배스의 포인트로 될만한 여건이 갖추어진 곳을 스트럭처로 부르고 있다.

이러한 스트럭처는 배스가 이동할 때 일시적 휴식처가 될 수도 있고 몸을 숨기고 먹이를 기다리는 곳이 될 수도 있다. 보다 우수한 스트럭처 일수록 대형 배스가 좋아하며 배스가 군집(Schooling)을 이루며 모여드는 장소가 된다.

주요 스트럭처

배스가 선호하는 스트럭처는 물속에 존재하여 낚시인의 눈에 보이지 않는 것으로서 급심지역, 수중으로 뻗은 곶부리, 수중섬, 수중암초, 수중 경사지에 걸친 도랑 등이고, 연안으로 눈에 보이는 것은 수생식물, 고사목, 무너진 바위, 새물 유입구 등의 자연물과 잔교, 교각 등의 인공구조물 같은 장애물을 전부 말하고 있다.

보다 자세한 내용은 '제7장 배스낚시터의 포인트 연구' 편에 다루기로 한다.

배스가 군집(Schooling)을 이루는 이유

군집(Schooling)의 의미

배스는 신체 크기가 비슷한 개체끼리 무리를 이루어 생활하는 습성이 있다. 이러한 군집을 스쿨링(Schooling)이라고 하는데, 단체행동으로 나타나 각 개체에게 성장속도의 향상, 안전 확보 등의 이익을 가져온다.

군집의 이유

배스가 본능적으로 무리를 이루는 것은 먹이의 섭취와 보다 나은 환경의 확보 때문이다. 즉, 개체가 작은 치어시기에는 포식자로부터의 보호역할을 무리에서 구하고 어느 정도 성장하면 집단사냥과 같이 보다 나은 먹이 확보를 위해서 서로 의지하는 것이라고 할 수 있다.

군집의 형태

시기적으로는 봄철과 겨울철에 배스가 무리를 이루는 현상이 두드러지게 나타난다. 특히 봄철 산란기를 맞이하는 배스는 소집단이 각기 널리 흩어져 있는 형태를 보이고, 겨울철 월동을 위해 깊은 장소로 이동한 배스는 한정된 범위에서 대규모 집단을 이루고 있는 형태를 보인다.

일반적으로 배스는 개체의 크기가 커질수록 그 무리의 규모가 줄어들며 크기가 50cm 이상 초대형 개체가 되면 주로 단독생활을 하는 것으로 알려져 있다.

배스는 어떻게 이동하는가

배스의 주기적 이동

배스는 끄리나 강준치와 같이 끊임없이 돌아다니는 회유어가 아니지만 계절별로 적정수온, 먹이 등 적당한 서식 환경을 찾아 큰 폭의 이동을 한다. 이밖에도 매일 여러 제요인 즉, 수온, 일조량, 물의 투명도, 바람, 먹이, 인위적 영향 등에 의해 불규칙적이기는 하나 주기적 단거리 이동을 반복한다.

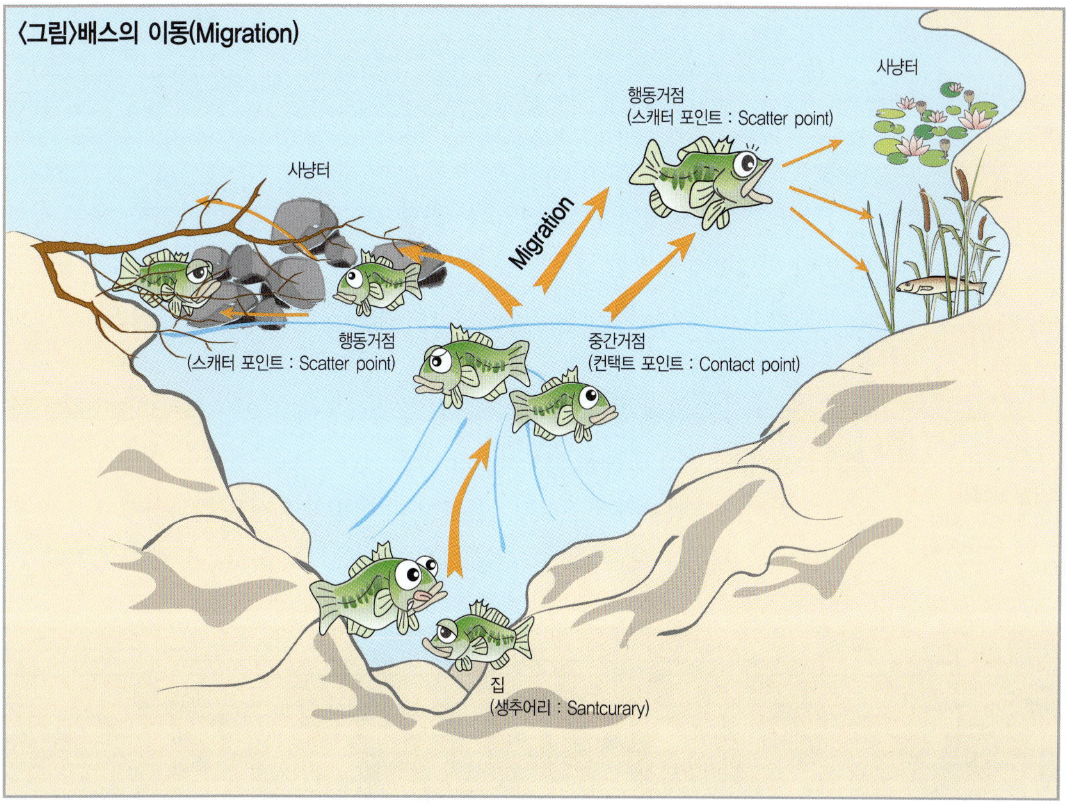

배스의 이동 이유

배스가 이동하는 가장 큰 이유는 생존이다. 서식처의 환경은 일정치 않고 수시로 변하게 된다. 이에 대처하여 생존하기 위한 수단으로 서식에 적합한 곳 즉, 수온이 적합한 곳, 산소가 풍부한 곳, 먹이 사냥이 용이한 곳, 휴식하기 편한 곳 등으로 움직이는 것이다.

계절별 이동은 기후변화에 따른 최적 수온, 최적 수심 등 서식조건을 찾는 것으로 수백 미터에서 수천 미터에 이르는 거리를 이동한다.

일일(一日) 이동의 경우 주로 먹이 활동과 관계가 있다. 수심이 깊은 안전한 장소와 먹잇감이 풍부한 얕은 장소의 왕복이 그것이다.

배스의 이동 경로

대개 배스의 서식지 내 여러 곳에 배스가 군집하여 머무는 '배스의 안식처

(Sanctuary)' 가 있다. 배스는 이 안식처를 나서 수중 지형을 따라 무리지어 먹이가 있는 곳을 향해 이동 중에 잠시 거치는 '중간거점(Contact point)' 이 있으며, 다시 이동하여 마지막 '행동거점(Scatter pont)' 에 이르러 각기 혹은 작은 무리로 흩어져 사냥을 개시한다.

시간이 지나고 목적이 달성된 배스는 왔던 길을 되짚으며 돌아간다. 물론 상황에 따라 완벽하게 동일한 경로를 유지하는 것은 아니다. 하지만 배스의 이동습성을 파악하고 일정한 규칙성을 이해하면 배스낚시에서 좋은 조과로 이어질 수 있다.

배스가 이동 중간에 잠시 머무는 이유는 장소이동에서 오는 환경의 변화 즉, 수온과 수압 등의 변화에 몸을 순응시키기 위한 시간을 갖는 것으로 해석되고 있다.

이와 같이 스트럭처에서 스트럭처를 오가며 이동과 휴식을 반복하고 최후에 출발지로 돌아오는 과정을 '배스의 이동(마이그레이션, Migration)' 이라 부른다.

루어를 뱉어내는 배스. 시각과 청각, 미각 등 뛰어난 감각능력을 가졌다.

제2장

배스낚시 도구(Bassing Tackle)

2

배스낚시용 낚싯대(Bassing Rods) 종류는

배스용 낚싯대는 많은 루어낚싯대 중에서 가장 특화되어 있다고 볼 수 있다. 배스 전용 낚싯대를 구성하는 소재와 부품도 최적의 낚시를 위해 수많은 종류로 개발되어 있다. 또 사용하는 루어나 구사하는 기술에 따라 목적별로 상당히 세분되는 것이 배스용 낚싯대(Bassing Rods)이다.

배스낚시용 낚싯대는 고기를 끌어내는 전통적인 역할도 수행하지만 이 밖에도 또다른 중요한 역할들이 있다. 즉 다양한 루어를 다양한 포인트에 정확히 투척하여야 하고, 사용하는 루어의 기능을 충분히 발휘하도록 하여 배스를 유인하는 미묘한 동작까지 연출 가능해야 한다. 또한 배스의 입질을 눈으로 파악하는 것이 아니라 낚싯줄과 낚싯대를 통해 전해오는 손의 감각으로 파악하는 경우가 대부분이므로 낚싯대의 감도 또한 중요한 요소이다.

배스용 낚싯대도 일반 루어 낚싯대와 마찬가지로 외형적으로 크게 분류하자면 사용하는 릴의 종류에 따라 베이트 캐스팅 대(Bait casting rod)와 스피닝 대(Spinning rod)로 구분할 수 있으며 이외에 낚싯대의 소재, 용도 등에 의해 세분한다.

외형적 구분

① 베이트 캐스팅 낚싯대

베이트 캐스팅 낚싯대(Bait casting Rods)란 베이트 캐스팅 릴(Bait casting

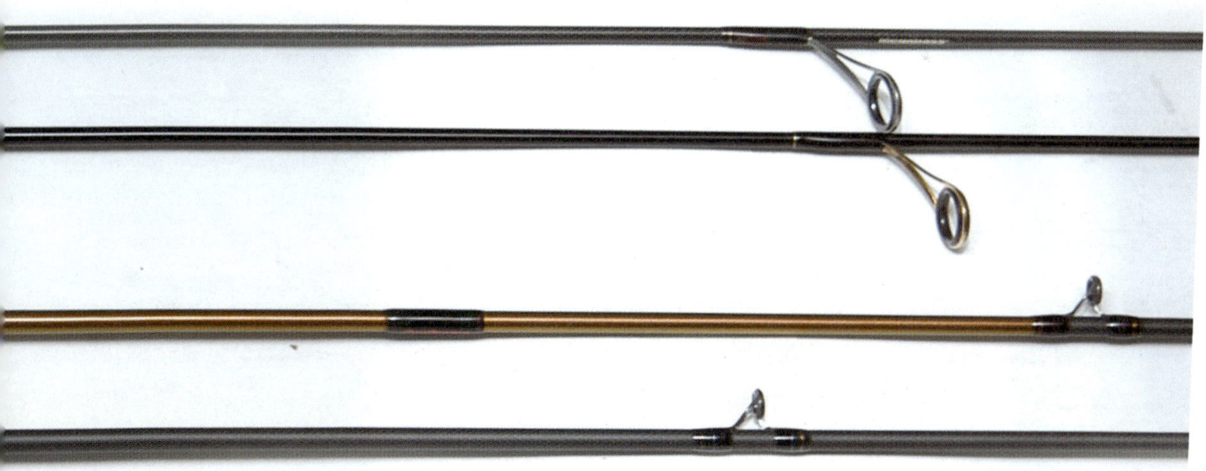

스피닝대(上 2개)와 베이트 캐스팅대(下 2개).

reel)을 장착하여 사용하도록 만들어진 낚싯대이다.

릴을 낚싯대 릴 시트(Reel seat)의 윗부분에 장착하도록 되어 있는 것이 특징이다. 손잡이가 마치 권총 손잡이 모양처럼 되어 있고 릴 시트 밑 부분에 방아쇠(트리거) 모양의 손가락 걸이가 있어 캐스팅 시 낚싯대를 놓치지 않고 정확하게 질 수 있는 구조를 갖고 있다. 또 사용하는 베이트 캐스팅릴의 기능에 부합하여 스피닝 낚싯대에 비해 가이드 구경이 작다.

베이트 캐스팅대의 가장 큰 장점은 다양한 루어를 사용할 수 있는 점이다. 사용하는 베이트 캐스팅 릴은 구조적으로 줄꼬임이 없고 크기에 비해 감아 들이는 힘이 좋다. 때문에 낚싯대 역시 힘이 좋게 제작할 수 있어 상대적으로 무거운 루어, 수류저항이 큰 루어 등 다양한 루어를 사용하기에 적당하다.

초보자의 경우 실전에 필요한 최초의 한 대로서 베이트 캐스팅 대의 선택은 패스트 휨새(Fast action)에 미디엄(M) 또는 미디엄헤비(MH) 정도의 강도를 갖는 낚싯대가 사용에 유리하다.

② 스피닝 낚싯대

스피닝 낚싯대(Spinning Rods)는 스피닝 릴을 장착하여 사용하는 낚싯대를 말한다.

베이트 캐스팅 대와 블랭크(blanks) 특성은 유사하지만 가이드의 구경이 넓고 개수가 적어 원거리 캐스팅이 가능하고, 사용하는 스피닝 릴의 구조상 가벼운 루어도 멀리 던질 수 있도록 되어있다.

다양한 배스낚시의 방법 중에서도 주로 예민한 기교가 요구되는 기법에 유용하게 활용된다. 물론 스피닝 대에도 중량급이 있지만 배스낚시에 있어서는 그다지 선택되지 않는다.

연안에서 행하는 도보낚시의 경우, 스피닝 대가 가벼운 루어를 먼 곳까지 던질 수 있어 좋은 반면, 대물배스를 노리는 경우나 무거운 루어, 수류저항이 큰 루어 등은 사용하기에 어렵다.

초보자의 경우 실전에 필요한 최초의 한 대로서 스피닝 낚싯대의 선택은 패스트 휨새(Fast action)에 라이트(L) 또는 미디엄라이트(ML) 정도의 강도를 갖는 낚싯대가 범용성이 있어서 사용에 유리하다.

낚싯대의 소재와 부품

① 몸체(Blanks)

낚싯대의 몸체가 되는 블랭크(Blanks)의 소재로는 카본 그라파이트 파이버(Carbon Graphite fiber, 탄소흑연섬유), 글라스 파이버(Glass fiber, 유리섬유), 또는 이 두 가지를 적절히 혼합한 복합소재섬유(Hybrid fiber)를 일정한 형태로 재단한 후 특수한 형태의 철심(Mandrel)에 말아서 제작하는 경우가 대부분이다.

② 가이드 링(Guide Ring)의 소재

릴에서 나온 낚싯줄이 통과하는 가이드(Guide)는 릴을 사용하는 낚시에서 릴 시트(Reel seat)는 없을지언정 가이드가 없거나 파손되면 그 낚시는 상황이 종료되고 만다. 그만큼 가이드는 낚싯대에는 물론 루어낚시에서 핵심적인 요소다.

가이드는 과거 철사를 구부려 사용한 형태로부터 시작되었다. 이후 가이드 소재는 '어떻게 하면 낚싯줄에 의한 마찰열의 발산을 양호하게 하고 낚싯줄의 마모는 최소화 할 것인가?'를 해결하기 위한 연구개발로 낚싯대의 역사와 함께 발전을 거듭해 왔다.

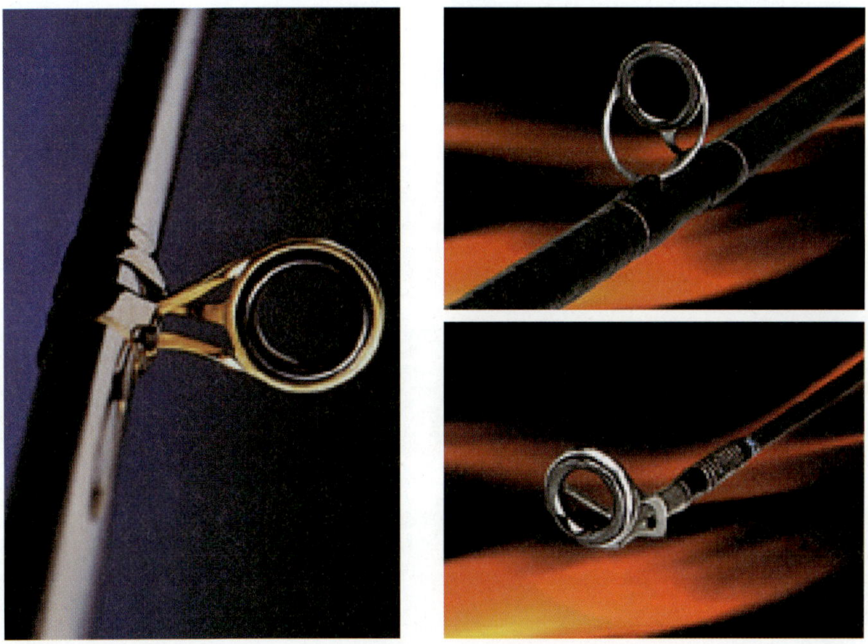

가볍고 강도가 좋은 sic링 가이드(좌)와, 티타늄 프레임 가이드(우).

가이드에서 낚싯줄과 직접 접촉하는 부분인 가이드 내경(링) 소재는 천연 규소 광물인 '마노(Agate)'가 시초였다. 이후 산화알루미늄, 질산규소화합물 등 세라믹 소재의 가이드가 차례로 개발되었다. 1980년대 초반에 이르러서는 가볍고 강하며 발열성능이 우수한 탄화규소(SiC) 소재가 개발되어 오늘날에 이르고 있다.

이외에도 질산티타늄(TiN)에 세라믹을 복합한 소재(상품명 골드써매트)나 보석류인 인공 루비 소재도 개발되어 있다. 하지만 배스낚싯대에는 상대적으로 가볍고 강도가 탁월한 탄화규소(SiC)가 주류를 이루고 있다.

한편 낚싯대의 전체중량이 가벼울수록 낚시에 이점이 많음을 감안하여 가이드 중량도 가벼워지고 있다. 고급품의 경우에 가이드의 프레임 재질로 스테인리스(Stainless)보다 가벼운 티타늄(Titanium)이 사용되기도 한다.

또 가이드는 단순히 낚싯줄의 통로 역할만이 아니라 낚싯대 블랭크가 갖고 있는 능력을 얼마만큼 실제로 발휘하게 해 주는가도 결정하는 중요한 부품으로 그 크기와 개수는 물론 기능면으로도 중요하다. 일반적으로 가이드는 사용하는 릴의 크기나 낚싯줄의 굵기와 특성에 맞춰 적절한 것이 선택되어야 한다. 사용하는 릴의 기계적 구조상 스피닝 대가 베이트 캐스팅 대에 비해 가이드 링의 크기가 크고 개수는 적다.

릴시트 종류들. 위부터 업 록 타입, 다운 록 타입, 링 고정 타입.

동일한 낚싯대에서 가이드 크기의 대소는 물론 개수가 많은 경우와 적은 경우를 비교해보면 각각 일장일단이 있다. 따라서 한 낚싯대에서 가이드의 적절한 크

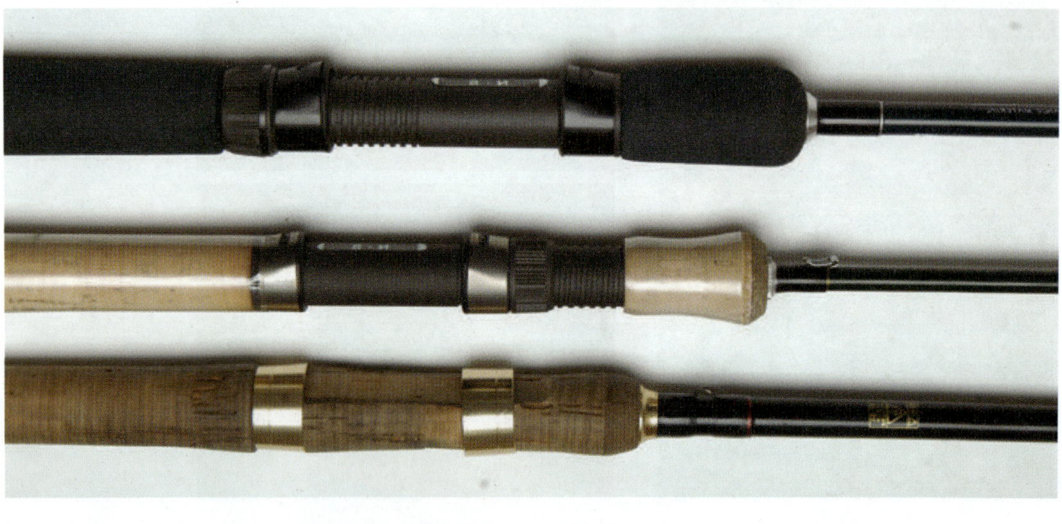

기와 개수라는 것은 블랭크의 특성을 가장 잘 발휘하게 하면서 블랭크의 힘 손실이 없고, 줄 엉킴 없이 캐스팅이 잘되도록 하는 모순된 상황의 최대공약수를 찾는 것이라고 말할 수 있다.

③ 릴 시트(Reel Seat)

낚싯대 손잡이에서 릴을 부착하는 부위를 말한다. 릴의 다리를 회전식 나사구조 등의 형태로 고정하도록 되어있다.

베이트 캐스팅 대는 손가락을 걸 수 있는 고리(트리거, Trigger)가 아래쪽으로 돌출되어 있고 나사구조를 이용하여 릴의 다리를 위쪽에서부터 돌려 고정하도록 되어 있다.

스피닝 대는 릴의 다리를 고정하는 나사구조가 아래에서 위로 감아 조이는 형태(Up lock)와 위에서 아래로 감아 조이는 형태(Down lock)가 있다. 또한 릴 시트 자체가 낚싯대에 없어 릴의 다리를 낚싯대 블랭크 위에 테이프로 감아 고정시키는 독특한 형태인 '테네시 그립(Tennessee Grip)방식' 도 있다. 이외에 배스낚시용 낚싯대로는 드물지만 단순히 금속이나 합성수지 링을 이용하여 릴의 다리를 간이로 고정시키는 형태도 있다.

사용하고 있는 낚싯대의 특성을 충분히 알고 있어야 한다.

■손잡이(그립, Grip) – 낚싯대의 손잡이(Grip)는 쥐었을 때 편안한 굵기를 선택해야 한다. 재질로는 일반적으로 천연 코르크(Cork)나 합성수지(EVA, 하이파론 등)로 만들어져 있다.

코르크 그립은 무게가 가볍고 촉감이 매우 양호한 등의 이점이 있다. 하지만 등급에 의해 품질의 차가 매우 커 재료비와 제조단가가 높아지고, 쉽게 때가 타거나 갈라질 수도 있으며 물에 젖으면 미끄러지기 쉬운 단점도 있다.

합성수지 그립은 다양한 색상으로 제조가능하고 젖어도 미끄럽지 않은 이점이 있다. 하지만 코르크와 같은 좋은 촉감을 얻기 위해서는 상대적으로 무게가 무거

〈그림〉 손잡이 길이에 따른 배스낚싯대 명칭

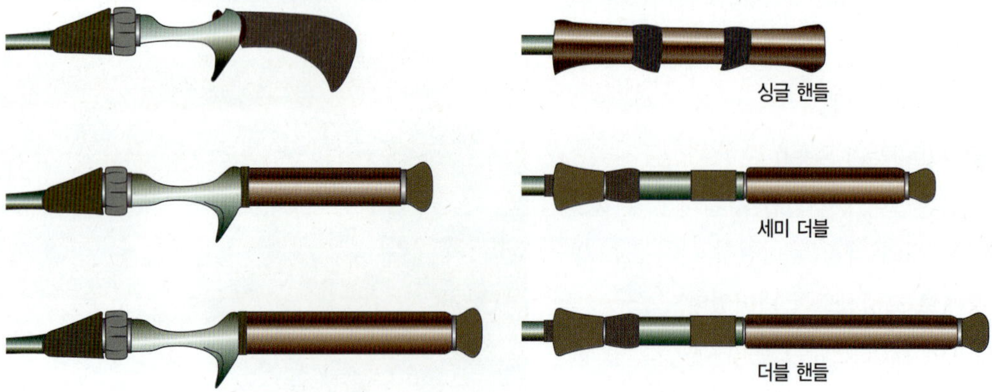

워 질 수 있다. 이와 같이 두 가지 그립 모두 장단점이 있으므로 개인의 기호로 선택한다.

일반적으로 경량급의 부드러운 낚싯대는 그립 전체의 길이가 짧고 중량급이 될수록 그립의 길이가 길어진다.

낚싯대의 토막 수

배스 낚싯대는 한 토막에서부터 휴대에 간편한 3~4 토막에 이르기까지 다양한 토막수의 형태가 있다.

구조적인 측면에서 본다면 낚싯대의 가장 바람직한 토막 수는 낚싯대 끝에서 손잡이까지 전체가 한 마디로 이루어진 일체형, 즉 한 토막(1 piece) 대이다. 이는 낚싯대의 초리 끝에서 손잡이에 이르기까지의 무리가 없는 휘어짐을 가능하게 하

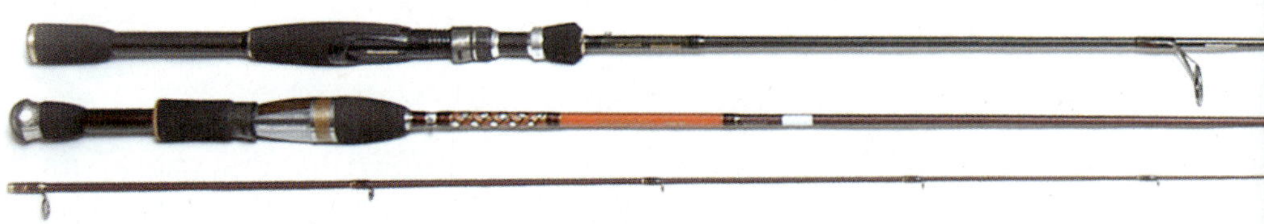

고 끊어짐 없는 힘의 전달을 가능하게 한다. 그러나 실제 낚시여건에서 이와 같은 한 토막의 형태만을 고집하기란 쉽지 않다. 일반적으로 낚시터까지의 운반 과정이 여의치 못한 경우나 초보자들에게는 두 토막(2 piece)으로 된 낚싯대 역시 많이 선택되고 있다. 그러나 중상급자로 진행되면서는 한 토막의 낚싯대가 선호되는 것 역시 사실이다.

낚싯대 설계자가 특수한 기능을 목적으로 두 토막 이상으로 제작하는 경우도 없지는 않으나 배스낚시용 낚싯대는 주로 한 토막의 형태로 제조되는 경우가 대부분이다.

낚싯대의 휨새(Action)와 강도(Power)

모든 낚시에서 그러하듯 배스낚시 또한 상황에 따라 낚싯대의 사용을 달리함은 기본이다. 서로 다른 낚싯대의 차이는 휨새(Action)와 강도(Power)로써 그 낚싯대의 특성을 나타낼 수 있다. 일반적으로 휨새, 강도라는 표현은 물론 액션, 파워 등이 혼동되어 사용되기도 하지만 정확한 이해가 필요하다.

① 휨새(Action)

휨새(Action)란, 용어 그대로 낚싯대의 휘는 정도를 말한다. 대개 낚싯대 끝으로부터 그립까지의 휘는 정도에 따라 일반적으로 패스트(Fast acton, 끝휨새), 레귤러(Regular action, 중간휨새), 슬로우(Slow action, 전체휨새)의 3가지로 구분한다. 그러나 일정한 정해진 규칙이 있는 것은 아니다. 패스트(F)를 팁 액션(Tip action), 레귤러(R)를 모더레이트 액션(Moderate action), 슬로우(S)를 파라볼릭 액션(Parabolic action) 등으로 부르기도 하는 것처럼 브랜드 별 제조사에 의해 그 정도의 차, 세분화되기도 하고 표현법 역시 다양하므로 이를 기준으로 하여 사용자가 이해를 하여야 한다.

원피스(위)와 투피스(아래) 낚싯대.

2

〈그림〉낚싯대의 휨새와 테이퍼

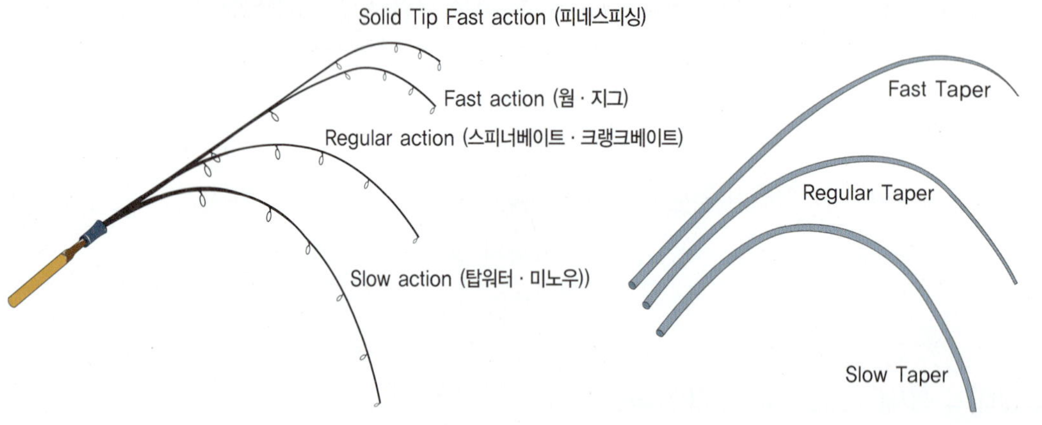

낚싯대의 휨새, 파워는 사용하는 루어 종류, 무게, 목적하는 씨알, 그리고 자신의 취향에 따라 결국 스스로 선택해야 한다.

② 강도(Power)

낚싯대의 강도란 단순히 낚싯대의 빳빳한 정도를 말한다고 이해하기 쉽다. 그러나 실제는 얼마만큼의 부하를 낚싯대가 들어 올리는가(낚아 올리는가), 또는 동일한 부하(물고기)를 얼마나 빠른 시간에 끌어올리는 능력이 있는 가로써 이해하는 것이 옳다. 그러므로 낚싯대의 소재 특성에 따라 해당 낚싯대가 빳빳해도 강도가 떨어질 경우가 있고 부드러운 느낌이라도 강도가 높을 경우도 있다. 이에 따라서 사용가능한 루어의 무게나 낚싯줄의 굵기가 결정되기도 한다.

보통은 6단계 즉, 울트라라이트(UL), 라이트(L), 미디엄라이트(ML), 미디엄(M), 미디엄헤비(MH), 헤비(H)로 나누는 것이 일반적이다. 옆 〈그림〉에 낚싯대의 대략의 강도를 사용루어의 무게를 기준하여 나타내었다. 그러나 낚싯대 제조업체에 따라 그 수치에 차이가 있음은 물론이다. 표시방법도 다른 경우가 있으므로 절대적인 기준을 말하기는 어렵다. 휨새와 마찬가지로 사용자가 대략적으로 판단하여야 한다.

〈그림〉낚싯대의 Power와 적정 씨알

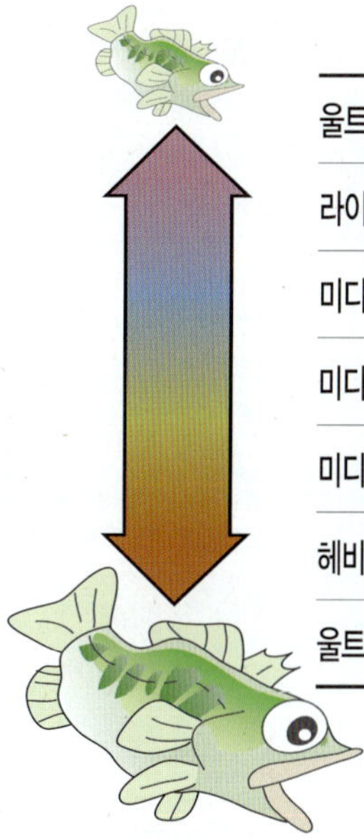

	루어 무게(OZ)
울트라라이트 (UL)	~ 1/4
라이트 (L)	1/2
미디엄라이트 (ML)	~ 5/8
미디엄 (M)	~ 3/4
미디엄헤비 (MH)	~ 1
헤비 (H)	~ $1\frac{1}{2}$
울트라헤비 (UH)	$1\frac{1}{2}$~

배스낚시용 낚싯대의 용도별 구분

배스낚시는 다양한 루어를 사용하는 만큼 이에 따라 수많은 기법이 발달되었고 이에 적합한 낚싯대도 시간이 흐름에 따라 전문적으로 개발이 진행되어왔다.

배스낚시에 처음 입문한 초보자의 경우 처음 구입한 낚싯대로는 사용하기 불편한 루어라든가, 새로운 기법을 충분히 구사하고자 점차 다양한 길이, 다양한 휨새와 강도의 낚싯대를 구입하게 된다. 예를 들어 무거운 봉돌을 부착한 웜을 사용하는 채비나, 스피너 베이트를 사용하여 수초지대에서 배스를 낚기 위해서는 6.5ft.(약 1.95m) 정도 길이에 강한 힘을 가진 미디엄헤비(MH)정도의 낚싯대가 필요하다. 수면 위를 움직이는 탑 워터 루어(Top water Lure)를 사용하고 싶다면 미디엄라이트(ML)나 미디엄(M) 정도의 부드러운 낚싯대가 필요하게 된다. 또한 대형급 배스를 목표로 한다면 이를 제압할 강한 낚싯대가 필요하다. 반대로 아주 가는 낚싯줄과 초소형 웜으로 약아진 배스를 유혹해 내려면 울트라라이트(UL)나 라이트(L)와 같은 경량급 강도의 낚싯대를 사용해야 한다.

① 일반적인 배스용 낚싯대

2

〈표2〉 배스 낚싯대의 분류 보기

	길이 (ft.)	강도	라인 (lb)	루어 (oz)	적합한 루어
스피닝대	5' 6"	ML	4~10	1/8~3/8	소형 웜 / 튜브 / 그럽
	5' 6"	M	4~12	1/8~3/8	소형 웜 / 지그헤드 / 튜브 / 그럽
	5' 8"	M	4~12	1/8~1/2	소형 웜 / 지그헤드 / 튜브 / 그럽
	6'	UL	2~6	1/32~1/4	피네스 웜 / 라이트 루어
	6'	L	2~8	1/16~1/4	그럽 / 튜브 / 스플릿샷 / 가벼운 루어
	6'	ML	4~10	1/16~3/8	소형 웜 / 지그헤드 / 그럽 / 튜브
	6'	M	4~12	1/8~1/2	그럽 / 튜브 / 지그헤드 / 스피너베이트 / 웜
	6' 6"	UL	2~6	1/32~1/4	가벼운 루어 / 피네스 웜
	6' 6"	L	2~8	1/16~1/4	가벼운 루어 / 지그헤드 / 그럽
	6' 6"	ML	4~10	1/16~3/8	지그헤드 / 그럽 / 튜브 / 웜
	6' 6"	M	4~12	1/8~1/2	그럽 / 지그 / 스피너베이트 / 크랭크베이트 / 웜
	7'	L	2~8	1/16~1/4	지그헤드 / 그럽 / 튜브
	7'	ML	4~10	1/16~3/8	스피너베이트 / 크랭크베이트
	7'	M	4~12	1/8~1/2	크랭크베이트 / 스피너베이트 / 웜
베이트 캐스팅대	5' 6"	L	4~10	1/16~3/8	가벼운 루어
	5' 6"	ML	6~14	1/16~1/2	탑워터루어 / 저크베이트
	5' 6"	M	8~17	1/4~5/8	탑워터루어 / 크랭크베이트 / 저크베이트
	5' 6"	MH	10~20	3/8~3/4	탑워터루어 / 저크베이트 / 웜
	6'	L	4~10	1/16~3/8	크랭크베이트 / 피네스웜
	6'	ML	6~14	1/16~1/2	크랭크베이트 / 저크베이트 / 피네스웜
	6'	M	8~17	1/4~5/8	저크베이트 / 스피너베이트 / 크랭크베이트
	6'	MH	10~20	3/8~3/4	웜 / 지그 / 크랭크베이트
	6'	H	12~25	3/8~1	지그 / 웜
	6' 6"	ML	6~14	1/16~1/2	크랭크베이트 / 스피너베이트
	6' 6"	M	8~17	1/4~5/8	스피너베이트 / 크랭크베이트 / 웜 / 지그
	6' 6"	MH	10~20	3/8~1	웜 / 지그 / 스피너베이트 / 스푼
	6' 6"	H	12~25	$3/8\sim1\frac{1}{2}$	웜 / 지그
	7'	ML	6~14	1/16~1/2	스피너베이트 / 크랭크베이트
	7'	M	8~17	1/4~5/8	딥다이빙 크랭크베이트 / 스피너베이트
	7'	MH	10~20	$3/8\sim1\frac{1}{2}$	웜 / 지그
	7'	H	12~30	3/8~2	웜 / 지그

배스용 낚싯대(Bassing Rods)는 휨새와 강도에 따라, 그리고 루어와 기법의 발달에 따라 더욱 세분화되고 있다. 또한 제조사마다 다양한 규격의 낚싯대를 생산하고 있는데다, 사용하는 개인별로 수많은 기법이 있어 이를 구분하여 하나의 확정된 용도의 낚싯대라고 표기하기는 어려운 일이다. 〈표2〉은 국내 한 제조사의 배스낚싯대 생산품규격과 주 사용루어, 기법을 비교 표시한 것이다.

② 기법별 전용 낚싯대

배스용 낚싯대는 사용하는 루어와 기법에 따라 선택의 폭이 다양하다. 이중에는 독특한 기법으로 전용 낚싯대의 발달이 확연한 경우가 있다. 특수한 기법에 활용하는 낚싯대로는 다음의 2종이 대표적이다.

■플리핑 전용 낚싯대(Flipping Rod) - 보트를 이용하여 포인트에 접근하고 마치 수초구멍을 노리는 형태를 취하는 '플리핑(Flipping) 기법' 을 구사할 수 있도록 고안된 전용 낚싯대이다. 기법활용 환경이 수초가 밀집한 곳이 대부분이다. 또 사용하는 루어가 무겁고 사용하는 낚싯줄도 상당히 굵다. 이에 따라 낚싯대는 길이가 길고 강한 것이 필요하므로 이러한 조건을 충족시키기 위하여 보통 7.6ft.(약 2.3m) 길이에 헤비(H) 강도를 갖춘 경우가 많다. 길이가 길기 때문에 한 토막 보다는 휴대시 손잡이 윗부분에서 안으로 접히는 텔레스코픽(Telescopic) 구조를 갖는 경우도 많다.

■크랭크 베이트 전용 낚싯대(Cranking Rod) - 크랭크 베이트는 주로 깊게 잠수하는 루어다. 배스가 달려들어 루어를 무는 형태를 취하기 때문에 보다 멀리 캐스팅 가능하고, 유연한 루어의 놀림과 배스가 좀더 자연스럽게 루어를 무는 데에

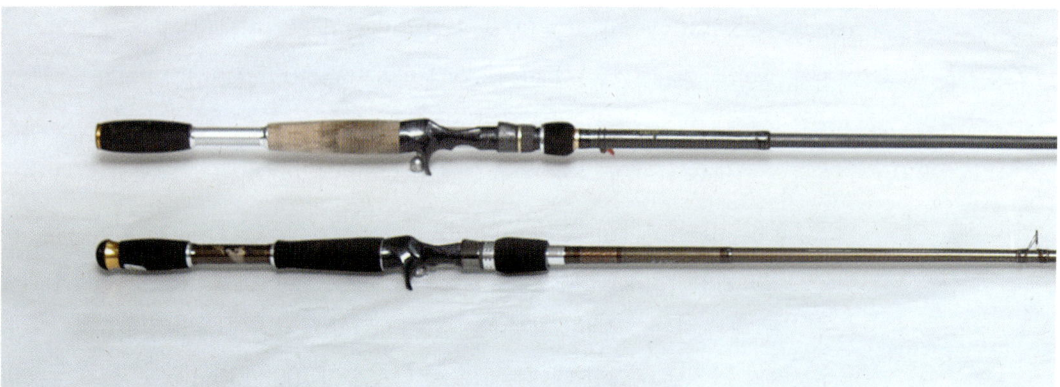

플리핑 대(上), 크랭킹 대(下).

적합하도록 낚싯대가 설계된다.

이 대는 초리 부분이 매우 부드러우며 슬로우(S) 휨새를 가지고 있다. 주로 글라스 파이버(Glass fiber) 또는 혼합 재료와 같은 부드러운 재질이 채용된다. 낚싯대 길이는 루어의 원거리 캐스팅과 수류 저항이 큰 크랭크 베이트의 원활한 활용을 위해 일반적인 배스용 낚싯대보다는 조금 긴 6.6~7ft.(1.9~2.1m) 길이가 무난하다. 특히 허리부분의 강도가 강하게 설계되어 있다. 크랭크 베이트는 종류별로 잠수 수심(2~8m)의 차이가 많기 때문에 이들 종류에 따라 길이와 강도를 선택하도록 한다.

배스낚시용 릴(Bassing Reel)

배스낚시에 사용되는 릴은 크게 스피닝 릴(Spinning reel)과 베이트 캐스팅 릴(Bait casting reel)로 나눌 수 있다. 두 가지 모두 각각의 장단점이 있으므로 낚시장소나 사용하는 루어의 종류 등 용도에 따라 신중히 선택해야 한다.

스피닝 릴(Spinning Reel)이란

낚싯줄이 감겨있는 스풀(Spool)이 고정되어 있고 별도의 로터(Rotor)가 회전하면서 이 스풀에 실을 감는 구조를 갖고 있다. 낚싯줄의 풀림에 저항이 없으므로 루어를 멀리 던지기 쉽다. 또 중량이 가벼운 루어의 사용도 쉬운 장점이 있다. 그러나 릴 내부의 기관과 로터가 직각으로 설치돼 있어 회전력 전달에 힘 손실이 있고 감아 들이는 힘이 약하다. 또 낚싯줄의 진출 방향과 감겨있는 스풀 역시 직각으로 위치하고 있어 낚싯줄 꼬임이 필연적으로 발생하는 점도 단점이다.

주로 스피닝 릴은 3~10lb(약1~3호)의 상대적으로 가는 낚싯줄과 소형의 루어를 사용하는 섬세한 기법에 널리 쓰인다. 예를 들면, 비교적 가벼운 루어인 소형 지그헤드(Jig head), 튜브(Tube), 그럽(Grub), 스플릿 샷 리그(Sprit shot rig), 다운 샷 리그(Down shot rig) 등 주로 배스 활성도가 떨어지는 시기에 민감하고 약한 입질을 감지해 내야 하는 '피네스 피싱(Finesse Fishing)' 기법에 적당하다.

초보자가 최초로 구입할 때에는 사용할 낚싯줄이 100~150m 정도 감기는 용량

〈스피닝 릴의 부분 명칭〉

〈그림〉스피닝 릴에서 풀리는 낚싯줄의 모습

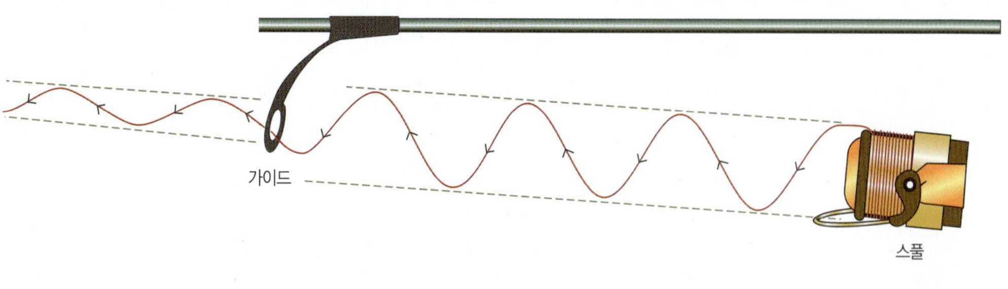

을 고르되, 내구성까지 고려하여 너무 값싼 제품보다는 중상급품 이상을 선택하는 편이 좋다.

베이트 캐스팅 릴(Bait Casting Reel)이란

생미끼(bait)를 캐스팅하기 위해 19세기에 미국에서 처음 개발됐다. 릴의 핸들을 돌리면 스풀 자체가 회전하여 낚싯줄을 감거나 풀리도록 하는 구조를 가진다. 핸들 회전이 간단한 기어물림에 의해 그대로 스풀의 회전으로 전달되므로 감아 들이는 힘(釣力)이 강해 무겁고 큰 루어의 사용에 적절하다. 또 스풀에 낚싯줄이 감긴 방향과 진출 방향이 동일하여 꼬임이 없다. 14lb(4호) 이상 굵은 줄의 사용에도 무리가 없다. 그러나 원거리 캐스팅이 어렵고, 루어 투척 시 스풀의 회전관성으로 인한 줄 엉킴(Back rash)이 발생하므로 사용에 숙달을 요한다. 또한 가벼운

루어를 사용하는 데에 불리한 난점이 있다. 그러나 배스낚시의 전반적인 상황에서 널리 쓰이는 기본 릴이다.

스피닝 릴과 베이트 캐스팅 릴의 특징과 사용 요령을 충분히 익히도록 하자.

릴의 드랙과 조력(釣力)이란

① 드랙(Drag)

드랙(Drag)이란 릴의 자동적인 낚싯줄 풀림을 제어하는 장치를 말하는 것이다. 대물 배스가 루어를 공격하여 낚싯줄이 끊어질 정도의 강한 당김을 받는 경우에 자동적으로 스풀이 미끄러지듯 역회전을 일으켜 낚싯줄의 끊김을 방지하는 역할을 한다.

스피닝 릴은 스풀의 앞이나 뒤쪽에 스풀을 고정하는 조리개 형태를 하고 있다. 베이트 캐스팅 릴의 경우는 핸들의 안쪽에 마치 별 모양(스타 드랙)의 조리개 형태를 하고 있다. 이를 이용하여 스풀의 역회전 밀림의 장력(張力) 강약을 조절한다.

드랙은 주로 8lb(2호) 이하처럼 가는 낚싯줄을 사용하는 경우에 자주 사용하게 된다. 장력을 강하게 조여 놓으면 낚싯줄이 끊길 우려가 있고, 너무 약하게 풀어 놓은 경우에는 루어 바늘이 배스의 입에 깊게 걸리지 않아 놓치게 되거나 혹은 장애물로 달아나는 배스를 제어하지 못해 역시 놓치게 된다.

② 조력(釣力)

릴의 성능을 표기하면서 드랙의 강도를 조력(釣力)으로 표기하기도 한다.

일반적으로 드랙 장력의 '최대수치'와 '파괴수치'로 표현하든가 또는, '실용수치'와 '최대수치'로 표기하기도 한다. 최대수치와 파괴수치는 릴의 다른 기관에 무리가 없는 정도의 범위에서 드랙을 조일 수 있는 한계수치와, 드랙이 역회전 되지 않도록 고정한 후 역방향으로 힘을 가해 릴의 부품, 기관에 파손이 생기는 힘을 킬로그램(kg) 수치로 표현한 것이다. 실용수치와 최대수치는 실제 상황에서 사용 가능한 드랙의 조임 강도와 드랙 기관 자체가 갖고 있는 최대 조임 강도를 킬로그램 수치로 표현 것을 말한다.

그러나 실제 배스낚시와 같은 담수어 낚시에서는 드랙의 최대강도는 그다지 의미가 없다. 다만 드랙이 작동되었을 경우의 매끄러움과 강도의 균일성이 중요한 요소이다.

배스를 낚는 과정에서 릴의 감아 들이는 힘은 오히려 릴의 기어비(Gear ratio)에 연관성이 있다.

릴의 기어비(Gear Ratio)란 무엇인가

기어비가 높을 수록 낚싯줄 회수속도가 빨라진다.

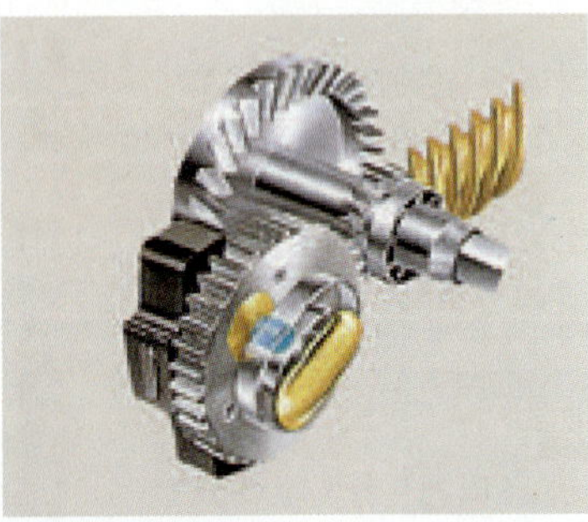

① 기어비(Gear Ratio)와 속도

모든 릴에는 기어 비율(Gear Ratio), 즉 기어비가 표기되어 있다. 이는 핸들(메인기어)의 1회전 당 스풀(스피닝 릴의 경우는 로터)의 회전수를 나타낸다. 예를 들어 5.3:1이란 기어 비는 핸들 1회전에 스풀(로터)이 5.3번 회전함을 의미한다. 이 기어비가 낚싯줄을 감아 들이는 속도를 나타낸다. 즉, 회전비가 높을수록 핸들 1회전으로 끌어들이는 루어의 회수속도가 커져 루어의 이동거리가 길어진다.

② 기어비와 힘

기어비(Gear Ratio)는 루어의 속도뿐 아니라 루어의 동작에도 큰 영향을 미치는 요소이다. 상대적으로 스피닝 릴의 경우에는 로터의 회전직경이 크기 때문에 기어비의 높고 낮음에 대한 차이가 미비하다. 하지만 상대적으로 직경이 작은 스풀이 직접 회전하는 베이트 캐스팅 릴의 경우는 필히 고려해야 할 사항이다. 더욱이 무겁거나 크기가 큰 루어 등 다양한 루어를 사용하기 때문에 기어비에 대한 선택은 신중해야 한다.

자동차 변속기의 원리와 동일하게 릴의 기어 비는 높으면 높을수록 핸들 1회전 당 루어의 속도는 빨라지지만, 감아 들이는 힘은 약해진다. 때문에 상황에 따른 기어비의 선택이 필요하다. 어떤 공식화된 비율이 존재하는 것은 아니므로 낚시인의 취향이나 사용하는 루어의 종류, 장소 등 낚시 환경의 변화에 따라 적절한 것을 선택해야 한다.

③ 고속 기어 릴

일반적으로 5.3:1 이상을 고속 기어비라고 부른다. 고속 기어비는 웜이나 러버 지그 등의 루어를 사용하기에 적합한 비율이다. 고속 기어비는 늘어진 여유줄을 빠르게 처리할 수 있어 다음 동작으로의 연결이 원활하게 해 준다. 또한 탑 워터 루어나 미노우를 사용할 경우에도 루어의 동작연출 중에 발생한 여유줄을 빨리 감아 들이며 다음 동작과 연계시켜 루어가 연속적인 동작을 하도록 하는 데에 유리하다. 특히 재빠른 챔질을 위해 원줄의 팽팽한 상태를 유지해야 하는 경우에도 고속 기어비의 릴이 효과적이라 할 수 있다. 최근 고속 기어비의 베이트 캐스팅 릴은 6.2:1 정도의 기어비로 맞춰져 있는 경우가 대부분이다.

④ 저속 기어 릴

크랭크 베이트나 스피너 베이트와 같은 루어를 사용하는 기법에서는 고속 기어비 릴의 사용에 어려움이 있다. 이러한 루어들은 수류저항이 크기 때문에 고속 기어비 릴을 사용한다면 핸들조작이 매우 무거워지기 때문에 낚시인에게 큰 부담을 준다. 또한 이들과 같은 루어는 일정 속도 이상이 되면 균형을 잃고 잘못된 동작을 보이는 경우도 있다. 크랭크 베이트가 잠수하지 않고 옆으로 끌려온다거나 스피너 베이트의 블레이드가 회전하지 않는 등이 그러한 예이다. 이와 같은 루어를 사용하는 기법에서는 5:1 이하 저속기어비의 릴을 사용하는 것이 무난하다. 사용할 루어의 크기를 고려해 루어가 클수록 저속기어비의 릴을 사용하는 것이 부담이 적다.

2

배스낚시용 낚싯줄(Bassing Lines)

대표적인 낚싯줄은

낚싯줄의 종류는 단면을 보아 한 가닥으로 되어있는 단사(單絲, Mono filament)와 아주 가는 줄을 여러 겹 꼬아(Braided) 만든 합사(合絲)로 크게 구분할 수 있다. 또한 재질에 따른 구분을 들 수 있다. 가장 널리 사용되는 것은 나일론 단사(Nylon mono filament)로서 폴리아미드(Polyamide) 성분의 단사이고 다음으로 플로로 카본(Fluoro carbon)이라 불리는 폴리불화비닐리덴(Polyvinyliden fluoride)이 주성분인 단사이다. 또한 PE줄이라고 불리는 폴리에틸렌(Polyethylene)을 원료로 분자구조를 바꾼 신소재의 합사가 등장하여 사용되고 있다.

이외에도 위의 소재들의 복합소재를 사용한 것은 물론 낚싯줄의 소재는 다양하지만 이 3종이 주류를 이루고 있다.

① 나일론(Nylon mono filament) 낚싯줄

나일론(Nylon) 낚싯줄은 낚싯줄 중에서 가장 많은 부분을 차지하고 있다. 루어낚시는 물론 다양한 장르에서도 가장 흔히 사용되는 낚싯줄이다. 가격이 저렴하고 그 원료 자체의 다양성에 의해 약간씩 성격이 다르게 생산 가능하며 각종 첨가물과 후처리 가공을 한 다양한 특수처리 제품도 있다. 나일론 낚싯줄은 염색도 용이하여 완전히 투명한 제품에서부터 물속에서 고기에게 잘 보이지 않도록 여러 가지 색상으로 염색한 것과 반대로 낚시인의 시인성을 높이기 위해 형광색으로 염색한 것도 있다. 이와 같이 장점이 많은 나일론 낚싯줄도 물을 흡수하면 강도가 떨어지고 신축성이 커 배스의 입질 시에 상대적으로 조금 둔한 것이 단점으로 지적되고 있다.

② 플로로 카본(Fluoro carbon) 낚싯줄

플로로 카본(Fluoro carbon) 낚싯줄은 나일론에 비해서는 고가이지만, 나일론에

나일론 라인

PE 라인

플로로 카본 라인

〈표3〉 배스용 라인의 종류별 특성

	비중	강도	결속력	신장도	감도	자외선	주 사용층	사용보기
나일론 라인 (모노 필라멘트)	1.14 (약간 무겁다)	보통	보통	大	보통	약	일반 낚시인	탑워터 루어
플로로카본 라인	1.7 (매우 무겁다)	강	강	초기 신장도 小	나일론보다 유리	보통	프로 선수들	저활성 배스의 예민한 입질 감지시
PE라인	0.97 (가볍다)	인장력은 강 마찰강도는 약		거의 없다	매우 좋다	강	사용층이 적다	깊은 수심의 딥 피싱

비해 단단하고 비중(比重)이 물보다 커서 잘 가라앉는다. 또 초기 신도(初期 伸度)가 낮아 입질이나 물속의 감각을 나일론 줄보다 쉽게 전하는 예민한 특성이 있다. 또한 빛에 대한 굴절률이 물과 거의 같아 물속에서 고기에게 잘 보이지 않는 이점도 있다.

낚싯줄의 종류별 특성을 파악해둬야 한다.

③ PE 낚싯줄

PE 낚싯줄은 인장강도(引張强度)가 다른 종류의 낚싯줄에 비해 매우 강하여 동일한 인장강도라면 상대적으로 가는 낚싯줄을 사용할 수 있는 장점이 있다. 신축성도 거의 없어 배스의 작은 입질도 신속히 간파할 수 있는 등 매우 민감한 낚시를 가능하게 해 준다. 또한 자외선에 강한 특성을 갖고 있다. 그러나 합사구조인 만큼 매우 부드러워 가는 줄을 사용할 경우 엉킴이 잦고 한 번 엉킨 줄은 풀기 어려우며 열에 무척 약한 단점도 갖고 있어 사용에 숙달을 요한다.

낚싯줄의 굵기와 강도 표시는

낚싯줄은 그 단위를 표기할 때, 동양에서는 대부분 굵기를 기준으로 호(號)를

2

〈표4〉 낚싯줄의 굵기와 인장강도 비교표 (V사 제품 참조) ※대략 1호=4Lb, 2호=8Lb, 3호=12Lb… 식으로 파운드는 호수에 4배수로 증가한다.

호	0.8	1	1.5	2	2.5	3	4	5	6
직경(mm)	0.148	0.165	0.205	0.235	0.260	0.285	0.330	0.370	0.405
Lb	3	4	6	8	10	12	16	20	22
kg	1.5	2	3	4	5	6	8	10	11

사용하고 서양에서는 인장강도(引張强度)를 기준으로 파운드(Lb) 혹은 킬로그램(kg) 표시를 사용한다. 대개 루어 전문 낚싯줄에서 호수를 표시하는 경우는 거의 없고 겉포장에는 항시 인장강도와 굵기 표기로서 낚싯줄 단면 직경을 밀리미터(mm) 단위로 동시에 표기하고 있다. 파운드를 호수로 환산해보면 4Lb=1호, 8Lb=2호, 12Lb=3호… 식으로 대략 1호당 4파운드의 비율로 증가하고 있음을 알 수 있다.

인장강도와 굵기의 비율은 특별히 정해진 규칙은 없다. 그렇다보니 낚싯줄을

사진속 〈박스〉부분은 시판되는 낚싯줄의 포장지에 표시된 낚싯줄 규격이다.

생산하는 메이커에 따라 또는 낚싯줄 성분에 따라 적잖게 편차가 있다. 〈표4〉는 낚싯줄의 굵기와 인장강도에 대한 비교이나 절대적인 것은 아니다.

상황별 낚싯줄 선택 요령은

① 낚싯줄 특성의 이해

낚싯줄에 대한 충분한 상식과 이해가 그 어느 장비 못지않게 중요하다. 유명상표 낚싯줄을 무턱대고 고를 것이 아니라 낚싯줄마다의 특성을 이해하고 자신의 낚시 스타일에 맞는 것을 선택하는 것이 중요하다. 낚싯줄은 루어의 종류나 크기, 무게, 채비, 낚시터의 수심에 따라 또는 장애물의 종류에 따라 구분 사용해야 한다. 낚싯줄이 낚시에 미치는 영향력이 그만큼 지대하기 때문이다.

② 표면 후처리 가공

나일론 소재의 낚싯줄 한 가지만으로도 여러 가지 후처리 가공으로 인하여 뻣뻣한 정도, 마찰에 대한 저항력 등 특성이 다양하다. 특히 배스낚시용으로 출시되고

루어의 종류나 크기, 무게, 채비, 수심 등에 따라 적합한 낚싯줄을 구분해줄 필요가 있다.

있는 제품들은 배스낚시의 다양성에 맞추어 낚싯줄도 종류가 천차만별이다. 예를 든다면 스피닝 장비를 활용하여 섬세한 기법을 구사하는 경우에는 가늘고도 부드러운 특성을 갖는 낚싯줄을 선택하여야 한다. 우거진 수초 속에 숨어있는 배스를 단번에 끌어내기 위해서는 낚싯줄 표면에 마찰을 잘 견디도록 가공된 낚싯줄을 선택해야 한다.

③ 낚싯줄의 굵기와 루어 동작

낚싯줄은 루어의 동작에도 영향을 미치고 있다. 굵기에 따라 낚싯줄과 물의 저항으로 달라지므로 루어의 잠수 깊이는 영향을 받는다. 즉, 굵은 낚싯줄은 물의 저항이 많기 때문에 같은 루어라도 가는 낚싯줄보다 루어의 공략 깊이가 얕아지게 된다. 또한 가볍고 작은 루어의 경우에는 낚싯줄의 굵기에 의해 루어 자체의 움직임이 저해를 받는다. 예를 들면 5g 정도의 작은 루어를 20Lb(5호)의 굵은 줄을 사용한다면 우선 루어의 캐스팅도 되지 않고 루어의 동작은 물론 입질이 있어도 잘 전달이 되지 않는 어려움이 따르게 된다.

초보자로서 낚싯줄을 선택하는 경우에 일반적으로 스피닝 장비에는 6~8Lb(1.5~2호), 베이트 캐스팅 장비에는 10~20Lb(3~5호) 정도를 기준으로 하여 선택하는 것이 바람직하다.

배스낚시의 매듭(Knots) 종류는

모든 낚시가 그렇듯 배스낚시도 매듭(Knots)은 중요한 요소이다. 루어를 수없이 던지고 감기를 반복하는 루어낚시에도 다양한 매듭법이 존재한다. 더욱이 배스낚시와 같이 다양한 기법이 활용되는 장르에서는 더 다양하며 계속해서 새로운 매듭법도 등장하고 있다.

매듭법은 간단하여 묶기 쉽고 묶은 후의 강도가 탁월한 것이 우선이다. 수많은 매듭법을 모두 익힐 수는 없으므로 필수적인 매듭법과 자신에게 필요한 매듭법 몇 가지는 어디에서나 행할 수 있도록 익혀둘 필요가 있다. 여러 가지 매듭을 어설프게 아는 것보다는 확실한 매듭방법 한두 가지를 확실히 익혀두는 편이 좋다.

낚싯줄+루어 묶음① - 꽈배기묶음(클린치)

〈그림 1〉

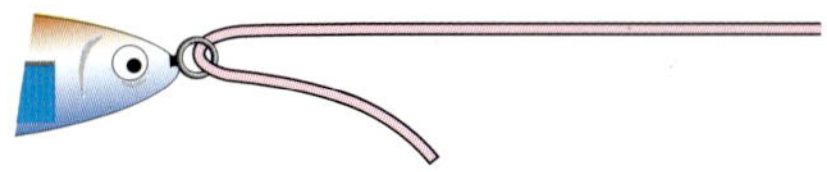

루어의 구멍에 낚싯줄 끝 부분을 넣어 빼낸다.

〈그림 2〉

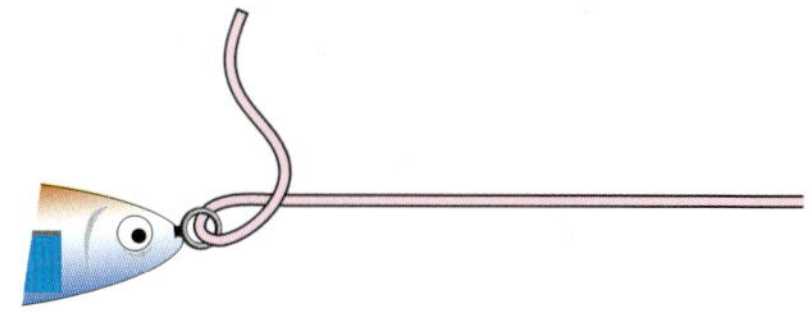

접어 돌린 고리 부분을 남겨 두면서 5~6회 정도 꼬아 준다. 이때, 루어의 고리 부분을 꽉 잡아 주지 않으면 줄의 꼬임이 원상으로 돌아가므로 주의해야 한다.

〈그림 3〉1차 완성(Clinch Knot)

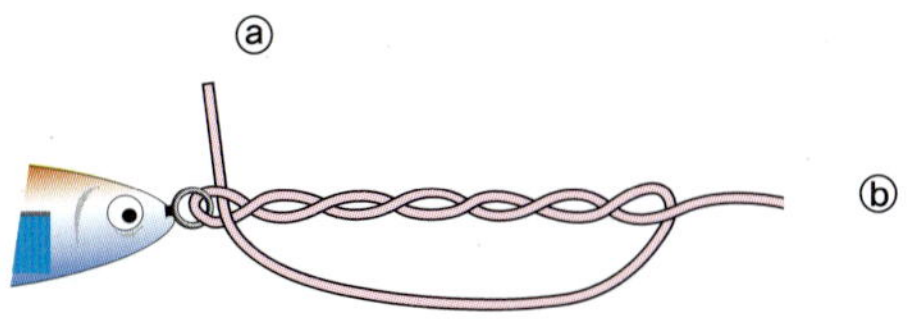

5~6회 꼰 다음에 낚싯줄 끝(ⓐ)을 루어의 고리 쪽으로 통과시키고 ⓐ와 ⓑ를 번갈아 당기면 완성이 되는데, 가는 줄은 풀어질 위험이 많다.

〈그림 3-1〉

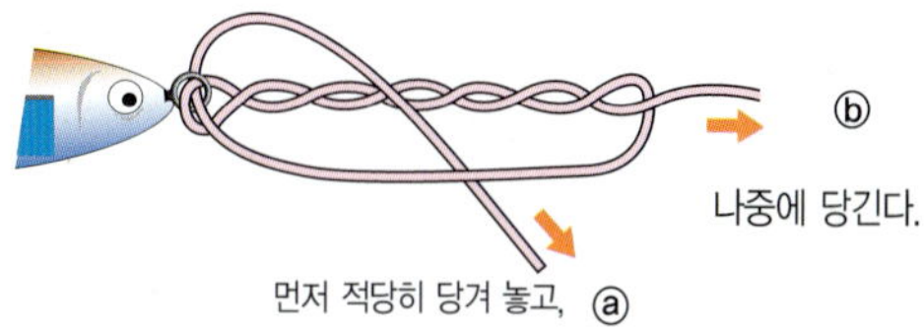

ⓐ를 최초의 낚싯줄 고리 및 루어의 고리 속으로 잇따라 통과시켜 빼내면 저절로 풀릴 위험이 거의 없어진다.

〈그림 4〉

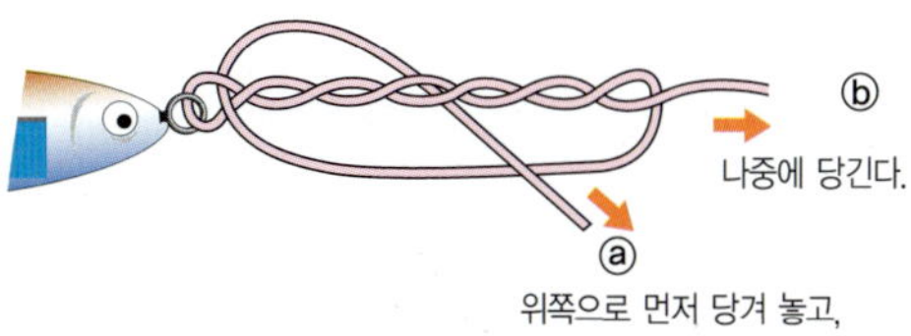

〈그림3〉에서 가는 줄의 경우는 풀어질 위험이 있으므로 큰 고리 속으로 다시 한번 빼낸다.

〈그림 5〉

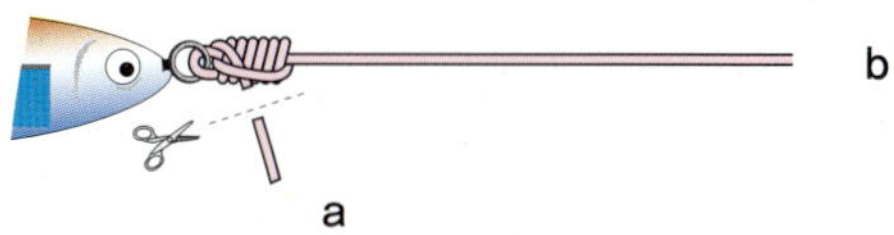

〈그림4〉의 완성 단계. 〈그림4〉에서 양쪽 줄을 번갈아 당길 때 침을 조금 발라주면 마찰에 의한 줄의 손상을 줄일 수 있다.

낚싯줄+루어 묶음② - 겹줄 엇돌려 묶어 씌우기

〈그림1〉

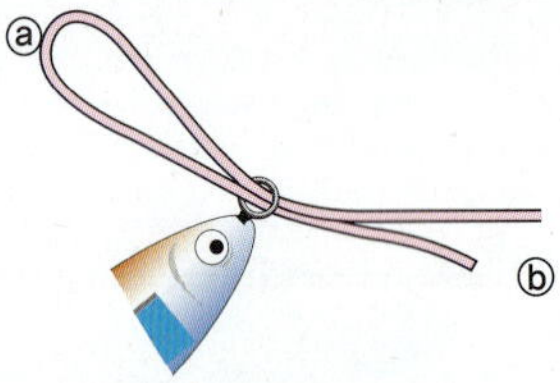

낚싯줄을 겹 지어 도래의 고리 속으로 통과 시킨다.

〈그림2〉

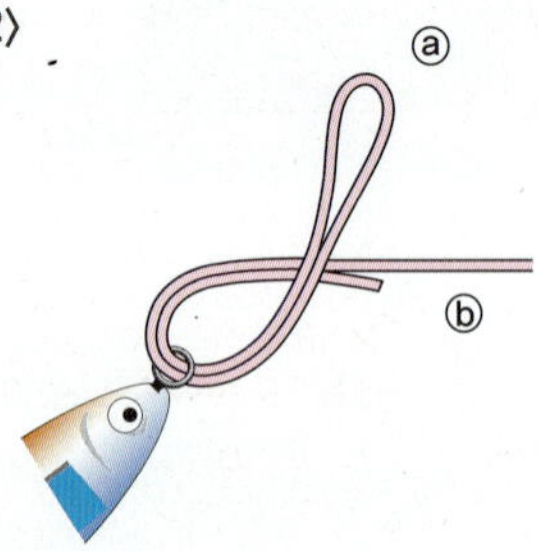

겹줄을 본줄에 교차 시킨다.

〈그림3〉

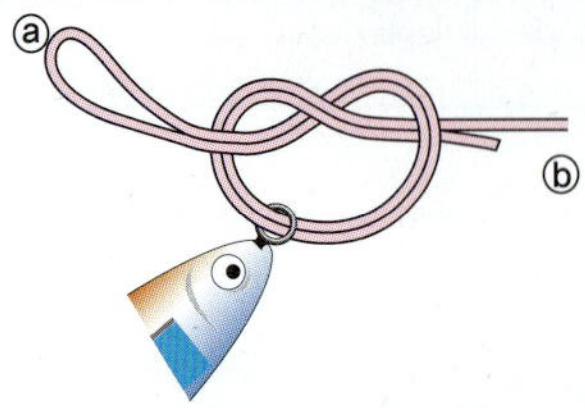

겹줄을 고리 속으로 한 바퀴 돌려 빼낸다.

〈그림4〉

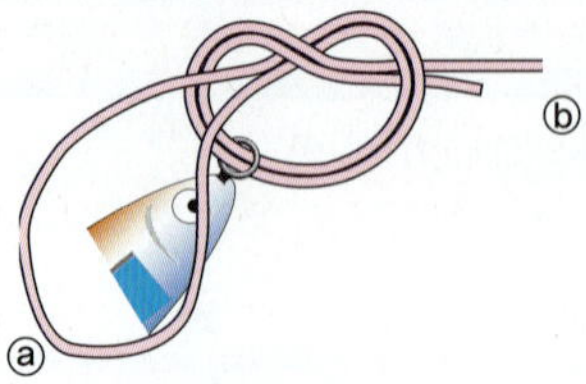

고리 ⓐ부분으로 루어를 집어넣는다.

〈그림5〉

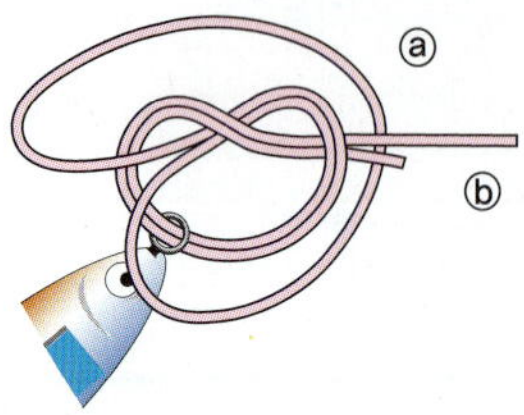

〈그림4〉 단계에서 고리 ⓐ를 ⓑ쪽 아래로 접어 붙인다.

〈그림6〉

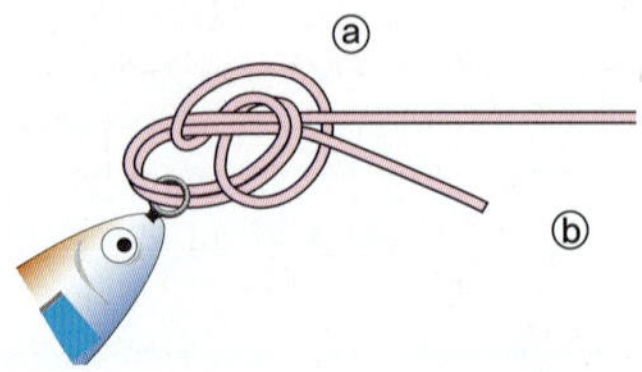

〈그림5〉 단계에서 ⓑ와 본줄을 함께 쥐고 가만히 당긴다.

〈그림7〉

강하게 당겨서 졸라맨다.

〈그림8〉

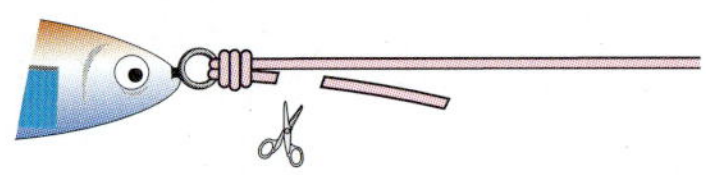

여분 줄을 잘라 주면 완성.

낚싯줄+루어 묶음③ - 고리 흔들림 묶음(A)

〈그림1〉

느슨한 매듭을 만든 후, 낚싯줄 끝을 루어의 고리 속으로 통과시킨다.

〈그림2〉

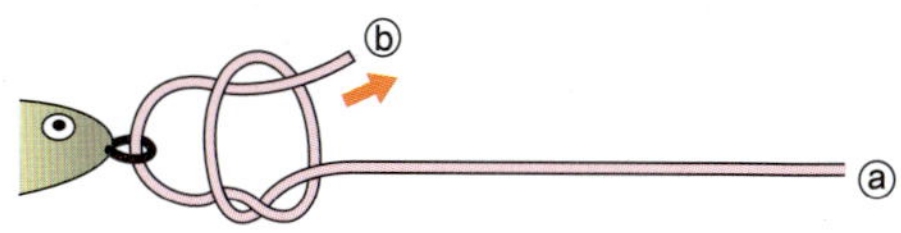

낚싯줄 끝(ⓑ)을 느슨하게 만들어 둔 매듭고리 속으로 통과시킨 후 잡아 당긴다.

〈그림3〉

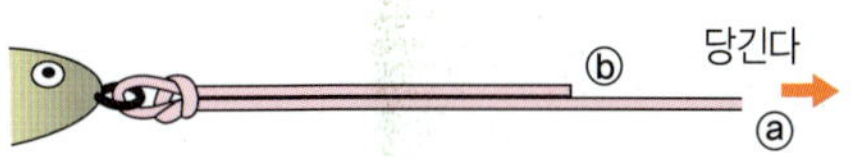

〈그림2〉에서 ⓑ를 당기면 루어의 고리에서 매듭이 지어진다.

〈그림4〉

ⓑ줄로 다시 한 번 고리를 지어 3회 안돌리기를 한다.

〈그림5〉

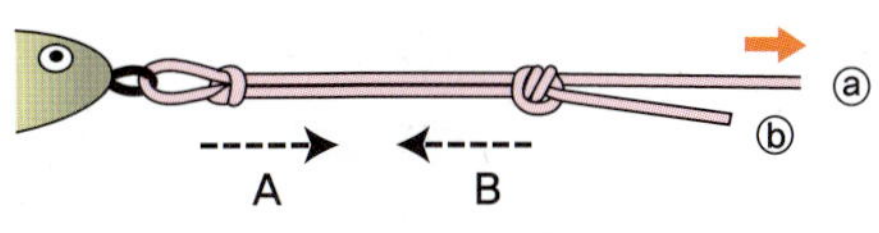

두번째 고리를 완전 매듭 지은 후 ⓐ줄을 당기면 두 개의 매듭이 함께 모이면서 고리가 생긴다.

〈그림6〉

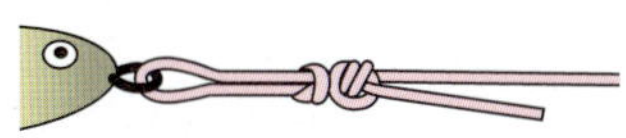

여분의 줄을 잘라주면 완성.

낚싯줄+루어 묶음④ - 고리 흔들림 묶음(B)

〈그림1〉

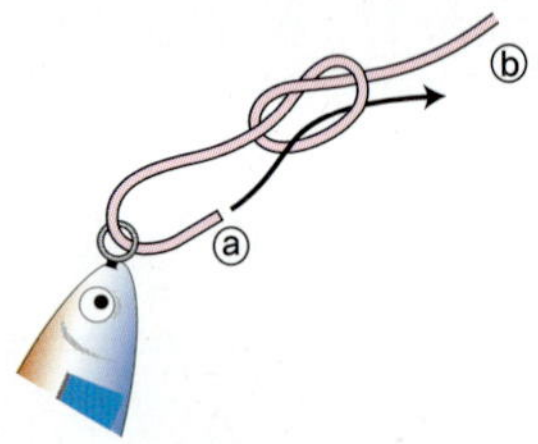

느슨한 매듭을 하나 만든 후, 낚싯줄 끝을 루어의 고리 속으로 통과시킨다.

〈그림2〉

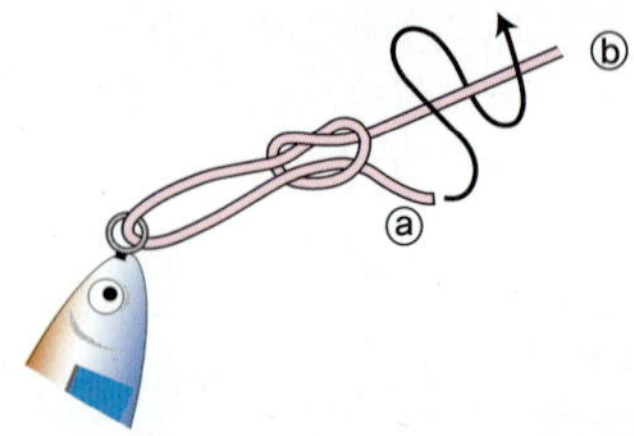

〈그림1〉에서 낚싯줄 끝(ⓐ)을 매듭고리 속으로 통과시킨다.

〈그림3〉

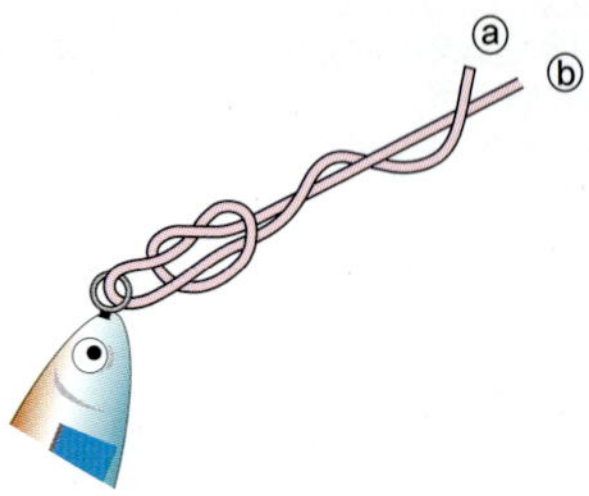

ⓐ부분을 조금씩 당기며 ⓑ줄을 넝쿨 감듯 감아올린다.

〈그림4〉

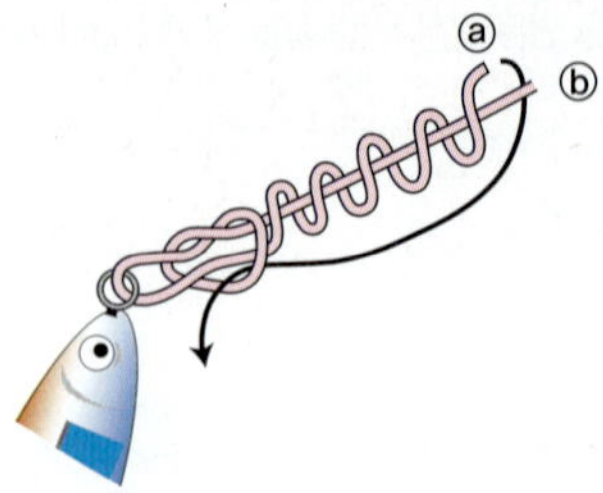

4-5회 휘감아 올린 다음, 낚싯줄 끝(ⓐ)을 아래쪽으로 되접는다.

〈그림5〉

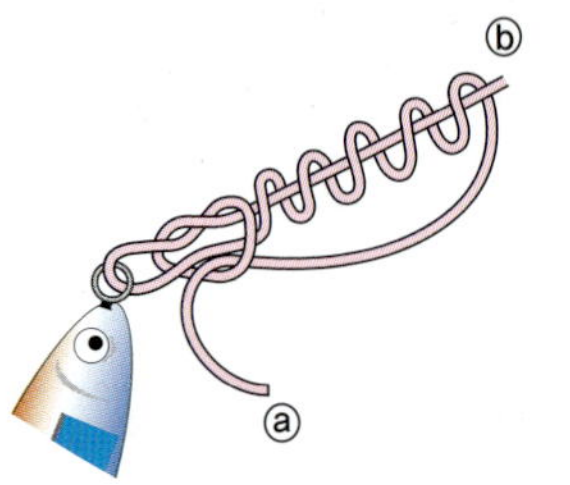

접어 내린 끝 부분(ⓐ)을 최초의 매듭고리 속으로 통과시킨다.

〈그림6〉

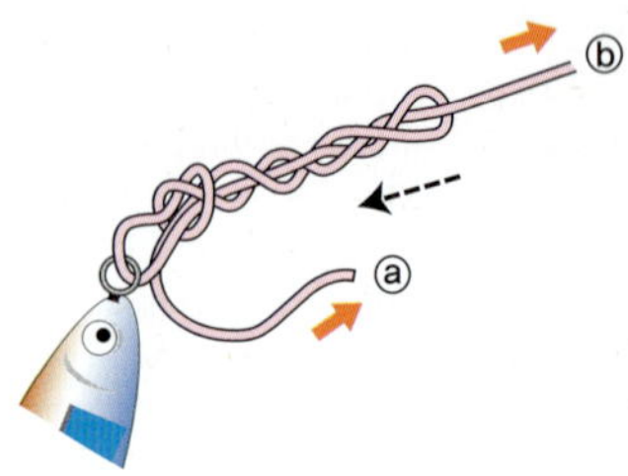

ⓐ와 ⓑ를 함께 쥐고 천천히 당긴다. 침을 발라주면 부드럽게 조여진다.

〈그림7〉

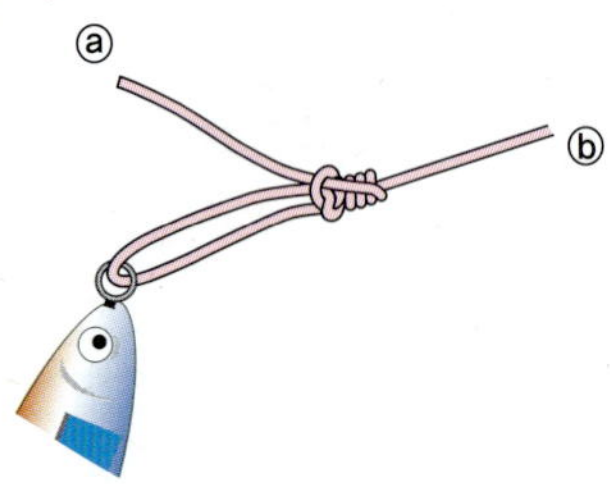

한 번 꽉 조여지면 매듭부위가 더 이상 이동되지 않는다.

〈그림8〉

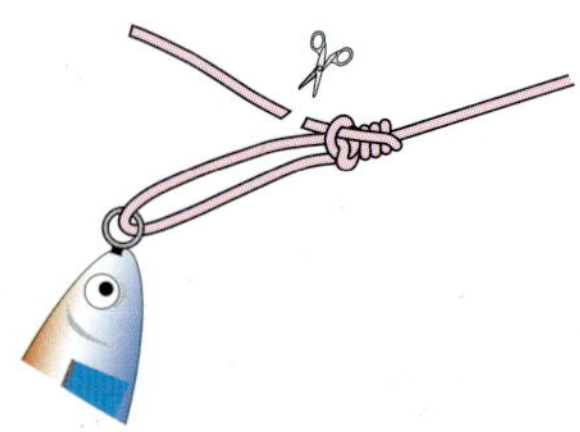

여분의 줄을 잘라주면 완성.

낚싯줄+루어 묶음⑤ - 고리 흔들림 묶음(C)

〈그림1〉

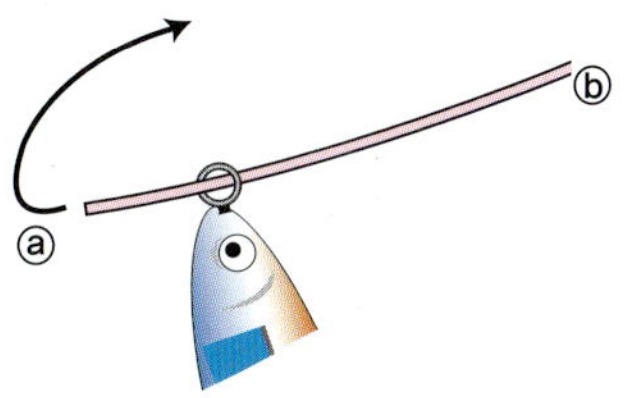

낚싯줄 한 쪽 끝(ⓐ)을 루어의 고리 속으로 통과시킨다.

〈그림2〉

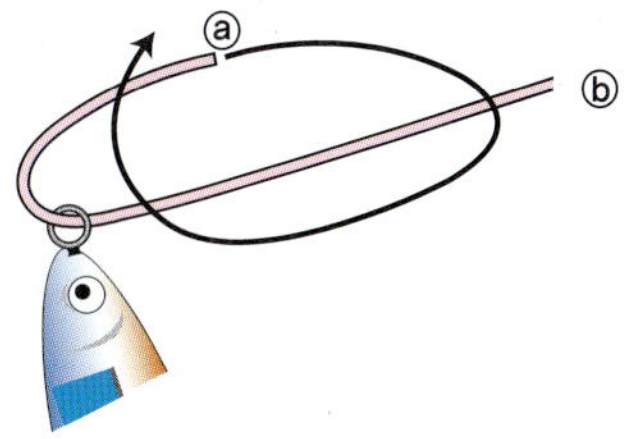

ⓐ줄을 크게 한 바퀴 돌려 매듭고리를 만든다.

〈그림3〉

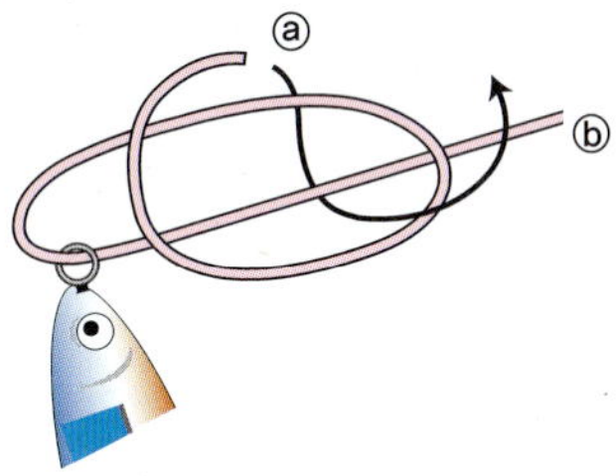

ⓐ줄을 아래쪽 고리 속으로 집어넣는다.

〈그림4〉

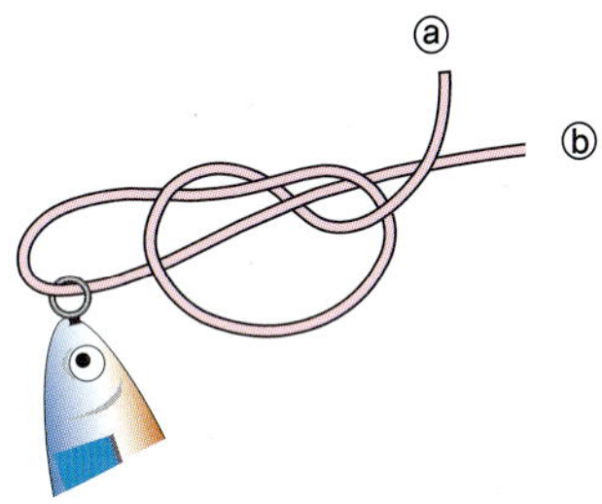

ⓑ줄을 축으로 하여 안돌리기를 한다.

〈그림5〉

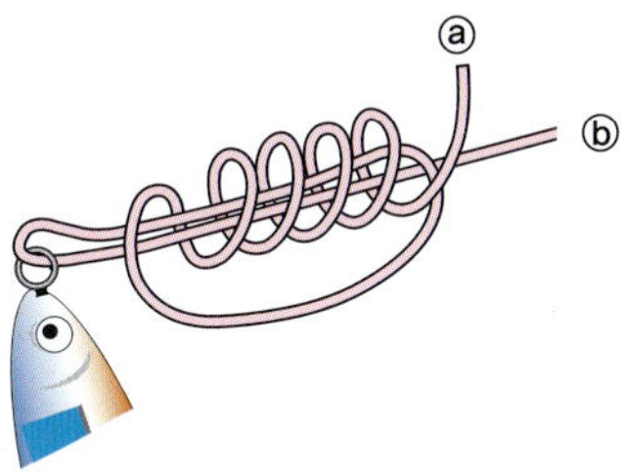

4-5회 가량 안돌리기를 계속한다.

〈그림6〉

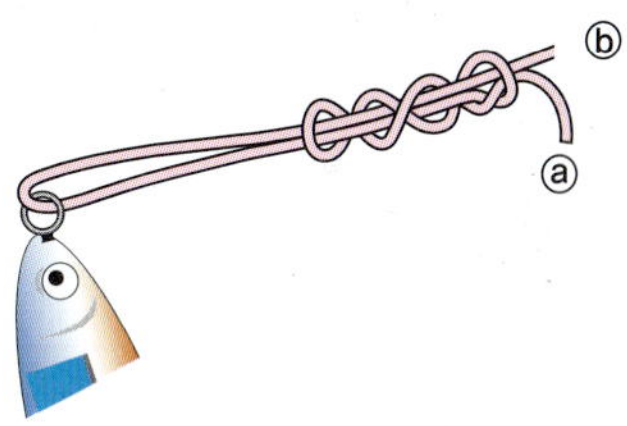

루어를 꽉 잡은 다음, ⓐ와 ⓑ를 함께 쥐고 동시에 당긴다.

〈그림7〉

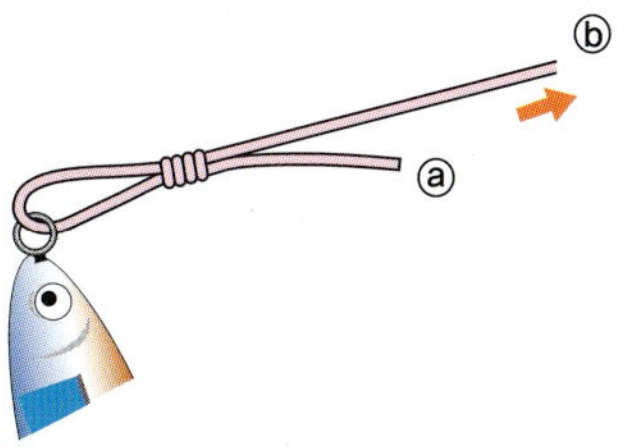

매듭 부위를 90% 정도의 힘으로 조인 다음, 한 손은 매듭 부위를 잡고 한 손은 ⓑ부분을 당기는 동작으로, 원하는 크기의 고리를 만들어 간다.

〈그림8〉

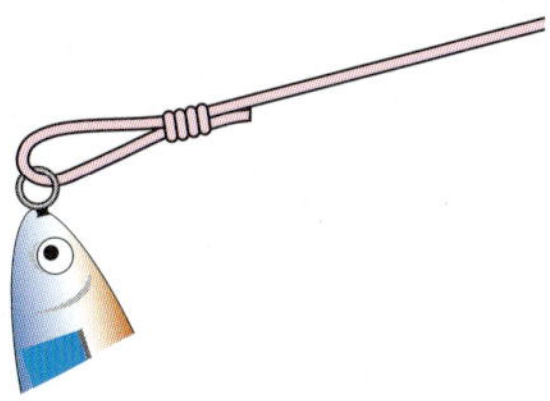

여분의 줄을 잘라주면 완성.

줄+줄 묶음① - 꽈배기묶음(블러드)

〈그림1〉

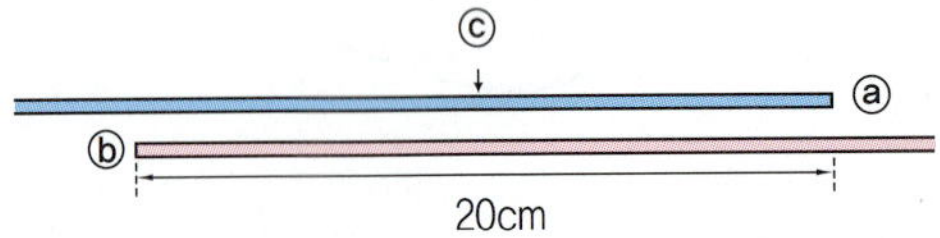

서로 다른 2개의 줄 ⓐ와 ⓑ를 20cm 정도 되게 교차시킨다.

〈그림2〉

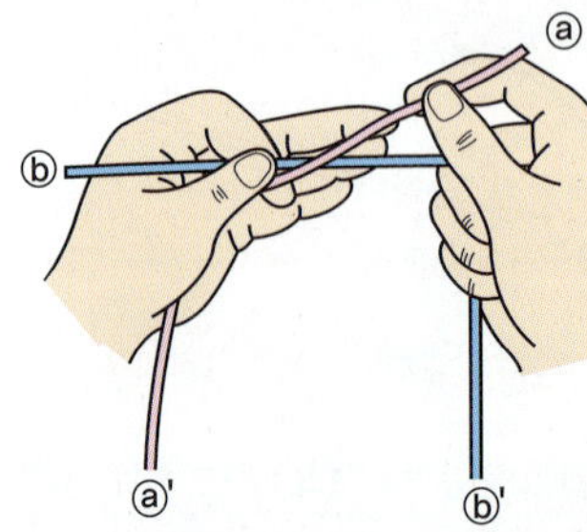

교차된 두 줄의 중간 지점인 ⓒ부분을 왼손 엄지와 검지로 거머쥐고, 바른손으론 ⓑ줄을 중지 · 약지 · 소지 사이에 쥔 다음, 엄지와 검지를 이용해 ⓐ줄을 ⓑ줄 위로 넘긴다.

〈그림3〉

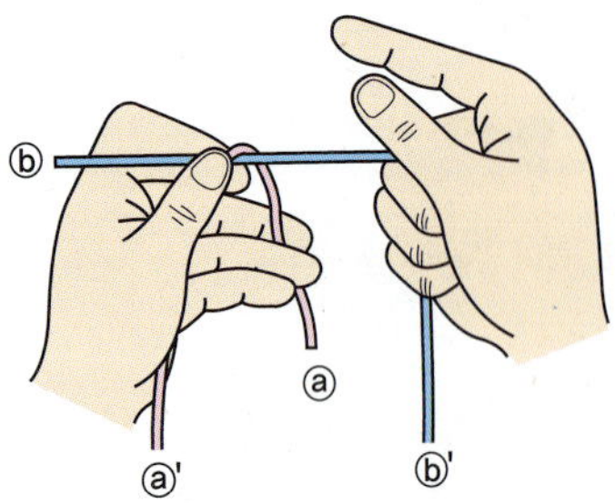

바른손 검지와 엄지로 ⓑ줄 위로 넘긴 ⓐ줄을 왼손 중지와 소지에 끼워 받는다.

〈그림4〉

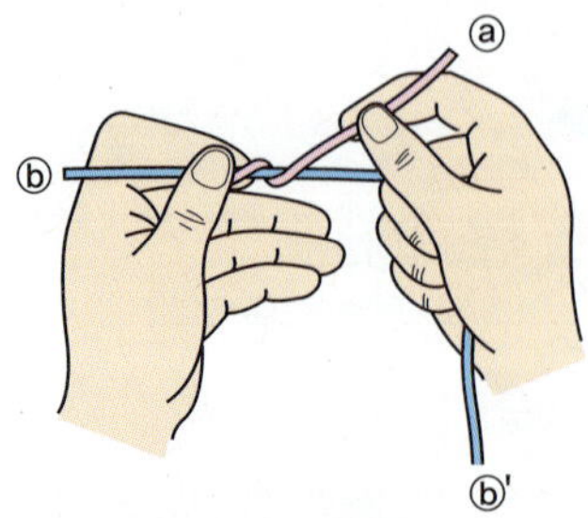

왼손 중지와 소지에 끼운 ⓐ줄을 오른손 엄지와 검지로 옮겨 받은 다음, 다시 ⓑ줄 위로 넘겨 돌린다.

〈그림5〉

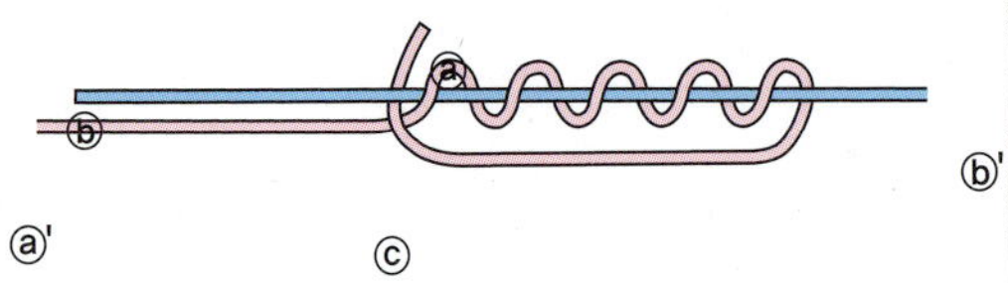

〈그림2〉에서 〈그림4〉와 같은 방식으로 ⓐ줄을 ⓑ에 5~6회 돌려 감은 후, 중간의 ⓒ지점으로 되돌려 두 줄 사이에 끼운다.

〈그림6〉

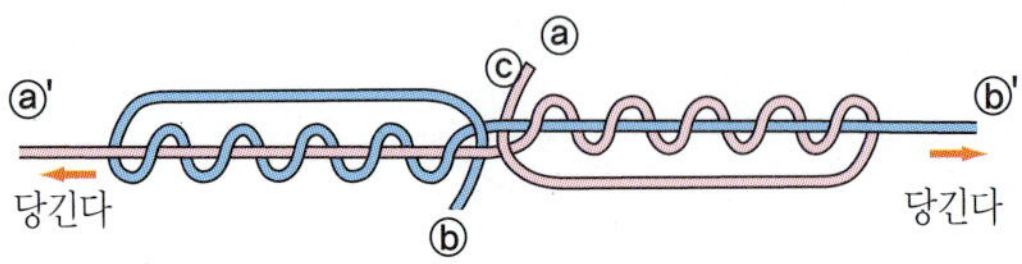

〈그림7〉

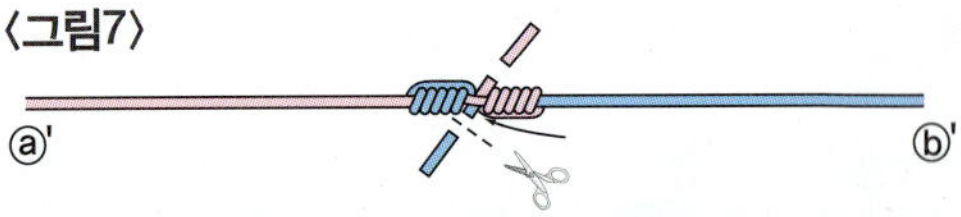

이번에는 같은 방법으로 ⓑ줄을 ⓐ에 5~6회 돌려 감은 후, 중간의 ⓒ지점으로 되돌려 고리 사이에 끼운다. ⓐ와 ⓑ가 빠지지 않게 당겨 주면서 ⓐ'와 ⓑ'를 천천히 맞당겨 주면 완성이 된다.

줄+줄 묶음② - 양끝매듭(유니)

〈그림1〉 밧줄 묶음

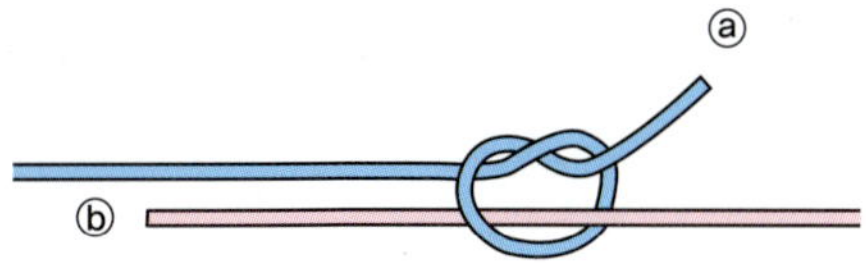

두 개의 줄을 겹쳐서 한 쪽 줄 ⓐ를 ⓑ줄에 묶는다.

〈그림①〉 기차매듭, Uni Knot

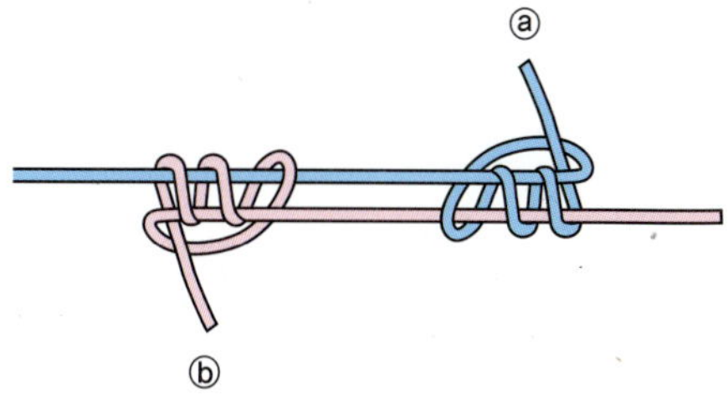

양쪽 고리를 3회 가량 '안돌리기'로 묶는다.

〈그림2〉

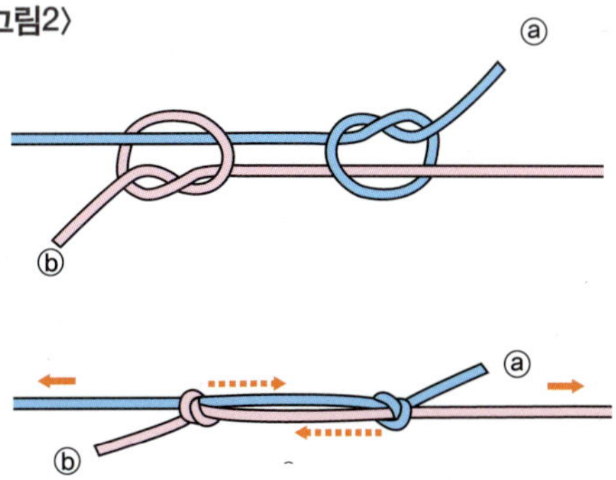

양쪽 줄을 맞잡아 당기면 두 매듭이 가운데로 모인다.

〈그림②〉

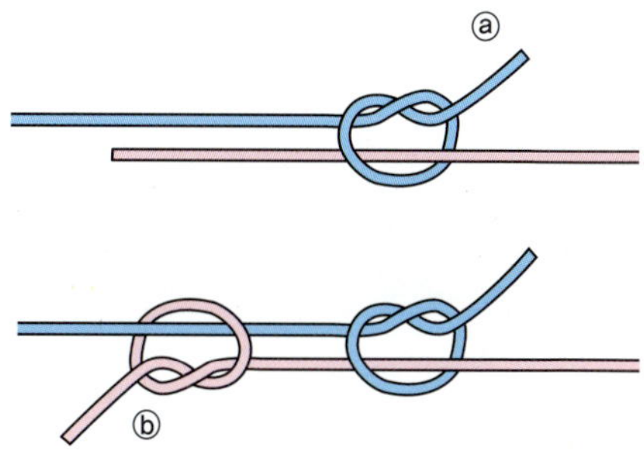

양쪽 줄을 맞당기면 두개의 매듭이 가운데로 모인다.

〈그림3〉

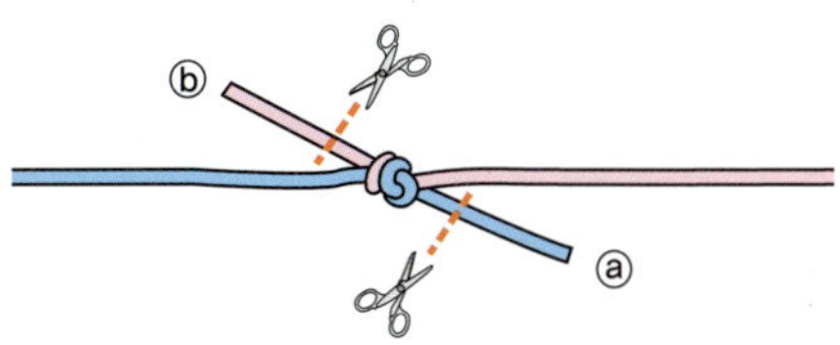

꽉 조인 후, 자투리 줄을 잘라주면 완성이 된다.

〈그림③〉

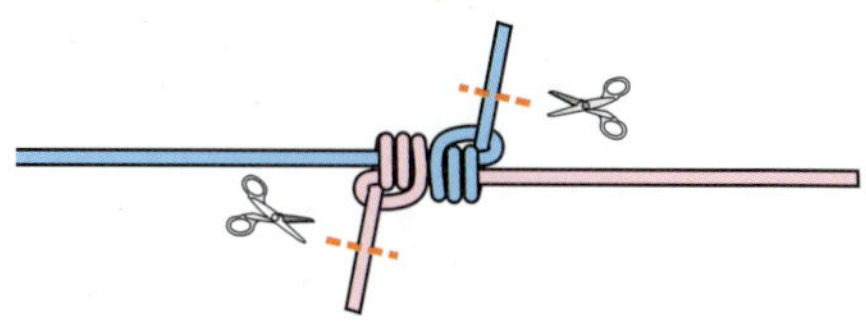

미끄러운 나일론 줄은 이렇게 묶어야 풀어지지 않는다.

릴 스풀 묶음 - 안돌리기

〈그림1〉

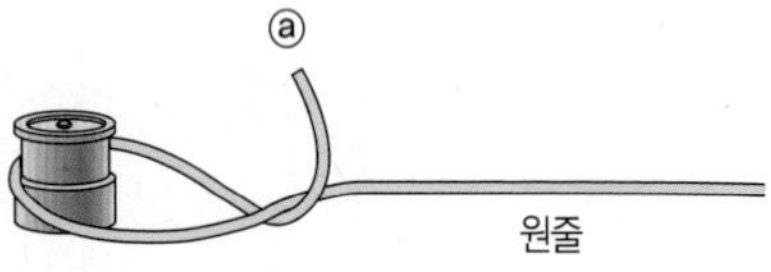

원줄 끝을 스풀에 1회 감는다.

〈그림1-1〉

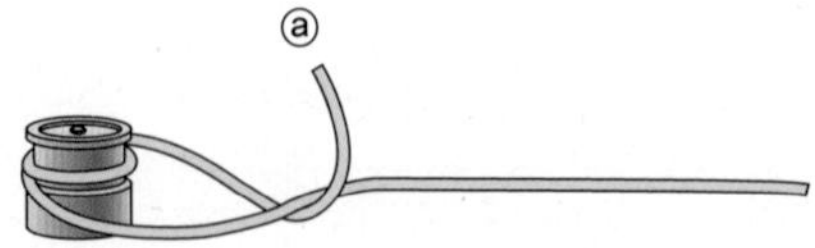

스풀에 한 번 감으면 나중에 매듭이 헛돌 수 있으므로 2회 감는 것이 안전하다.

〈그림2〉

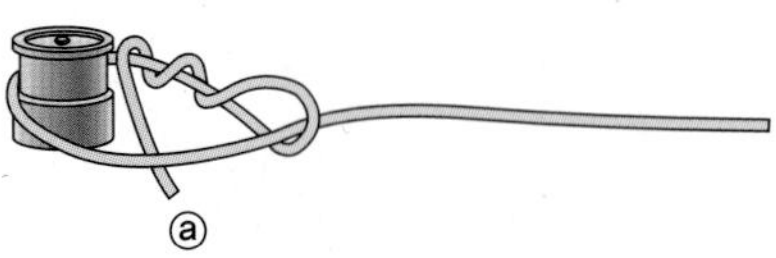

원줄 끝을 되집어 고리 줄을 축으로 3~4회 감아 돌린다.

〈그림3〉

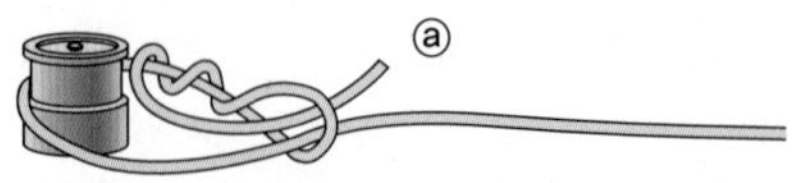

본줄과 겹쳐져 생긴 고리 속으로 원줄 끝을 빼낸다.
이 상태에서 마무리를 해도 된다.

〈그림3-1〉

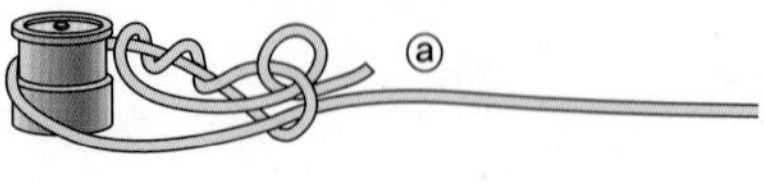

〈그림3〉 단계에서 ⓐ부분을 당겨 바로 완성을 시켜도 되지만, 큰 고리 속으로 한 번 더 넣고 빼내면 더욱 단단히 조여진다.

〈그림4〉

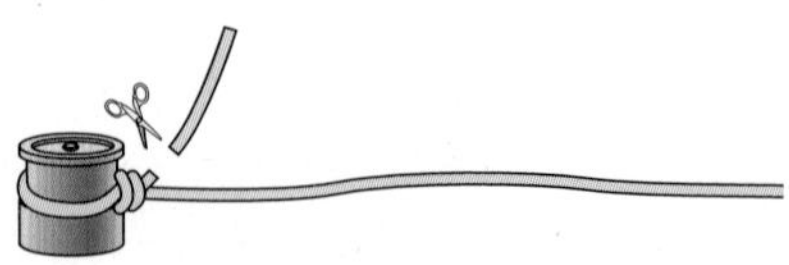

자투리 줄을 잘라주면 완성이 된다.

배스낚시용 바늘에는 어떤 종류가 있나

트레블 훅(Treble hook)

세 개의 바늘이 갈고리 형태로 용접되어 있는 트레블 훅(Treble hook)은 주로 플러그 루어에 부착되어 있다. 축의 길이가 긴 것과 상대적으로 짧은 것이 있다. 축이 긴 종류는 주로 수면에서 동작하는 플러그 루어에 부착되어 있다. 축이 짧은

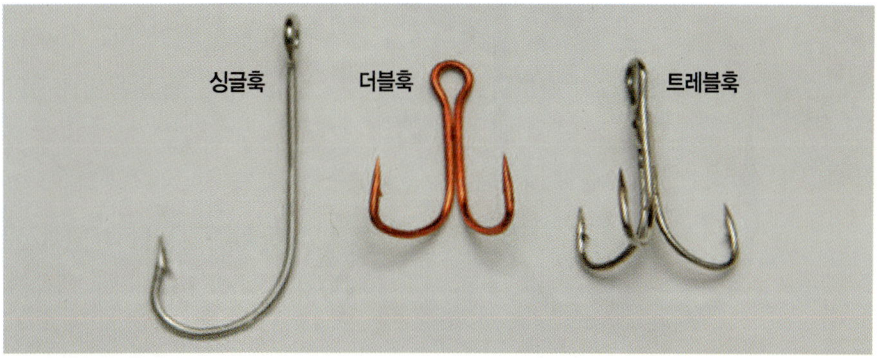

배스낚시용 바늘 종류.

〈그림〉웜 훅 종류

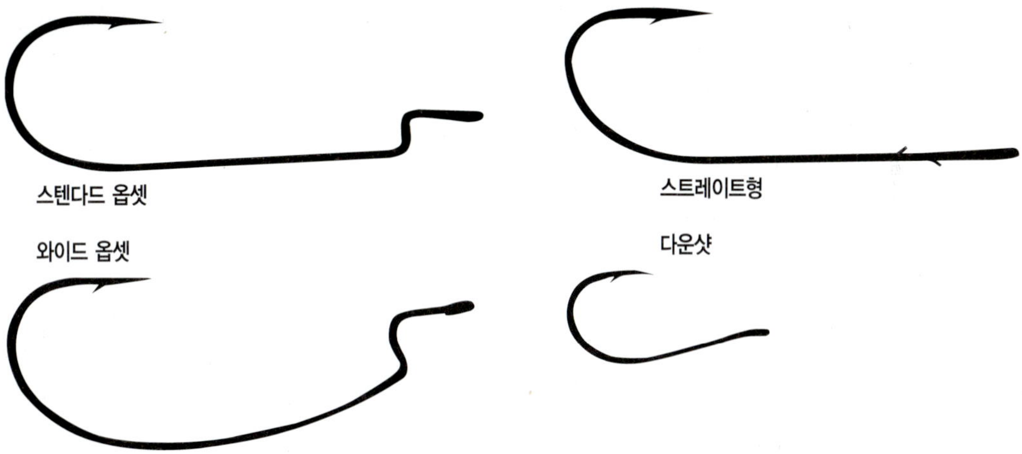

〈그림〉훅 표시방법

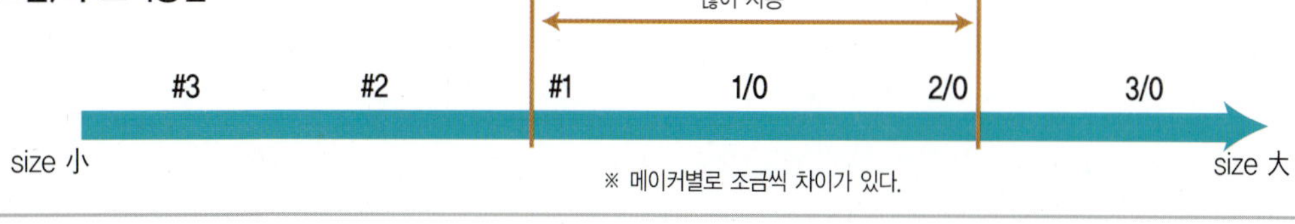

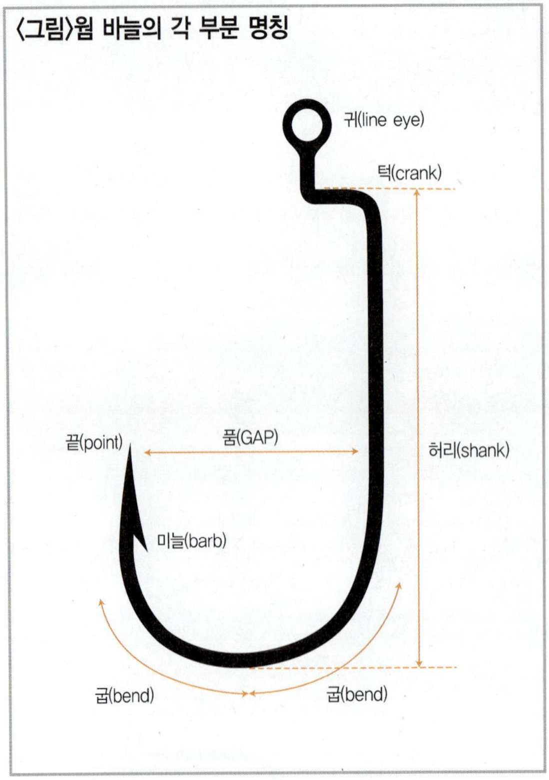

종류는 수중 깊숙이 내려가는 플러그에 부착되어 밑걸림을 조금이나마 피하도록 되어있다.

더블 훅(Double hook)

두 개의 바늘이 붙어있는 형태인 더블 훅(Double hook)은 프로그(Frog)와 같은 특수한 형태의 루어에 장착되어 수초 등의 걸림을 최소화하기 위해 사용되거나 단순히 트레블 훅의 밑걸림을 줄이기 위한 목적으로도 사용되는 바늘형태이다.

싱글 훅(Single hook)

일반적인 바늘형태다. 바늘귀가 고리형태로 되어 있는 싱글 훅(Single hook)은 주로 소프트 루어인 웜(Worm)을 꿰어 사용하도록 되어있다. 앞의 〈사진〉에 나와 있는 것처럼 용도에 따라 몇 가지의 형태를 취하고 있다. 일반적인 스트레이트(Strait) 형과 오프세트(Offset) 형이 자주 사용된다. 다운 샷 리그(Down shot rig) 등에는 소형의 전용바늘이 사용된다.

바늘 크기(Size)

루어낚시용 바늘의 크기는 숫자로 표기한다. 일반 아라비아 숫자가 커질수록 바늘의 크기는 작아진다. 1호보다 큰 바늘부터는 1/0, 2/0과 같이 표기 한다. 그러나 절대적인 크기의 표시가 아니고 바늘의 형태와 메이커에 의해 그 크기가 조금씩 다르다.

싱글훅 세팅한 웜을 물고 나온 배스.

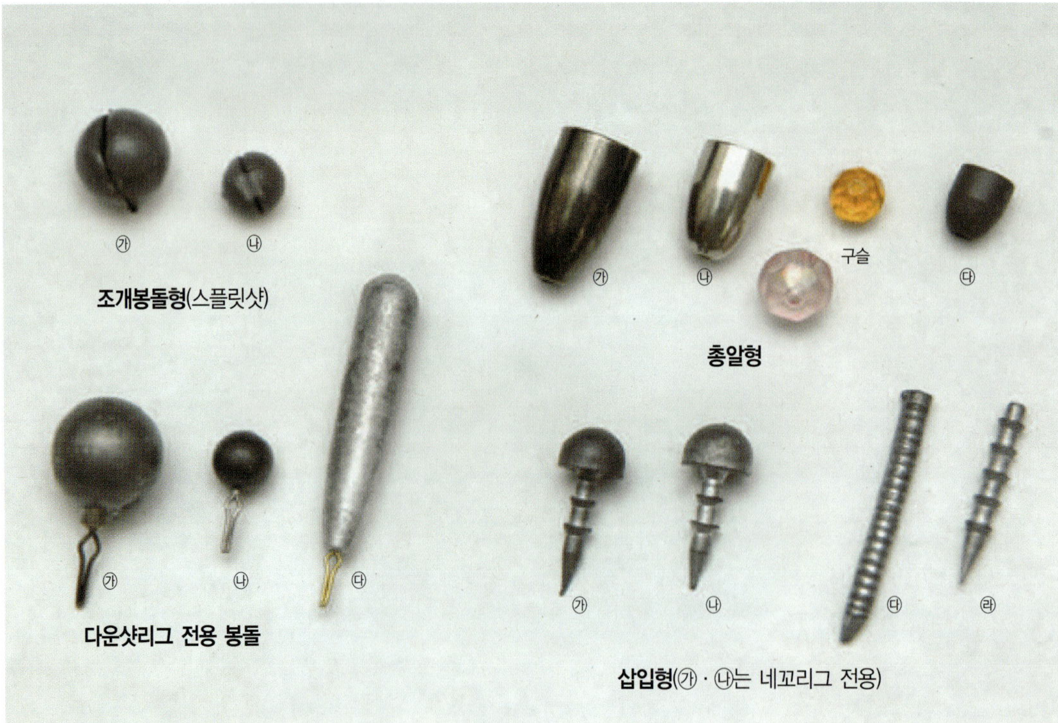

각종 봉돌.

배스낚시용 봉돌 종류와 특징은

일반 봉돌(Sinker)의 특징

배스낚시 중에서 웜을 사용하는 기법에서 빠질 수 없는 도구가 봉돌(Sinker)이다. 봉돌은 주로 납, 황동(Brass) 등으로 만들어져 있다. 봉돌은 루어를 가라앉히는 역할은 물론 낚시인에게 물 밑바닥의 정보를 알 수 있도록 하는 역할도 한다. 또한 황동으로 만든 구멍봉돌은 중간에 끼워 사용하는 구슬(Beads, 비드)과의 접촉으로 소음을 발생해 음향으로 배스의 주의를 끄는 역할도 한다.

봉돌은 아래 〈사진〉과 같이, 사용하는 기법에 의해 그 형태와 명칭이 여러 가지이다. 대표적인 것으로는 낚싯줄에 꿰는 유동식으로 가장 흔히 사용되는 총알형 구멍봉돌, 웜에 고정시키는 기능이 부착된 플로리다 리그 전용 봉돌, 흔히 조개봉돌이라고 불리는 스플릿 샷(Split shot), 자체에 고리와 도래가 부착된 다운 샷 리그(Down shot rig)전용 봉돌, 웜 몸체 속으로 삽입시키는 나사형 봉돌 등이 있다.

적절한 봉돌의 무게는 일반적으로 루어의 크기와 수심에 의해서 결정한다. 예를 들면 수심이 3m 이하인 경우 3/8oz 이하의 봉돌, 3~5m 정도라면 1/2oz 이하의 봉돌, 이보다 깊은 수심의 경우라면 1/2oz 이상의 봉돌을 사용한다. 그러나 부착하는 웜의 크기와 부력, 무게 그리고 수중장애물의 정도, 사용하는 낚싯줄의 굵기에 따라 적절히 가감해야 한다. 또한 배스의 활성도에 따라 웜의 가라앉는 속도를 조절해야 함을 주의해야 하므로 적절한 봉돌의 무게는 사용자의 경험이 무엇보다 중요하다.

지그헤드(Jig head)

지그헤드(Jig head)는 봉돌과 바늘이 하나로 이루어져 있는 형태를 하고 있는데 이를 사용하여 웜에 직접 부착하여 사용한다. 납으로 이루어진 머리부분이 여러 가지 형태로 되어있어 수중에서의 움직임이 달라지므로 용도에 맞도록 사용한다.

지그헤드의 형태를 열거하면 대표적으로 다음과 같으며 이외에도 다양한 이름으로 불리는 지그헤드가 있다.

① 라운드 헤드(Round head)

지그헤드의 대표적인 형태로서 머리형태가 구형(球形)이다. 가장 저렴하면서도 효과가 뛰어난 지그로 무게 균형이 좋아 만능에 가깝게 사용 할 수 있다.

② 다트 헤드(Dart head)

머리형태가 총알과 같이 끝이 뾰족하고 날씬한 모양으로 침강 속도가 빠르다. 수류저항이 적은 형태이다.

③ 풋볼 헤드(Football head)

머리형태가 마치 럭비공과 같은 형태를 하고 있어 바

〈그림〉지그헤드 종류와 채비 밸런스

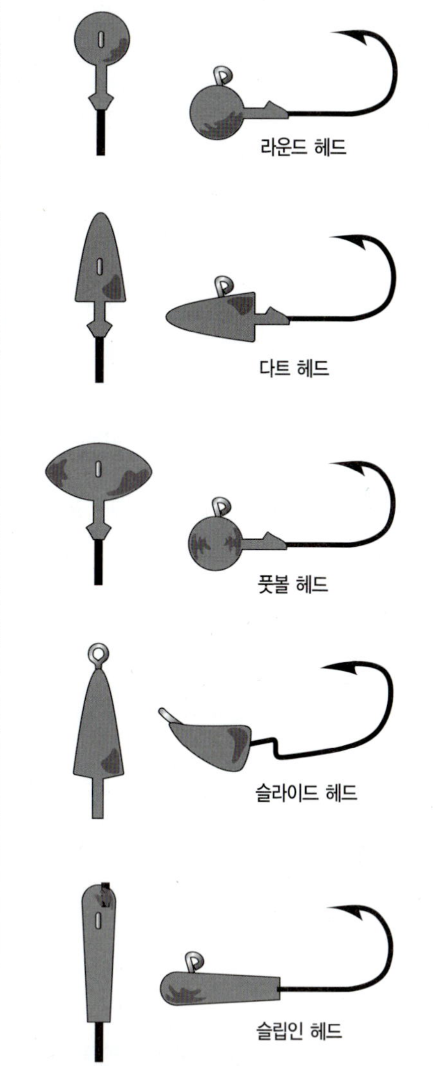

지그헤드리그의 밸런스

그럽	지그 무게	바늘 크기
4~5인치	1/8 Oz	2/0~3/0
3인치	1/8 Oz	2번~3번

낚싯줄 : 4~12Lb
낚싯대 : 라이트(L)~미디엄(M)

닥층 공략에 적합한 지그헤드이다. 바닥에 닿았을 경우의 자세가 안정적인 것이 특징이다.

④ 슬라이드 헤드(Slide head)

바닥에 닿았을 때 안정적이고 바닥을 끌며 끌어들이기에 적합한 형태로 바늘이 꺾여있다.

⑤ 슬립인 헤드(Slip in head)

소프트 베이트(Soft bait)의 일종인 튜브(Tube)의 몸체 속에 삽입하여 사용하도록 되어있는 형태다. 튜브의 나선형 하강동작(Spiral Falling)의 연출을 위해 개발된 것이다.

균형 잡힌 장비(Balance tackle)

배스낚시에서는 물론이고 어떤 낚시의 장르에서도 아무리 좋은 낚싯대, 릴, 낚싯줄을 선택하였더라도 서로가 어울리지 않는다면 낚시도구로서 의미가 없어진다.

가장 기본적인 예를 든다면, 스피닝 낚싯대에는 스피닝 릴을 사용하여야하고 베이트 캐스팅 낚싯대에는 베이트 캐스팅 릴을 사용하여야 한다. 그렇지 않다면 일단 낚시 행위 자체가 곤란해진다. 더 나아가 낚싯대의 강도와 사용가능한 낚싯줄을 참고하여 적절한 크기의 릴을 선택하여 서로 어울리도록 갖추어야만 한다. 경량급의 낚싯대에 강력한 낚싯줄을 사용한다면 낚싯대를 부러뜨릴 우려가 있다. 또한 중량급 낚싯대에 너무 작은 릴을 부착한다면 적당한 낚싯줄을 필요한 만큼 감을 수도 없거니와 낚시 도중 릴을 망가뜨릴 수도 있게 된다. 이와 같이 어느 한 부분에서 서로 어울리지 않는 장비를 갖추면 낚시가 불가능해지는 결과를 부른다.

자신이 하고자하는 낚시 기법에 맞추어 낚싯대, 릴, 낚싯줄의 선택, 적절한 매듭방법을 유기적으로 행할 때 전체적인 균형이 맞추어져 각 장비들의 능력이 최대로 활용될 수 있으며 낚시인도 쾌적하게 낚시에 임할 수 있다. '밸런스 태클(Balance tackle)' 의 중요성이 여기에 있다.

초보자의 경우에는 낚싯대와 릴에 표기되어 있는 사용가능한 낚싯줄의 규격 등을 참고하는 편이 쉽다.

루어와 소도구 수납을 위한 여러 가지 태클박스.

태클박스(Tackle Box)

배스낚시에 필요한 각종 루어와 소도구 등을 수납하는 상자를 태클박스(Tackle box)라고 부른다. 배스낚시의 경력이 늘수록 루어와 소도구의 양은 점차 늘어가기 때문에 태클박스는 필수적으로 요구된다.

태클박스의 형태는 간단한 상자 형태에서부터 공구박스와 같은 트렁크 형태, 서랍 형태 등 다양하고 크기도 천차만별이다. 일반적으로 플러그(Plug)류나 금속제의 루어는 간단한 칸막이로 구분되는 어떤 형태의 박스에도 수납 가능하지만, 소프트 베이트(Soft bait)인 웜(Worm) 종류는 소재 특성상 주의하여 태클박스를 선택하여야 한다.

2

먼저 일반적인 경질 플라스틱 박스인 경우, 웜에 함유되어 있는 화학 성분에 의해 접촉면이 녹아버리는 경우가 있으므로 웜 전용으로 제작된 전문제품의 선택이 필요하다. 또한 서로 다른 색상의 웜을 한꺼번에 보관할 경우 색상이 서로 물들어 버리는 것을 막기 위해서 형태와 색상이 동일한 웜끼리 구분하여 보관하도록 한다. 그리고 냄새나 맛이 첨가된 웜의 경우는 그냥 보관할 경우 악취의 원인이 되므로 우선 웜 구입 시의 포장을 활용하든가 밀폐기능이 있는 소형 비닐백에 수납한 후 태클박스에 정리한다.

바늘은 필히 웜에서 제거한 후 별도 보관하고 금속제의 도구 역시 별도로 구분 보관하도록 한다.

태클박스의 구입 시에는 이외에 다양한 크기와 길이의 루어를 수납하기에는 칸막이의 이동이 편리한 것이 바람직하다. 또한 집에서 루어의 정리와 수납을 목적으로 한 것과 실제 낚시에서 휴대하기 위한 것으로 구분하여 두면 편리하다.

복장 및 소도구

편리한 복장

배스낚시에서 복장은 일반 강이나 계류의 루어낚시와는 조금 다른 면모를 보이고 있다. 예를 들어 강계의 쏘가리 루어낚시는 허리 백이나 낚시조끼를 활용하여 루어와 소도구를 수납하고 간단히 한 대의 낚싯대만을 휴대하여 도보로 장거리를 이동하면서 낚시에 임한다. 이에 비해 배스낚시의 경우는 휴대하는 루어의 종류와 크기가 많고 다양하며 이들을 주머니를 사용해 몸에 붙여 휴대하기 보다는 태클박스를 사용하여 지참하는 경우가 대부분이다. 더욱이 낚싯대도 두 대 이상 휴대하기 마련이다. 또한 경우에 따라 다르기는 하지만 도보 이동거리도 쏘가리낚시에 비해서는 길지 않다.

그러므로 전용 복장, 혹은 전형적인 복장보다는 활동적인 일상복을 착용하는 예가 많다. 도보낚시 이외에 보트를 활용하는 낚시방법이라면 휴대하는 낚시장비의 양은 더욱 늘어나므로 보트 위에서 활동에 제약이 없도록 간편한 복장을 착용한다.

모자

하절기의 햇빛 차단, 동절기의 보온, 비나 이슬 차단은 물론 루어의 바늘에 의한 안전사고 방지 등을 위해 모자의 착용은 필수적이다.

선글라스와 편광안경

강한 자외선(紫外線, UV)으로부터 눈을 보호하기 위해 야외에서 특히 물가에서의 선글라스(Sunglass)는 필수품이다. 또한 루어의 바늘에 의한 안전사고 방지를 위한 보안경의 역할로서도 필히 착용해야 한다.

더 나아가 편광(偏光, Polarized) 안경은 선글라스의 렌즈(Lens)에 편광필터를 부착한 것으로 태양빛을 편광화하여 수면의 난반사를 차단하기 때문에 눈부심을 막고 물속이 잘 보이도록 하는 이점이 있다.

선글라스 선택 시에는 유해 자외선의 차단 정도, 편광도(편광렌즈의 경우), 시야확보 정도, 렌즈 색상별 특징 등을 직접 살피고 신뢰할 수 있는 메이커의 렌즈인가도 필히 확인하도록 한다. 렌즈가 저급품인 경우는 오히려 시력을 해칠 우려가 있으므로 신중하여야 한다.

편광안경의 렌즈색상에 따른 특성은 다음과 같다.

① 회색 계열(Gray torn)

여러 가지 렌즈의 색상 중에서 시야가 가장 자연물과 가까운 색상으로 보이도록 하는 색조(色調)이다. 활용도가 높은 색조로서 어느 경우에도 착용 가능하지만 주로 맑은 날씨에서 사용하는데 짙은 색은 여름철 맑은 날의 바닷가와 같은 태양빛이 강렬한 장소나 한겨울의 설산(雪山)에서 좋다.

② 갈색 계열(Brown torn)

시야를 깨끗하고 선명하게 하며 사물의 색상 대비(contrast)를 뚜렷하게 해주는 효과가 있는 색조이다. 눈부신 빛을 따뜻한 색상으로 보이게 하여 주므로 집중력을 높이는 효과도 있다. 맑은 날씨나 흐린 날씨 전반에 걸쳐 사용가능하다.

③ 녹색 계열(Green torn)

사물을 자연스럽고 밝게 보이도록 해주는 효과가 있다. 비교적 자연스러운 시야를 갖도록 하여 피로하지 않도록 하는 색상이므로 도회지에서도 사용가능한 색조이다. 짙은 색은 맑은 날씨와 흐린 날씨에 모두 사용가능하고 옅은 색은 흐린 날

2

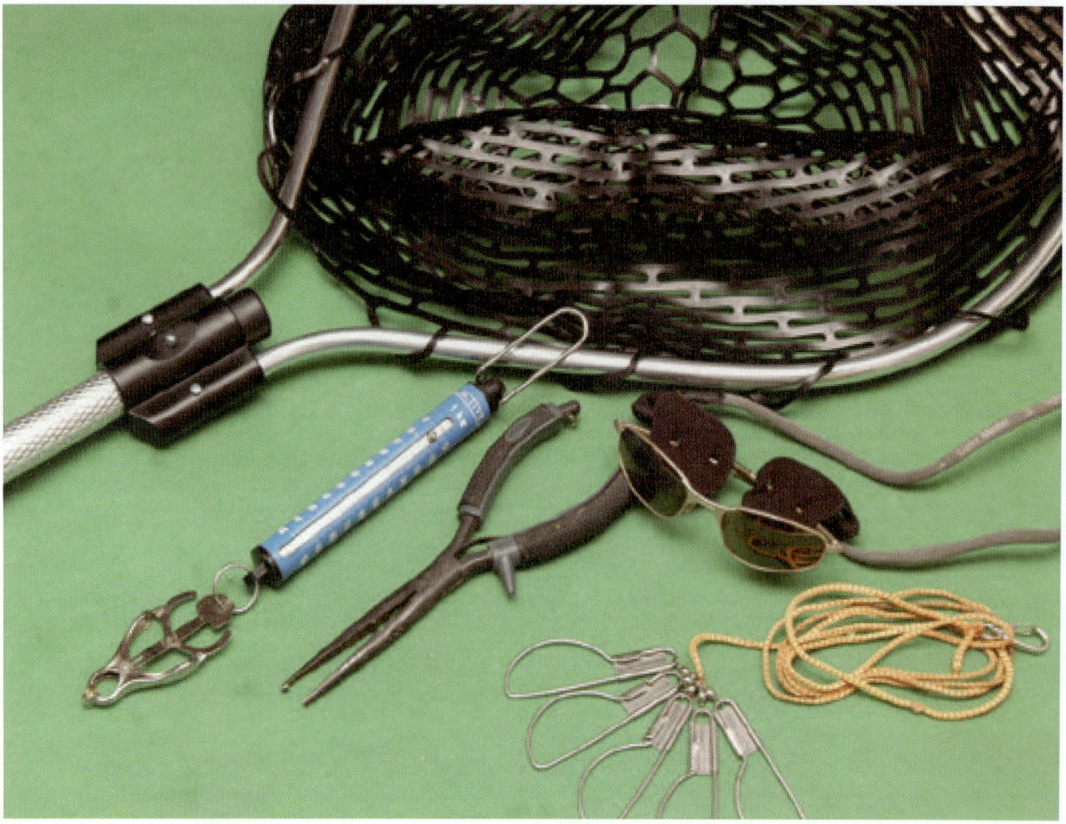

뜰채와 수온계, 플라이어, 편광안경 등 소품을 갖추면 더욱 깔끔한 낚시를 즐길 수 있다.

이나 비가 내리는 상황에서 효과가 좋다.

④ 황색 계열(Yellow torn)

사물이 보다 밝고 선명하게 보이도록 하는 효과가 높다. 일반적으로 옅은 색이므로 야외에서는 물론 실내에서도 사용하는 색조이다. 흐린 날씨에 주로 사용하는데 비가 내리는 상황에서의 운전용으로도 적합하다.

⑤ 미러 코팅 렌즈(Mirror Coating lens)

선글라스의 렌즈 외부에 마치 거울과 같이 반사되는 코팅을 한 렌즈를 말한다. 주로 파랑이나 은색 등의 색상으로 코팅되어 빛을 반사, 차단하므로 맑은 한여름철 눈이 부실 정도의 태양 아래에서 우수한 성능을 가진다. 또한 착용자의 눈이 외부에서는 들여다보이지 않는 등 외관에 있어서도 패션성이 가미되어 있다. 그러나 빛이 약한 장소에서는 시야가 너무 어둡고 착용자의 뒤편이 밝은 경우 시야가 가려지며 착용자 자신의 눈이 비춰져 보이는 등의 단점도 있다. 또한 렌즈코팅이 외부의 접촉이나 염분 등에 의해 벗겨지기도 한다.

구명조끼(Life Jacket)

구명동의(救命胴衣)로도 불리며 보트낚시의 필수품이다. 이를 착용하지 않고는 배에 승선할 수 없음을 명심하도록 한다. 승선의 목적이 아니더라도 무릎 이상의 물속으로 들어가는 경우에는 필히 착용해야 안전한 낚시가 된다.

장화(Knee Boots)

배스낚시에서 연안 수초지대나 습지는 매우 좋은 포인트가 된다. 도보낚시의 경우에 이와 같은 장소로 들어가는 경우가 많은데 일상적인 복장으로는 신발이 젖어버린다거나 또는 바지에 진흙이나 오물이 묻어 쾌적하지 못한 배스낚시가 되어버리는 경우가 발생하기 쉽다. 이 경우 무릎 길이의 장화(Knee Boots)는 유용하게 활용된다.

이외에도 직접 물속으로 들어가는 경우에 착용하는 '바지장화(Wader)' 도 활용예가 많다. 바지장화의 활용은 '제6장 실전장비운용 2편' 에서 구체적으로 다루도록 한다.

바지장화(Wader)를 활용하므로서 포인트 접근성이 부쩍 향상된다.

기타

갑작스런 기상 변화에 대비하는 비옷(雨衣), 배스의 입에 깊이 박힌 바늘을 빼기위한 소형 플라이어(Plier), 루어를 간편하게 교환할 수 있는 스냅이 부착된 도래(Snap swivel), 낚은 배스를 살려둘 수 있는 꿰미, 트레블 훅(Treble hook)을 감싸 덮을 수 있는 훅 커버(Hook cover) 등이 필요하고 이외에도 스프릿 링(Split ring), 수온계, 주머니칼, 장갑, 릴 수리용 공구세트, 호루라기 등이 요긴하게 활용되는 경우가 있으므로 지참하도록 한다.

제3장

배스낚시용 루어(Bassing Lure)

소프트 베이트(Soft Bait)① - 웜(Worm)

웜이란 무엇인가

우리나라에서 '웜(Worm)' 으로 불리는 루어는 지렁이나 벌레, 유충 등을 모방한 연질 플라스틱 루어 일체를 지칭하기도 한다. 주 재료는 PVC나 실리콘 등의 합성수지로 만들어져 있다. 수많은 모양과 색깔을 가지고 있으며 웜의 크기에 맞

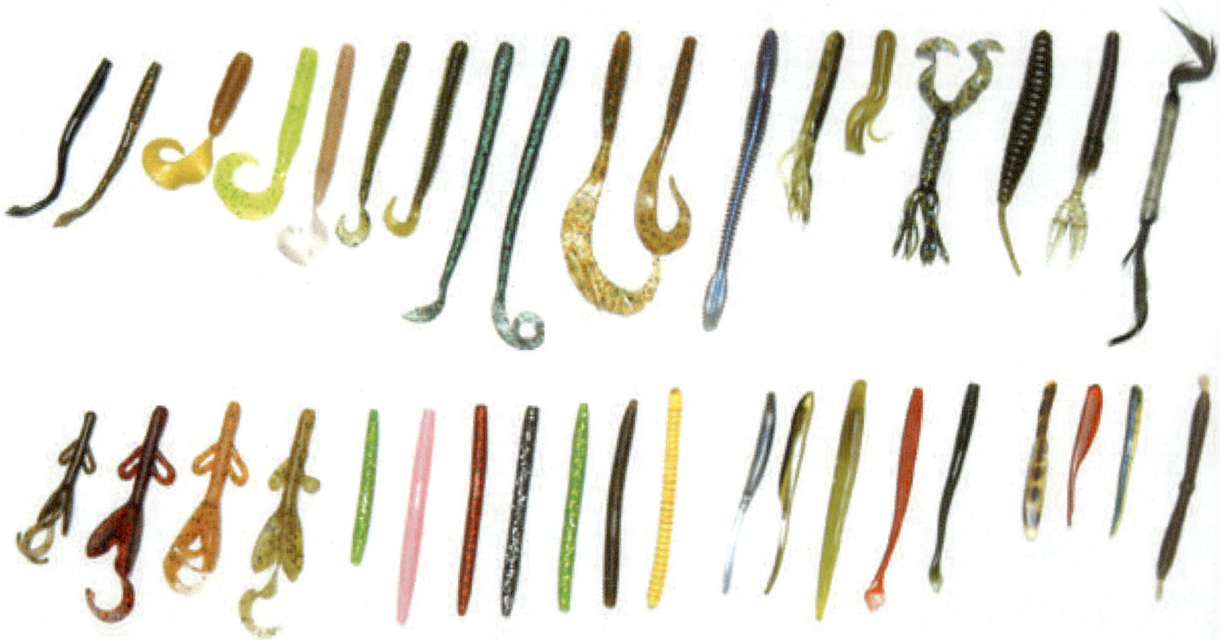

대표적인 웜 종류들.

는 바늘과 봉돌 등을 사용해야만 그 기능을 충분히 발휘할 수 있다.

이러한 넓은 의미의 웜을 보다 세부적으로 구분하면 지렁이 형태 이외에 그럽(Grub), 튜브(Tube), 소프트 저크 베이트(Soft jerk bait), 도마뱀이나 가재, 쥐 등을 모방한 이미테이션(Imitation) 등으로 나눌 수 있다. 일반적으로 좁은 의미의 개념으로서 '웜' 이라 부르는 것은 지렁이(Night Crawler)와 같이 긴 몸체를 갖고 있는 형태만을 지칭한다.

웜은 19세기 말 미국에서 처음 나타난 것으로 전해진다. 공식적으로는 1949년 미국의 '크림 부부(Nick Creme과 Cosma Creme)' 에 의해 최초로 탄생된 것으로 전하고 있다.

채비법과 활용법에 따라 텍사스 리그(Texas rig), 사우스캐롤라이나 리그(South Carolina rig), 스플릿 샷 리그(Split Shot rig) 등등 다양한 쓰임새가 있으며 자세한 사항은 제4장 루어 활용술 편에서 다루기로 한다.

대표적인 웜 종류

일반적으로 웜이라 부르는 길쭉한 지렁이 형태의 웜은 크게 부착되어 있는 꼬리의 형태로 구분하여 명칭을 부여하기도 하고, 몸체의 특별한 형태나 구조로 인해 다르게 불리기도 한다. 대표적인 종류는 다음과 같다.

① 컬리 테일 웜(Curly Tail Worm)

꼬리 부분이 C자 모양으로 구부러져 있어 '곱슬곱슬하다' 는 뜻의 컬리(Curly)라 이름 붙여진 웜이다. 먹이고기가 헤엄칠 때 꼬리 부분이 부드럽게 흔들리는 모습에 착안하여 만들어졌다.

가장 대중적이며 사용하기 쉬운 웜으로 단순한 낚싯대의 움직임만으로도 꼬리가 파장을 크고 길게 내주어서 배스의 입질 확률이 높은 웜으로 여겨진다.

수심이 깊거나 물이 탁하여 빛의 투과성이 나쁠 때는 배스에게 강한 자극을 주기 위해 꼬리가 크고 넓은 것을 사용하고, 수심이 얕거나 물이 맑을 때는 꼬리가 비교적 작은 것을 사용한다.

대표적인 채비방법으로는 텍사스 리그(Texas rig), 사우스캐롤라이나 리그(South Carolina rig), 스플릿 샷 리그(Split shot rig) 등이 있다.

② 스트레이트 테일 웜(Straight Tail Worm)

꼬리 모양이 길게 쭉 뻗어 있는 것이 특징인 웜이다. 지렁이나 먹이고기가 몸 전체로 움직이는 모습을 본뜬 것으로 물의 저항이 적어 가라앉는 속도가 빠르며 낚싯대를 가볍게만 움직여 줘도 웜 몸체가 예민하게 반응하는 장점이 있다.

여러 가지 채비방법에 모두 적합하지만 상대적으로 움직임이 자연스럽기 때문에 다운 샷 리그(Down shot rig), 스플릿 샷 리그(Split shot rig), 와키 리그(Wacky rig), 노 싱커 리그(No sinker rig) 등에 다용된다.

③ 패들 테일 웜(Paddle Tail Worm)

웜의 꼬리 모양이 노를 닮았다고 하여 붙여진 이름이다. 다른 웜에 비하여 꼬리가 넓기 때문에 웜을 유영시킬 때 다른 웜보다 많은 파장을 일으키며 독특한 움직임을 보인다.

전체적으로 볼륨감이 있고 무거워 가벼운 봉돌을 사용하더라도 손쉽게 던질 수 있다. 넓적한 꼬리 모양 때문에 수몰나무, 수초 등에 잘 감기지 않아 수초지대의 빈공간인 수초구멍에 수직으로 낙하시키는 등 장애물 지형에 효과적인 웜이다.

주로 텍사스 리그와 플로리다 리그에 활용된다.

④ 링 웜(Ring Worm)

몸 전체가 링(Ring)에 감긴 듯한 형태를 갖고 있는 웜이다. 물 속에서 움직이면 이러한 링의 저항으로 몸 전체가 떠는 듯한 움직임을 보이며 작은 파장을 만드는 효과가 있는 것으로 알려져 있다. 또한 링 틈새에 모여 있던 공기방울이 빠져나오며 배스의 호기심을 유발한다. 수중 진동에 민감한 배스에게 더욱 자극적으로 느껴지도록 개발된 웜이다.

표면이 울퉁불퉁하지만 매우 유연하므로 배스가 이 링 웜을 물었을 때 이질감을 덜 느낄 수 있는 것도 장점이지만 바늘이 웜에서 쉽게 빠져나옴으로 인해 밀도가 높은 수초지대와 같은 심한 장애물에서 사용하기에는 다소 무리인 단점도 있다.

⑤ 플로팅 웜(Floating Worm)

플로팅 웜(Floating Worm)은 외관과는 상관없이 수면에 뜨는 기능을 갖는 웜이다. 비중이 물보다 낮은 합성수지를 사용하거나 웜의 몸체 속에 공기 주머니가 장치되어 있어 수면에 뜬다.

수면에서 동작을 연출하는 웜으로서 주로 노 싱커 리그(No Sinker rig)를 활용하여 밀도가 높은 수초지대에서 자주 사용한다.

봉돌을 부착하는 채비에 사용하는 경우 일반적인 웜보다 침하 속도가 느리고 수중 동작도 느리게 나타난다.

⑥ 기타 웜

위의 나타낸 형태 이외에도 일반적인 컬리 테일 웜(Curly Tail Worm)의 꼬리를 성형한 형태의 웜으로서, 커다란 테일을 더 가늘고 길게 늘인 형태인 리본 테일 웜(Ribbon tail worm), 컬리 테일을 중간에서 잘라버린 컷 테일 웜(Cut tail worm) 등이 있다.

또한 독특한 기능을 부여한 웜으로서 꼬리 부분에 공기주머니를 부착하여 웜의 머리부분은 아래로 향하고, 부력을 많이 받는 꼬리 부분은 위쪽으로 뜨는 독특한 수중자세가 가능해진 에어 테일 웜(Air Tail Worm), 몸체에 돌기가 많이 형성되어 수중에서 링 웜과 유사하게 공기방울을 끌고 들어가도록 되어 있는 캐터필러 웜(Caterpillar Worm), 겉모습에 아무런 특징도 없이 밋밋한 막대기나 국수가락 같은 형상의 누들 웜(Noodle Worm), 바늘을 몸통 중앙부근에 꿰는 와키 리그(Wacky rig) 전용 웜 등이 있다.

이밖에도 웜의 몸체에 소금을 첨가하여 비중을 높이고 배스의 미각을 자극하는 솔티 웜(Salty Worm), 독특한 냄새와 맛을 첨가하여 배스의 후각과 미각을 통해 조금이나마 오랜 시간 배스가 웜을 물고 있게 하여 챔질의 여유가 늘어 나

시판되는 다양한 종류의 웜들.

도록한 기능성 웜도 등장하였다.

이와 같이 웜은 시간이 흐름에 따라 수많은 독특한 기능과 형태로 등장하고 있으며, 좀더 배스를 잘 낚을 수 있는 웜의 개발은 오늘도 계속되고 있다.

소프트 베이트② - 그럽(Grub)

그럽이란 무엇인가

그럽(Grub)이란 굼벵이 등 곤충의 유충과 같이 몸통이 통통한 벌레를 지칭하는 것으로 몸체가 이와 닮은 소프트 베이트(Soft bait)를 그럽이라 부른다.

부착되어 있는 꼬리가 대부분 컬리 테일(Curly tail) 웜과 같이 구부러져 있는데 이로 이하여 다양한 동작의 연출이 가능하다.

그럽은 채비에 따라 소형에서 점보에 이르기까지 다양한 크기를 사용한다. 사용방법은 지그헤드(Jig head) 바늘에 직접 부착하여 사용하기도 하고 텍사스 리그에 사용하여 바닥 층에 가라앉혀 튕기게 하는 호핑(Hopping) 동작을 연출하기도 하며, 사우스캐롤라이나 리그(South Carolina rig)나 스플릿 샷 리그(Split shot rig)에 사용하면 중층을 유영하는 작은 물고기를 흉내 낼 수도 있다. 바늘에 웜만을 끼워 사용하는 노 싱커 리그(No sinker rig)를 사용하면 수면 공략이 가능한 버징 그럽(Buzzing grub) 기법으로도 활용가능하다. 자세한 활용방법은 제4장 루어 활용술 편에서 다루기로 한다.

대표적인 그럽의 종류

① 싱글 테일 그럽(Single Tail Grub)

일반적으로 그럽(Grub)이라고 부르는 형태이다. 컬리 테일 웜(Curly tail Worm)의 꼬리와 동일한 형태의 꼬리가 부착되어있는 가장 기본적인 그럽이다.

② 트윈 테일 그럽(Twin Tail Grub)

꼬리가 두 개인 그럽(Grub)이다. 두 꼬리가 현란하게 움직여 배스의 호기심을 자극한다. 지그헤드(Jig head)에 부착하여 사용하기도 하고 러버 지그(Rubber jig)의 트레일러(Trailer)로도 다용된다.

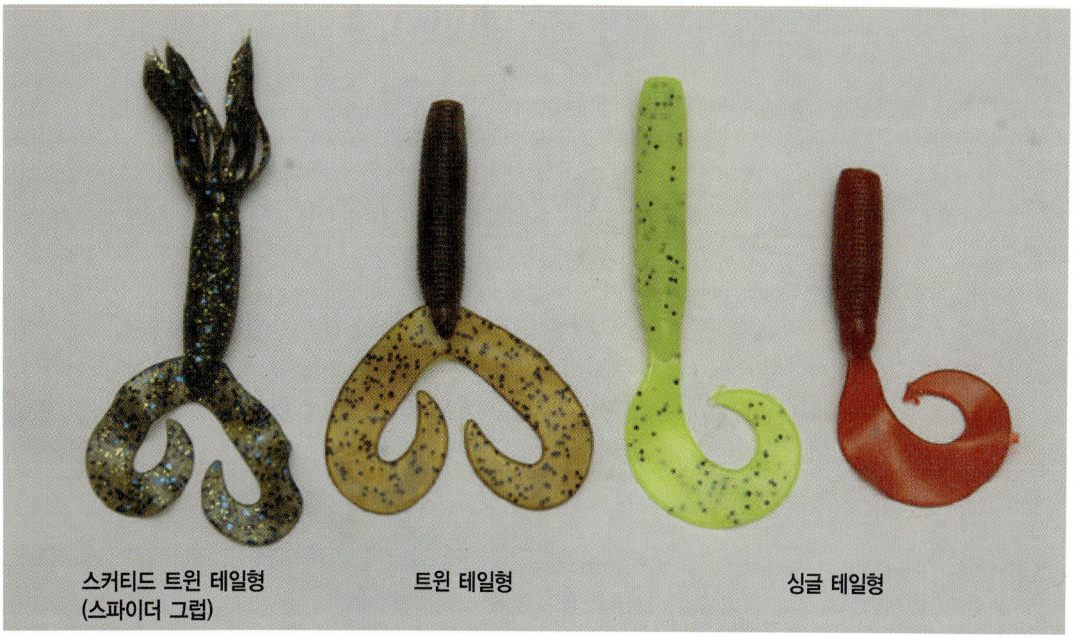

여러 가지 그럽.

③ 스커티드 트윈 테일 그럽(Skirted Twin Tail Grub)

하와이에서 훌라춤을 추는 무희의 의상을 연상 시키는 치마형태의 술(Rubber skirt)이 머리부분에 붙어있는 트윈 테일 그럽(Twin Tail Grub)이다. 두 개의 꼬리와 술의 화려한 움직임 및 파동으로 배스를 한층 자극하도록 되어 있다. 지그헤드에 사용하면 마치 러버 지그와 같은 효과를 볼 수도 있다. 스커트의 저항 때문에 아주 느리게 가라앉으므로 장시간 배스를 유혹할 수 있게 고안된 그럽이다.

최초로 고안 되었을 당시의 명칭을 따라 스파이더 그럽(Spider Grub)이라고도 부른다.

④ 섀드 테일 그럽(Shad Tail Grub)

꼬리가 몸통에 대해 직각으로 펴진 형태의 그럽으로서 캐스팅 후 감아 들일 때 꼬리의 흔들림 동작이 빠르고 몸체가 꿈틀거리면서 움직이는 것이 특징이며 상대적으로 가라앉는 속도도 빠르다.

⑤ 스피어 테일 그럽(Spear Tail Grub)

끝이 뾰족한 꼬리가 부착된 그럽이다. 뾰족한 꼬리형태는 더 많은 진동을 유발시키도록 고안된 형태이다.

소프트 베이트③ – 튜브(Tube)

튜브(Tube)는 꼴뚜기나 오징어 등을 연상케 하는 외관으로 몸체 안이 튜브처럼 텅 비어 있어 부력이 높은 소프트 베이트 중의 하나이다. 최초로 개발되었을 당시의 명칭으로 튜브를 기짓(Gitzit)이라고도 부른다.

튜브는 봉돌과 루어의 사이에 간격이 있는 스플릿 샷 리그(Split shot rig)나 사우스캐롤라이나 리그(South Carolina rig)에 사용하면 효과적이다. 튜브는 부력 때문에 바닥과 거리를 두며 떠있게 되는데 이를 보고 배스가 공격하는 것이다. 바늘과 결합시킬 때는 몸체 끝에 마치 오징어 다리처럼 달려있는 술(Skirt)의 아랫부분으로 바늘이 나오지 않도록 해야만 동작이 더 자연스럽게 된다.

이외에도 부력을 무시하고 전용 슬립 인 지그헤드(Slip in Jig head)나 일반적인 라운드 지그헤드(Round Jig head)를 몸체 삽입하여 독특한 수중 낙하 동작을 연출하는 방법으로도 자주 사용한다.

튜브.

소프트 베이트④ – 이미테이션(Imitation)

이미테이션이란 무엇인가

배스의 먹잇감을 그대로 본떠 만든 소프트 베이트를 이미테이션(Imitation)이라고 부른다. 일반적으로 작은 물고기 · 가재 · 도마뱀 · 개구리 · 쥐 등을 모방하여 만든 것이다.

가재의 이미테이션인 크로올 웜과 도마뱀의 이미테이션인 리자드 웜.

대표적인 이미테이션의 종류

① 크로올 웜(Crawl Worm)

가재를 본떠 만든 소프트 베이트이다. 텍사스 리그에 이 크로울 웜(Crawl Worm)을 사용하면 봉돌이 꼬리 쪽에 있어 두 집게손이 번쩍 들리게 된다. 이 모습은 마치 가재가 방어하는 행동처럼 보여 배스를 자극하게 된다. 러버 지그의 트레일러(Trailer)로도 사용된다.

② 리자드 웜(Lizard Worm)

도마뱀 모양을 본떠 만든 리자드 웜(Lizard Worm)은 몸체에 발이 달려 있어 볼륨감이 좋고 이로 인하여 가라앉는 속도도 매우 느리다. 그러므로 이러한 기법을 활용하는 경우에 효과적으로 사용할 수 있다. 사우스캐롤라이나 리그나 텍사스 리그에 효과적이고 웜에 달려 있는 발과 꼬리가 컬리 테일의 역할을 배가하여 배스를 자극한다.

③ 섀드 웜(Shad Worm)

작은 물고기 형태를 본뜬 섀드 웜(Shad Worm)은 섀드 테일 그럽(Shad Tail

섀드 웜.

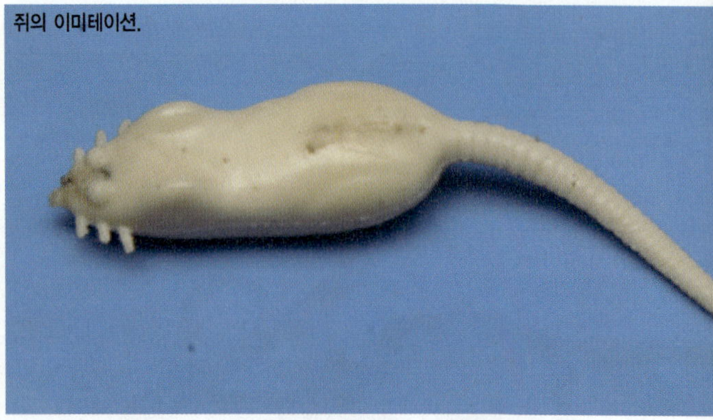

쥐의 이미테이션.

Grub)의 몸통이 그럽이 아닌 물고기 형태인 웜이다. 꼬리가 몸통에 직각인 형태로서 감아 들일 때 꼬리의 흔들림 동작이 빠르고 몸체가 꿈틀거리면서 움직인다.

④ 기타

주로 수면에서 활동하는 탑 워터 루어로서 활용하기 위한 개구리 형상이나 쥐 형상의 소프트 베이트이다. 자체의 중량이 있으므로 봉돌을 사용하지 않고 바늘에 직접 장치하는 노싱커 리그로 주로 활용된다.

소프트 베이트와 하드 베이트는 각각의 특징과 묘미가 있다.

소프트 베이트⑤ – 소프트 저크 베이트(Soft Jerk Bait)

소프트 저크 베이트란 무엇인가

소프트 저크 베이트(Soft Jerk Bait)는 '소프트 스틱 베이트(Soft Stick Bait)' 라고도 불리는 20세기 말에 고안된 루어로서 배스의 먹이고기를 본떠 만든 상대적으로 각이 지고 몽당한 민달팽이의 형태나 물고기 형태의 소프트 베이트이다.

일반적인 웜이 가라앉을 때에 특별한 동작이 없는데 반하여 가라앉는 동작에서 순간적인 방향 전환 등 불규칙하고 부드러운 동작을 연출하는 특성을 갖추고 있다. 즉, 죽어가거나, 병들거나, 상처가 났거나, 기동력이 떨어진 작은 물고기, 무리에서 낙오되어 갈팡질팡하는 작은 물고기를 모방하여 배스의 공격을 유도한다.

소프트 저크 베이트의 종류

일반적으로는 아무런 특징이 없는 밋밋한 형태이지만 외형적으로는 다양한 종류가 있다. 대표적으로는 꼬리부분이 가늘고 긴 것, 꼬리 끝이 갈라져 마치 실제 물고기의 꼬리와 같은 형태를 한 것 등을 들 수 있다.

소프트 스틱 베이트로도 불리는 소프트 저크 베이트. 각이 지고 몽당한 모양을 지닌다.

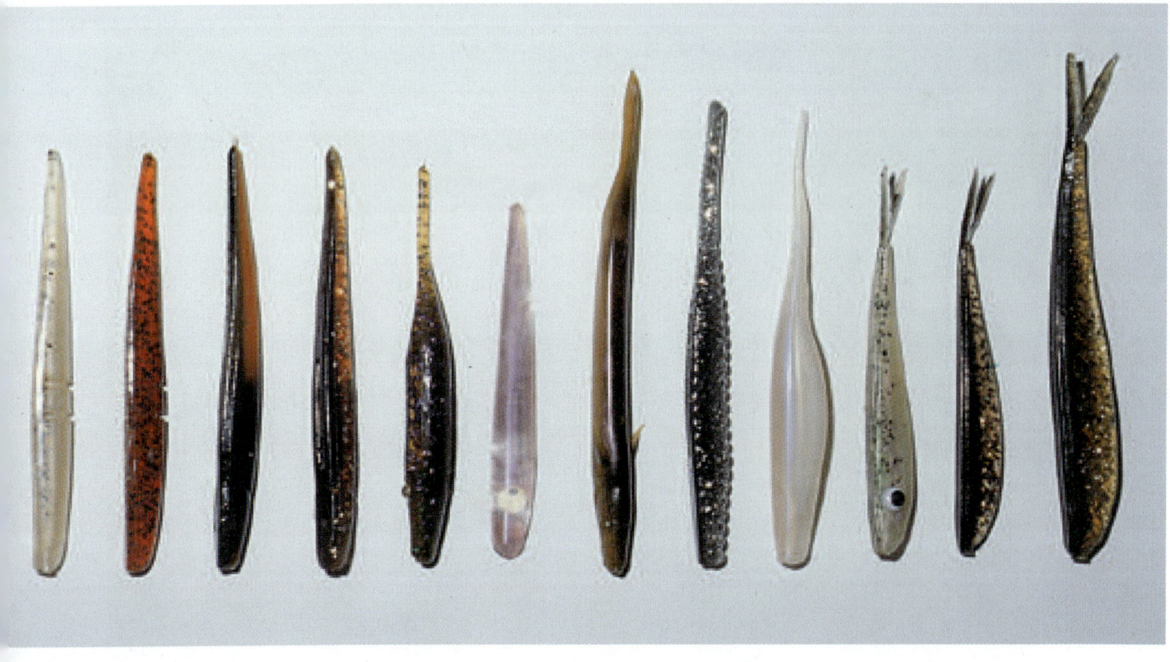

소프트 베이트⑥ - 프로그(Frog)

프로그란 무엇인가

외형은 개구리의 형상를 모방한 형태를 갖고 있다. 그러나 몸체 전체가 속이 꽉 찬 연질 플라스틱 재질의 이미테이션 웜과는 달리 몸체가 속이 빈 형태를 하고 있다. 또한 바늘을 따로 장착하는 것이 아니라 비어있는 루어의 몸체 속에 적당한 봉돌과 함께 고정되어 있는 형태이다.

프로그의 특징

프로그(Frog)는 탑 워터 루어로서 일부 물에 가라앉는 제품도 있으나 대부분은 강한 부력을 갖고 물에 뜨는 형태이다. 또한 장착되어 있는 싱글 훅이나 더블 훅의 바늘 끝이 하늘을 향해 몸체에 밀착되어 있으므로 강력한 위드레스(Weedress)효과를 나타낸다. 그러므로 수초지대, 특히 수련 군락 등지에서 활용하기 편리한 루어다. 빽빽이 밀생한 수초지대의 경계면뿐 아니라 수초의 종류를 가리지 않고 그 위로 마음 놓고 캐스팅 할 수 있다.

개구리를 모방한 프로그. 속이 비어있어 대부분 물에 뜬다.

부력이 강한 형태는 사용 도중 몸체 안으로 물이 들어가면 부력이 떨어져 그 기능을 상실할 수 있으므로 수시로 물을 빼내야 하며 기능을 보강하기 위해 간단한 개조를 하기도 한다.

동일한 프로그(Frog) 형태지만 미늘이 없는 강력한 바늘로 교체된 가물치 낚시용 프로그도 인기를 모으고 있다.

하드 베이트 – 스피너 베이트(Spinner bait)

스피너 베이트란 무엇인가

스피너 베이트(Spinner bait)는 배스낚시용 루어 중에서 전천후 사용가능한 루어로 인기가 높다. 형태는 V자로 꺾인 강철사에 위쪽에는 금속제 날개(블레이드, Blade), 아래쪽에는 고무 재질의 술(러버 스커트, Rubber skirt)이 부착된 지그헤드(Jig head)가 고정되어 있는 독특한 형상이다.

스피너 베이트는 다른 루어와 달리 자연계에는 존재하지 않는 기묘한 형상을 하고 있으나 배스에 대한 위력은 매우 강력한 루어이다. 약간의 낚싯대 조작만으로 많은 액션을 만들 수 있으며 다양한 수심층을 공략할 수 있다는 점이 특징이다. 또한 구조적으로 걸림 방지 효과를 갖고 있어 수초 지역을 탐색하기에도 좋은 특징도 갖고 있다.

스피너 베이트의 몸체를 구성하는 철사는 장애물에 걸리거나 배스의 입질 시에는 잘 구부러지고 또한 강한 복원력으로 잘 펴져야 할 필요가 있으므로 블레이드(Blade) 쪽은 가늘고 지그헤드(Jig head) 쪽은 조금 굵은 형태를 하고 있다.

스피너 베이트의 종류

스피너 베이트는 블레이드의 형태, 크기, 개수 등으로 종류가 분류된다.

① 블레이드 형태

거의 동그란 형태인 콜로라도(Colorado)형의 블레이드는 수중에서 저항이 크며 회전 폭이 커 진동도 크다. 그러므로 특히 물이 탁한 곳에서 사용할 경우에 효력이 좋다.

〈그림〉스피너 베이트의 명칭과 블레이드 회전각도

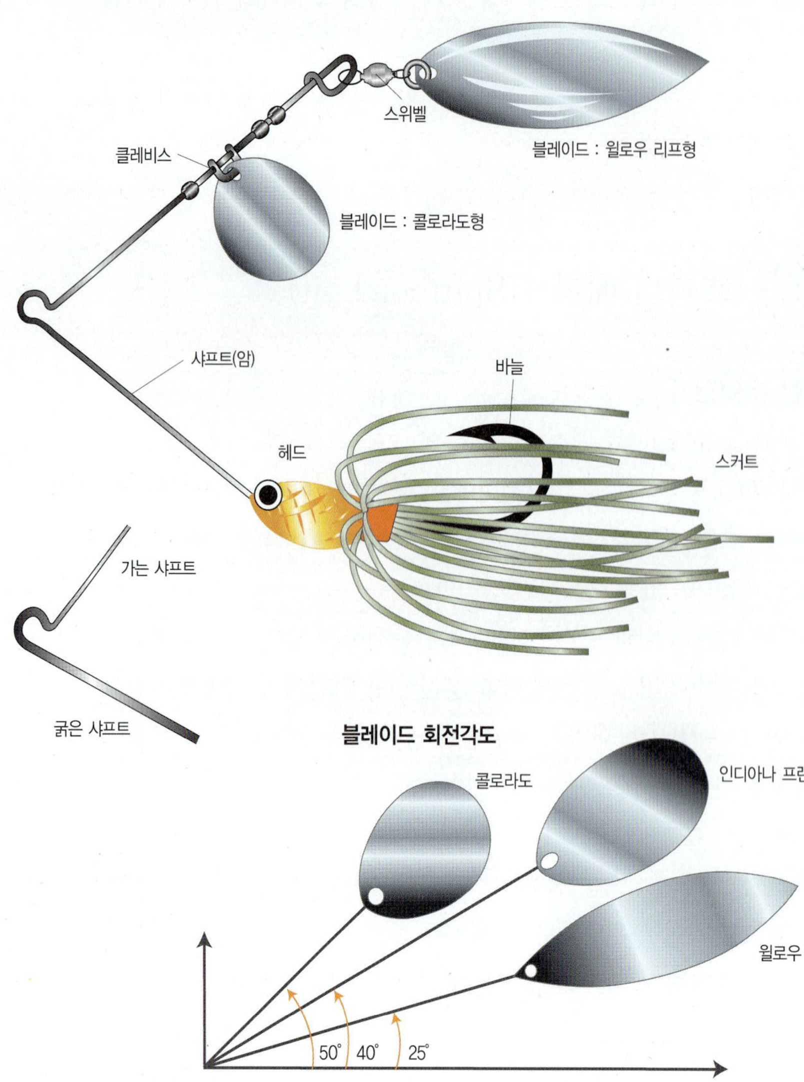

긴 버드나무 잎 형태인 윌로우 리프(Willow leaf)형의 블레이드는 물과의 저항이 적어 회전이 빠르고 진동은 적다. 빠른 회전을 통한 강렬한 빛의 반사가 특징이고 회전진동 폭이 작으므로 수초지대와 같은 복잡한 장애물에서 사용할 경우에 효력이 좋다.

여러 가지 스피너 베이트.

위의 두 가지 형태의 중간 형태인 인디아나(Indiana)형의 블레이드는 눈물방울(Tear Drop) 형태라고도 부르는데 형태가 중간인 만큼 특성도 두 가지의 중간 성격을 갖고 있다.

② 블레이드 크기

블레이드의 크기는 아주 작은 것에서부터 10cm가 넘는 것까지 다양하다. 크기에 따라서 블레이드의 사이즈가 결정되며 번호가 클수록 크기도 커진다.

③ 블레이드 개수

부착되어 있는 블레이드의 개수와 종류에 의해 각각 이름을 달리하고 있는데, 일반적으로 블레이드가 하나만 부착된 싱글 블레이드(Single blade), 동일한 블레이드가 두 개의 철사에 각기 하나씩 부착된 더블 블레이드(Double blade), 콜로라도형과 윌로우 리프형이 하나의 철사에 하나씩 부착된 탠덤 블레이드(Tandem blade)가 있다.

날개가 두 개인 더블 블레이드나 탠덤 블레이드가 부력을 크게 발생시키기 때문에 이러한 형태의 스피너 베이트는 좀더 느리게 릴링하여도 잘 가라앉지 않는다.

하드 베이트(Hard Bait) – 러버 지그(Rubber Jig)

러버 지그란 무엇인가

배스낚시에서 바닥층 공략에 웜과 더불어 가장 많이 쓰이는 루어로서 러버 지그(Rubber Jig)가 있다. 머리 부분에 납과 같은 무거운 소재를 사용하여 물 속 깊이 가라앉도록 만든 지그헤드(Jig head)에 흐늘거리는 질감의 고무재질로 된 술(러버 스커트, Rubber skirt)을 부착한 형태이다. 또한 바늘이 물 속의 장애물에 걸리는 것을 막기 위한 빳빳한 솔과 같은 위드 가드(Weed guard)를 덧붙여 놓은 형태도 있다.

일반적으로 그대로 사용하기 보다는 트레일러(Trailer)로서 여러 가지 웜과 같은 소프트 베이트를 덧달아 사용한다.

러버 지그는 배스의 먹잇감과는 동떨어진 형태를 하고 있는데, 배스의 식욕보다는 호기심과 반사적 공격 등을 유발하는 루어라 할 수 있다. 그러므로 어느 정도 감각적인 낚시를 요하며 수중의 상태를 상상하며 낚시하지 않으면 최적의 효

러버 지그.

러버지그의 종류.

과를 거두기가 쉽지 않다.

러버 지그의 종류

러버 지그는 지그 헤드의 형태 구분처럼 몇 가지 형태의 머리 모양으로 그 특성을 조금씩 달리한다.

대표적으로 전천후 사용가능한 라운드 헤드(Round head), 타원형인 풋볼 헤드(Football head), 평평한 모습으로 바닥자세가 좋은 코브라 헤드(Cobra head) 등이 있다.

하드 베이트 – 플러그① : 미노우(Minnow)

미노우란 무엇인가

하드 베이트 중에서 플러그(Plug)의 대표인 미노우(Minnow)는 피라미와 같은 작은 물고기를 의미하는 사전적 의미처럼 배스의 먹잇감을 가장 현실적으로 모방한 하드 베이트이다.

사용방법에 저킹(Jerking, 낚싯대를 옆으로 주욱 당기는 방법)을 자주 사용하므로 '저크베이트(Jerk bait)' 라는 또다른 이름으로 불리기도 한다.

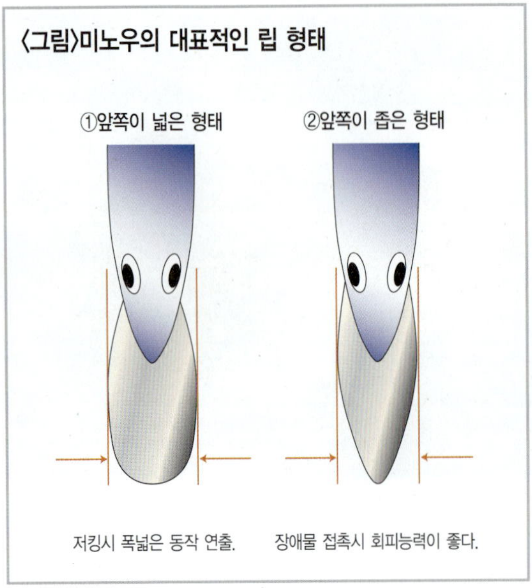

미노우는 목재나 수지(樹脂)로 만든 몸체에 마치 혀와 같은 립(lip)이 부착되어 있고 움직이게 되면 이를 사용해 수중으로 파고든다. 이 립의 길이로 인해 수중으로 파고드는 깊이와 동작에 차이가 있다. 립이 짧으면 얕게 들어가고 길수록 잠수 깊이는 깊어진다.

미노우의 종류

① 기능별

물에 뜨는 플로팅(floating), 가라앉는 싱킹(sinking), 물과 비중이 같아 수중에서 정지동작의 연출이 가능한 서스펜딩(suspending)으로 구분된다. 또한 플로팅 미노우 중에서 립이 일반적인 미노우보다도 2~3배 길어 잠수 깊이가 매우 큰 형태를 '딥 다이빙 미노우(Deep diving minnow)' 라고 하는데, 이를 '롱빌 미노우(Longbill minnow)' 라고 부르기도 한다.

여러 가지 미노우.

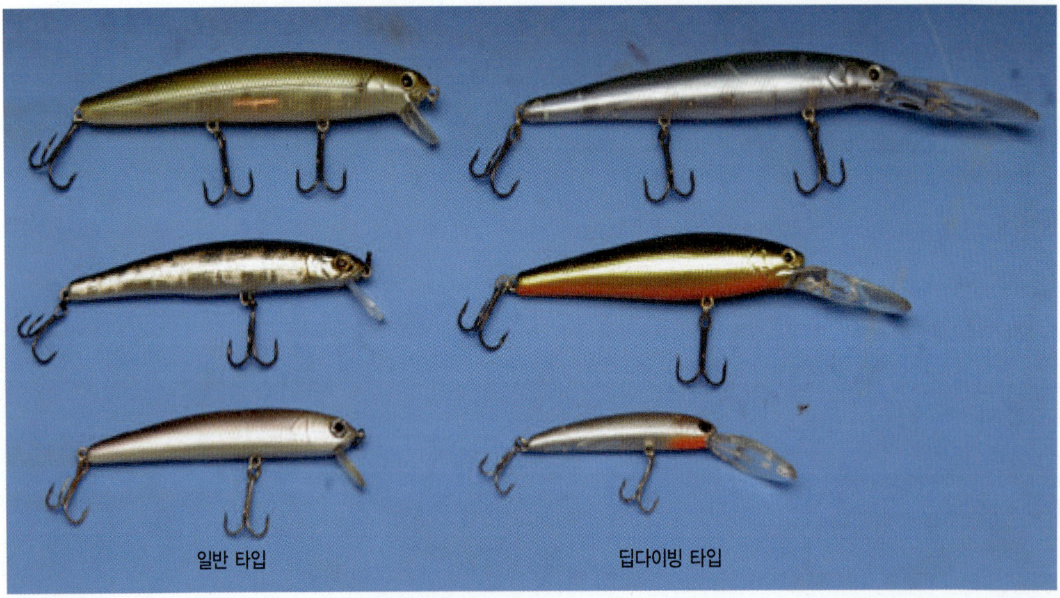

② 몸체 형태별

미노우 중에는 몸체의 중간이 잘라져서 고리로 연결되어 있는 형태가 있는데 이를 '조인트 미노우(Joint minnow)' 라고 부른다.

③ 립(Lip) 형태별

부착되어 있는 립(Lip)의 앞쪽 형태에 따라 미노우의 동작과 기능이 구분되기도 한다. 립이 넓은 것은 큰 동작을 발생시켜 저킹(Jerking)으로 보다 불규칙한 동작의 연출에 적합하다. 앞쪽 형태가 좁은 것은 저킹 시에 동작의 폭이 좁게 나타나지만 장애물과 접촉했을 때의 회피능력이 우수하다.

하드 베이트 – 플러그② : 크랭크 베이트(Crank bait)

크랭크 베이트란 무엇인가

'기묘한 형태의 먹이' 라는 의미를 갖고 있는 크랭크 베이트(Crank bait)는 상대

〈그림〉크랭크 베이트의 형태와 종류

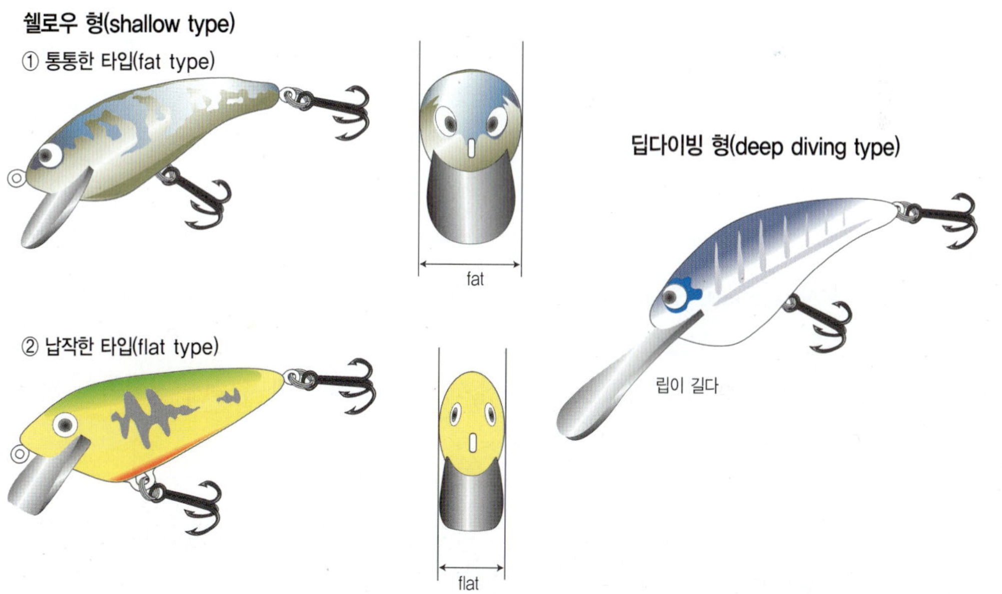

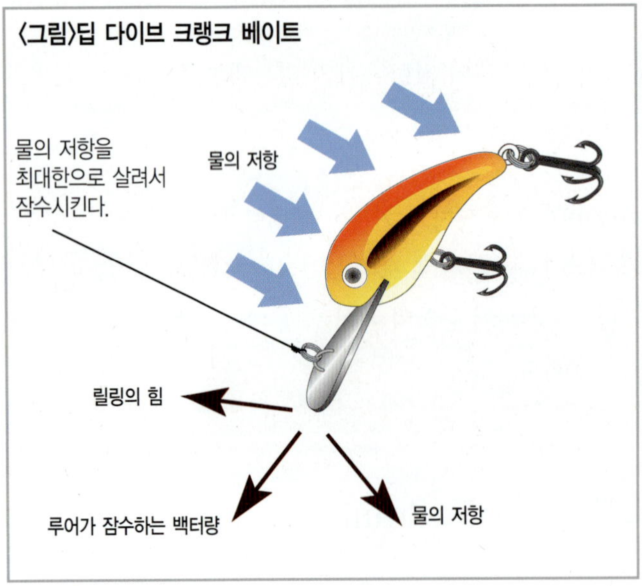

적으로 커다란 립(lip)과 두꺼운 몸체를 갖고 있는 플러그의 일종이다.

크랭크 베이트는 캐스팅 후 단순한 릴링 만으로도 큰 움직임을 보이는데, 넓은 체표면적과 립에 닿는 물의 저항이 매우 큰 루어이다. 더욱이 립에 닿는 물의 저항이 충분치 않으면 크랭크 베이트는 제대로 된 동작이 나오지 않는 관계로 운용할 때 낚싯대로 물의 저항을 확실히 느끼며 릴링의 속도를 정하는 것이 중요하다.

크랭크 베이트의 종류

① 립(Lip)의 길이

크랭크 베이트는 잠수 깊이에 따라 다양한 종류가 있는데 주로 립의 길이가 이를 결정한다. 제조사에 따라서는 잠수 심도를 직접 표시하여 구분하기도 한다.

이밖에 깊게 잠수하지 않고 표층에서 동작하는 크랭크 베이트를 따로 '쉘로우 크랭크 베이트(Shallow crank bait)'라고 부르기도 한다.

② 몸체 형상

크랭크 베이트는 몸통이 통통한 것(Fat type)과 납작한 것(Flat type)이 있는데 일반적으로 몸통이 통통한 것을 크랭크 베이트, 납작한 몸체를 갖는 것을 따로 '섀드(Shad)' 형태라고 부르기도 한다.

③ 기능

물에 뜨는 플로팅(floating)과 물과 비중이 비슷해 수중에 정지되는 서스펜딩(suspending) 형태가 있다.

④ 기타

몸체 안에 덜그럭거리는 소음을 발생시키는 구슬인 래틀(Rattle)이 들어있는 것과 무음(無音)형태가 있다.

'기묘한 형태의 먹이'란 의미를 갖고 있는 크랭크 베이트.

〈표5〉미노우와 크랭크베이트의 비교

미노우		크랭크베이트
● 립(lip)이 있고 물고기(피라미) 모양 ● 체고가 낮고 몸통이 날씬하다.	외형	● 립(lip)이 있고 물고기 모양 ● 미노우에 비해 체고가 높고 뚱뚱하다. ※ 일부 종류는 립이 없다 (예 : 바이브레이션=립리스 크랭크베이트)
● 잘게 떠는 동작(wiggling) ● 포식자에게 공격당한 피라미가 비틀거리며 달아나는 모습을 흉내낸 루어이며 가늘게 꼬리를 떨며 유영.	액션	● 뒤뚱거리는 몸동작 (워블링) ● 특유의 뚱뚱한 몸통에서 나오며, ● 실제 수중생물의 모습이라기보다는 불규칙한 동작으로 배스의 호기심을 자극하고자 고안된 루어.
● 자체 액션이 약하지만 낚시인의 기술에 따라 다양한 연출이 가능해 사용범위가 넓다.	사용범위	● 자체 액션이 강해 단순한 릴링만으로도 배스를 유혹할 수 있으나 다양한 동작은 연출 곤란.
● 빠르게 움직이는 루어다.	속도	● 빠르게 움직이는 루어다.
● 얕은 곳에 넓게 퍼져 활발하게 움직이는 배스 공략에 유리. ● 주로 상층부에서 빠른 속도로 작동, 속전 속결 가능.	활동 수심	● 원하는 수심을 정확하게 공략 가능. ● 주로 상층부에서 빠른 속도로 작동, 속전 속결 가능.
'따발총' '늘씬이'	별명	'저격수' '뚱뚱보'
● 4m 정도	한계 수심	● 6m 정도 ● 연안(단거리) 공격엔 쉘로우 타입, 4~5m 이상 깊은 곳 공략엔 딥 다이빙 타입 사용. ※ 립이 아무리 커도 10m 이하로는 내려가지 않는다.
● 저킹 ● 트위칭	주 액션	● 무릎 꿇고 릴링하기(닐링 & 릴링) ● 저킹 ● 스톱 & 고

〈그림〉미노우와 크랭크베이트의 비교

하드 베이트 – 플러그③ : 바이브레이션(Vibration)

바이브레이션이란 무엇인가

평평하게 생긴 몸체로 매우 단조롭게 생긴 바이브레이션(Vibration)은 이름 그대로 수중에서 몸 전체를 떨며 움직이는 플러그이다.

낚싯줄을 연결하는 고리가 몸체 위쪽에 달려있고 립(lip)이 없기 때문에 '립리스 크랭크베이트(Lipless Crank bait)' 라고도 부른다.

몸체가 바람의 저항을 덜 받는 형태를 하고 있어 원거리 캐스팅이 용이하고 사용방법은 단순하여 기본적으로 던져서 감는 것만으로도 충분한 역할을 한다.

바이브레이션의 종류

대부분 물에 가라앉는 싱킹(sinking)구조로 재질은 플라스틱이 주류를 이루고 있지만 알루미늄과 같은 금속 재질의 제품도 있다.

고유한 진동 이외에도 몸체 안에 래틀을 삽입하여 배스를 더욱 자극하도록 되

립리스 크랭크베이트로도 불리는 바이브레이션 플러그.

어있는 것과 래틀 없이 진동만을 일으키는 형태도 있다.

하드 베이트 – 플러그④ : 탑 워터 플러그(Top water plug)

탑 워터 플러그란 무엇인가

탑 워터 플러그(Top water plug)는 수면에서 작동하는 플러그를 말한다. 배스가 활성이 높고 수면을 의식하는 시기에 사용되는데 수면을 박차고 루어를 공격하는 배스를 목격할 수 있으므로 시각적으로도 즐거움이 있는 루어이다.

기본적으로 고요한 수면에서 사용하는 플러그로서 바람이 불어 수면이 흔들리거나 주위가 소란한 경우 등에는 효과가 반감된다.

탑 워터 플러그의 종류

① 폽퍼(Popper)

폽퍼(Popper)는 탑 워터 플러그 중에서 대표라고 말할 수 있는데, 몸체의 머리 앞부분이 입처럼 오목하게 컵(cup)이 파여 있어 이를 이용해 동작이 연출된다.

폽퍼와 마찬가지로 머리부분에 입과 같은 컵을 갖고 있지만 몸체가 상대적으로

폽퍼(상)와 상대적으로 몸체가 긴 처거(하).

길어 펜슬 베이트(Pencil bait)와 같은 형상을 하고 있는 것을 따로 '처거(Chugger)' 라고도 부르는데 일반적인 폽퍼보다 수면에서의 좌우 움직임의 폭이 크다.

② 펜슬 베이트(Pencil bait)

펜슬 베이트(Pencil bait)는 단조로운 막대기 형태의 플러그로서 연필과 같이 생겼다 하여 붙은 이름인데 이외에 '스틱 베이트(Stick bait)' 라고도 부른다.

머리부분을 수면 위로 살짝 내놓고 뜨는데 그 각도는 수평에 가까운 것에서부터 수직에 가까운 것까지 여러 형태이다.

연필 모양의 펜슬 베이트. 스틱 베이트로도 불린다.

③ 스위셔(Swisher)

프로펠러로 소음과 물보라를 일으키는 탑워터 플러그 스위셔.

스위셔(Swisher)는 몸체에 프로펠러가 부착되어 있어 수면에서 프로펠러가 격렬히 회전하여 소음과 물보라를 발생시키는 탑워터 플러그이다. 일명 '플롭 베이트(Plop bait)' 라고도 부른다. 형태적으로는 상대적으로 길이가 짧고 프로펠러가 뒷부분에 한 개 붙어 있는 싱글 스위셔(Single swisher)와, 길쭉한 형태의 물고기 실루엣을 갖는 앞부분과 뒷부분 모두 프로펠러가 부착된 탠덤 스위셔(Tandem swisher)가 있다.

④ 노이지(Noisy)

노이지 플러그(Noisy plug)는 수면에서 파문과 소음을 발생해 마치 수면에 떨어진 곤충을 표현하는 탑 워터 플러그로서 수면 위를 비틀비틀 움직인다하여 워블러(Wobbler)라고도 부른다.

금속제 혹은 합성수지제의 날개모양 수평 립(lip)이 몸체 아래에 붙어있는 형태가 있고 이외에 몸통 양옆으로 경첩을 이용하여 날개가 접히거나 펴지도록 부착되어 있는 형태가 있다.

단순한 릴링 동작만으로도 이와 같은 날개를 이용하여 수면에서 소음과 파문을 연속으로 발생시킨다.

⑤ 기타 탑 워터 플러그(Top water Plug)

탑 워터 플러그에는 위에서 설명한 4종 이외에도 여러 가지 기능이 복합된 형태, 또는 수면에서의 독특한 동작 연출, 특수한 구조 등에 의해 세분하여 따로 명칭을 갖고 있는 탑 워터 플러그가 있다.

폼퍼(Popper)에서 설명한 폼퍼의 변형인 '처거(Chugger)', 처거와 비슷한 외관을 갖고 있으나 입 부분(컵) 양쪽이 잘려나가 트여있는 형태로 폼핑 소음과 더불어 수중으로 다이빙 동작에 중점을 둔 '다터(Darter)' 등이 존재한다.

수면에 떨어진 곤충을 표현하는 탑워터 노이지. 워블러라고도 부른다.

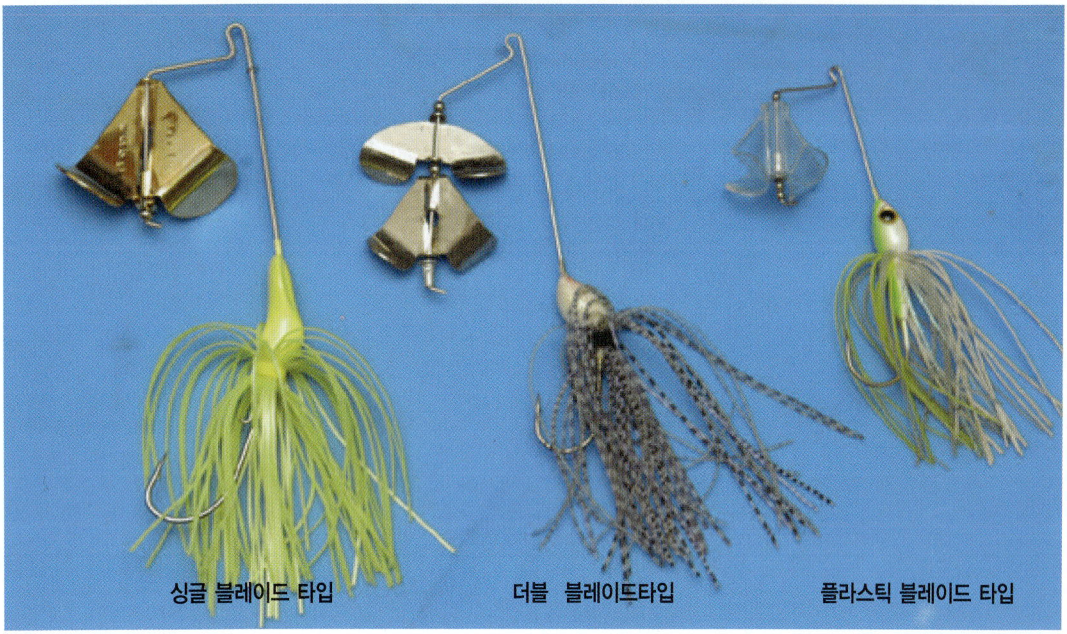

삼각형 블레이드를 가지는 버즈 베이트.

하드 베이트(Hard Bait) : 버즈 베이트(Buzz bait)

버즈 베이트란 무엇인가

마치 스피너 베이트(Spinner bait)와 같은 형상을 하고 있는 버즈 베이트(Buzz bait)는 기능적인 면으로 본다면 탑 워터(Top water) 루어에 속한다.

스피너 베이트와 유사한 구조이지만 일반적인 블레이드(Blade)가 아닌 마치 프로펠러처럼 회전하는 삼각형의 블레이드(Delta blade)가 부착되어 있어 릴링하여 끌어들이면 이 블레이드의 회전에 의해 부력이 발생하여 수면으로 부상하고 수면 위에 물보라를 튀기며 소음을 발생시킨다. 이처럼 수면에서 소음을 내는 방법을 '버징(Buzzing)' 이라고 부른다.

버즈 베이트는 수면에서 수중으로 마치 신호를 보내는 것처럼 소음을 발생하여 배스의 신경을 거슬려 배스로 하여금 공격을 유도하는 루어이다.

버즈 베이트의 종류

버즈 베이트(Buzz bait)는 부착되어 있는 삼각 블레이드의 매수에 의해 종류가 나뉜다. 동일한 블레이드가 나란히 2개 장치되어 있는 것, 블레이드 자체가 120° 각도로 3장으로 구성된 것, 90°로 구부러진 두 장의 블레이드가 겹쳐서 있어서 4장의 블레이드 효과를 내는 것 등이 있다. 또한 블레이드 재질도 금속제인 것과 수지제인 것이 있다.

하드 베이트 : 스푼(Spoon)

스푼이란 무엇인가

단순한 형태의 루어이지만 배스낚시 뿐만 아니라 쏘가리, 끄리, 송어 등등 모든 루어낚시에서 자주 사용되는 루어이다. 이름과 같이 마치 숟가락과 같이 생긴 모양을 한 금속재 하드 베이트로서 완만한 곡면 형태를 갖고 있어 릴링 시 물살을 받아 지그재그, 또는 회전 동작을 연출한다.

일설에 의하면 유럽의 한 호수에서 실수로 티스푼을 떨어뜨렸을 때 거대한 송

여러 가지 스푼과 트레일러.

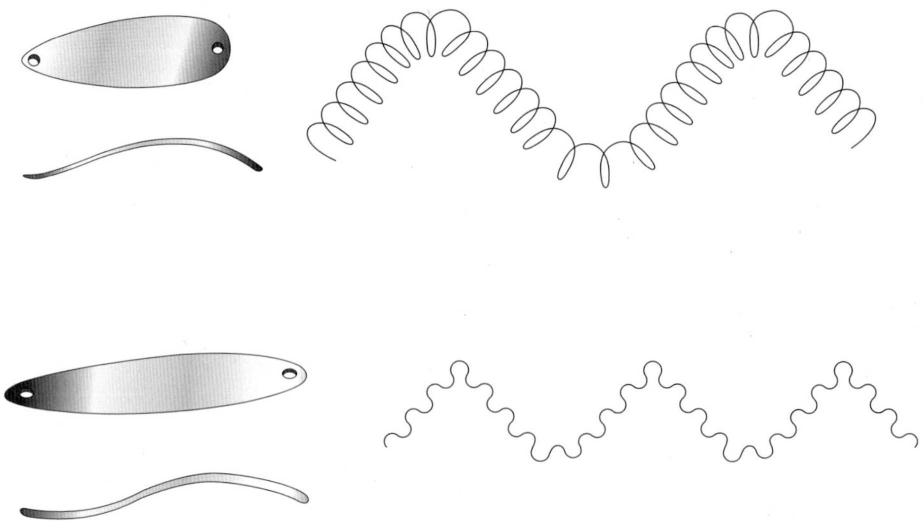

〈그림〉형태별 스푼의 유영폭

어가 달려와 삼키는 모습을 보고 이를 힌트로 금속제인 '스푼(Spoon)' 이라는 루어가 최초로 세상에 나타났다고 전하기도 한다.

스푼의 종류

① 스푼의 다양성

스푼은 그 형태와 크기가 무척 다양하다. 1g도 채 되지 않는 손톱보다 작은 크기에서부터 손바닥 크기보다도 더 큰 형태까지 실로 크기, 형태, 무게, 색상이 천차만별이다.

그러나 일반적으로 널리 쓰이는 스푼은 크게 구분하면 폭이 넓고 만곡도가 큰 형태와, 길쭉하고 'S' 자 굴곡을 갖고 있는 형태로 나눌 수 있다.

폭이 넓고 만곡도가 큰 것은 회전하기 쉽고 움직이는 폭이 크며, 길쭉하여 폭이 좁고 S자로 구부러진 형태는 회전 보다는 좌우로 흔들리며 폭이 좁은 동작을 보인다.

② 특수한 스푼

일반적인 스푼에는 주로 트레블 훅(Treble hook)이 부착되어 있다. 그러나 배스낚시에서 장애물 극복을 위한 방법 중의 하나로 고정식의 싱글 훅(Single hook)과 위드레스(Weedress) 기능이 부착되어 있는 형태의 스푼이 있다. 또한 여기에 웜과 같은 트레일러(Trailer)를 부착하여 사용하기도 한다.

3

하드 베이트 : 스피너(Spinner)

스피너란 무엇인가

강철사에 금속 몸체와 바늘, 그리고 작은 크기의 회전 블레이드(Blade)가 부착되어 있는 루어이다. 수중에서 이 블레이드가 수류저항으로 회전하면서 일으키는 강한 빛의 반사와 진동으로 곤충이나 작은 물고기의 움직임을 연출한다. 주로 계류의 꺽지나 송어, 산천어 등을 낚기 위한 목적으로 사용되는 루어로서 배스낚시에는 별로 사용되지는 않지만 배스낚시에도 효과가 좋은 것으로 알려져 있다.

한 줄의 철사로 구성되어 있기 때문에 인라인 스피너(In Line Spinner)라고 구분하여 부르기도 한다.

스피너의 종류

① 블레이드 결합 방법

블레이드를 중심축과 연결해 주는 U자형 금속 고리인 클레비스(Clevis)가 있어

여러 가지 스피너.

이를 이용하여 중심축에 블레이드가 연결된 형태와 클레비스 없이 블레이드의 중앙부에 구멍이 뚫려있어 몸체 중심축에 블레이드가 직접 삽입되어 있는 형태가 있다.

② 블레이드 형태

스피너 베이트의 블레이드와 같이 스피너에 부착되어 있는 블레이드의 형태도 콜로라도(Colorado)형, 인디아나(Indiana)형, 윌로우 리프(Willow leaf)형 등이 있다. 블레이드의 폭이 좁은 윌로우 리프형이 흐름이 빠른 계류와 같은 장소에서 효과적이다.

③ 기타

부착되어 있는 트레블 훅(Treble hook)에 여러 가지 털이나 술을 묶어 놓은 경우도 있으며 또는 스트리머(Streamer) 플라이 훅(Fly hook)이 부착되어 있기도 하다.

하드 베이트 : 메탈지그(Metal Jig)

메탈지그란 무엇인가

메탈지그(Metal Jig)는 이름 그대로 금속으로 만든 지그(Jig)로서 주로 수심이 깊은 곳에서 구사하는 기법인 수직 지깅(Vertical Jigging)에 활용되는 하드 베이트다.

특히 겨울철 보트낚시처럼 매우 깊은 수심을 직공하는 경우에 위력을 발휘한다.

메탈지그의 종류

① 지깅 스푼(Jigging spoon)

지깅 스푼(Jigging spoon)은 일반적인 스푼을 더 두껍고 무겁게 만든 형태를 갖고 있다. 황동이나 납으로 된 몸체를 도금하여 만들며, 무거운 몸체의 한 쪽 끝에 트레블 훅(Treble hook)을 달아 쓰는 루어 일체를 말한다. 밑걸림을 방지하기 위해 트레블 훅을 제거하고 지깅 스푼의 위쪽 맬고리에 따로 어시스트 훅(Assist hook)을 부착하여 사용하기도 한다.

어시스트 훅을 세팅한 지깅 스푼.

② 지그 스피너(Jig spinner)

지그 스피너(Jig spinner)는 '테일 스피너 지그(Tail spinner jig)' 라고도 부르는 메탈지그의 일종이다. 무거운 금속몸체에 철사로 만든 팔이 뒤쪽으로 하나 뻗어 있고 여기에 블레이드가 부착되어 있는 형태를 하고 있다. 마치 지그헤드에 스피너가 장착되어 있는 형상이라고 생각하여도 좋다.

제4장

배스낚시용 루어 활용법(Bassing Lure Technique)

웜(Worm) 채비법

텍사스 리그(Texas rig)

① 채비 방법

텍사스 리그(Texas rig)는 웜을 사용하는 여러 가지 채비 중 가장 기본이 되는 것이다. 봉돌(Sinker)을 낚싯줄에 유동식으로 끼우고 바늘을 부착한 채비이다. 경우에 따라 유리로 만든 다각형 구슬(비드, beads)을 봉돌과 바늘 사이에 끼워 넣어 음향적 효과를 부여하기도 한다.

매듭을 한 번만 하는 점, 봉돌과 웜을 부착한 바늘이 서로 맞붙어 있어 사용하기 쉬운 채비이다. 또한 미세한 입질이나 짧은 입질, 또는 순간적인 입질에 어신 감지 능력이 탁월하며 바닥이 암반이나 수중 장애물 지대로 형성된 곳에서 효과가 탁월하다. 또한 장애물 통과 능력이 좋으므로 채비의 걸림에 신경을 쓰지 않고 사용할 수 있다.

텍사스 리그에 적당한 웜의 길이는 4~6인치(약 10~15cm)가 표준이지만 수온과 수심, 수중 장애물의 상황에 따라 달라진다. 또한 활성도가 좋을 때에는 컬리 테일(Curly Tail), 활성도가 낮을 때에는 스트레이트 테일(Straight Tail) 등이 효과적이다.

사용하는 봉돌의 무게나 낚시터의 여건을 고려하여 낚싯줄은 10~20Lb(2.5~5호)까지 다양하게 사용하고 낚싯대도 이에 맞추어 미디엄라이트(ML)에서 헤비(H)까지 사용한다.

〈그림〉 웜을 이용한 기본 채비

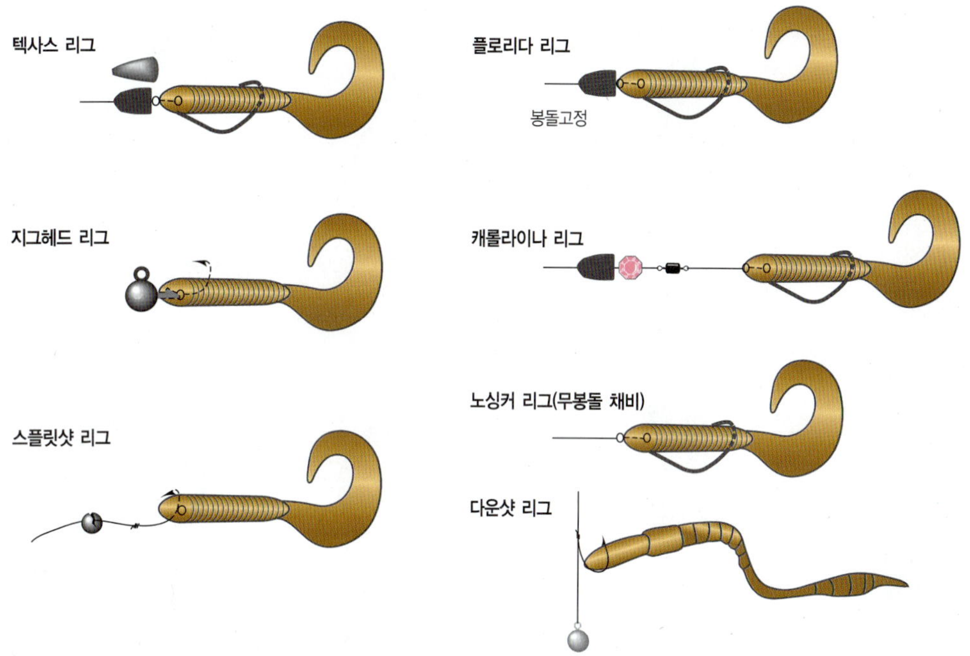

② 텍사스 리그 바늘 결합 방법

웜(Worm)에 바늘을 꿰는 방법(Worm setting)은 바늘의 형태에 의해 약간의 차이가 있다.

■**스트레이트 훅 사용** – 먼저 웜과 바늘을 비교해 바늘이 들고 나올 장소를 대략 기억하도록 한다. 웜의 머리 윗부분에 바늘 끝을 찔러 넣되, 웜의 몸체 속을 약간 사선으로 넣을 것. 다음은 웜의 정중앙선 상으로 바늘 끝을 빼낸다. 바늘을 돌리고 다시 웜의 정중앙선 상의 한 점에서 사선으로 다시 찔러 넣는다. 이때 위치는 바늘의 축의 길이를 고려해 바늘귀의 고리가 웜 속에 살짝 묻히는 정도가 적당하다. 바늘 끝이 웜을 완전히 관통하여 반대편으로 돌출되어 있으면 밑걸림이나 작은 수초 등이 걸려 동작을 방해할 수 있으므로 다시 웜 속으로 밀어 넣어 준다.

바늘의 위치가 정중앙선을 벗어나면 웜이 비틀리게 되어 수중에서 회전해 버리는 결과를 부를 수도 있으니 주의한다.

■**오프셋 훅(Offset hook) 사용** – 마찬가지로 웜과 바늘을 비교해 바늘이 들고

〈그림〉웜에 스트레이트훅 꿰는 방법

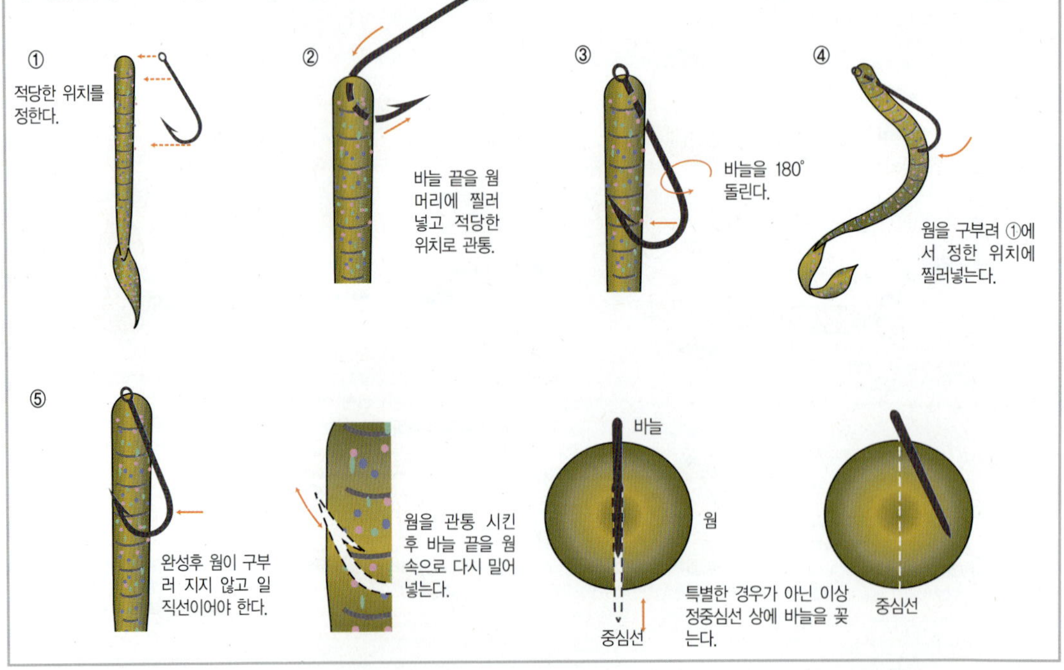

● 옵셋훅 꿰는 방법

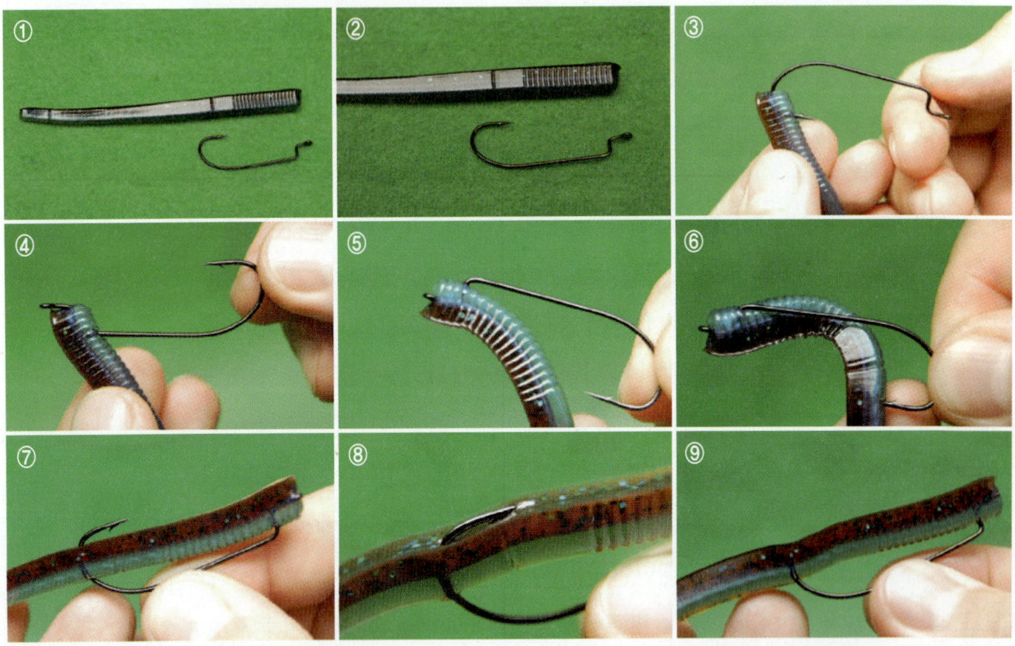

〈그림〉텍사스 리그와 사우스캐롤라이나 리그의 비교

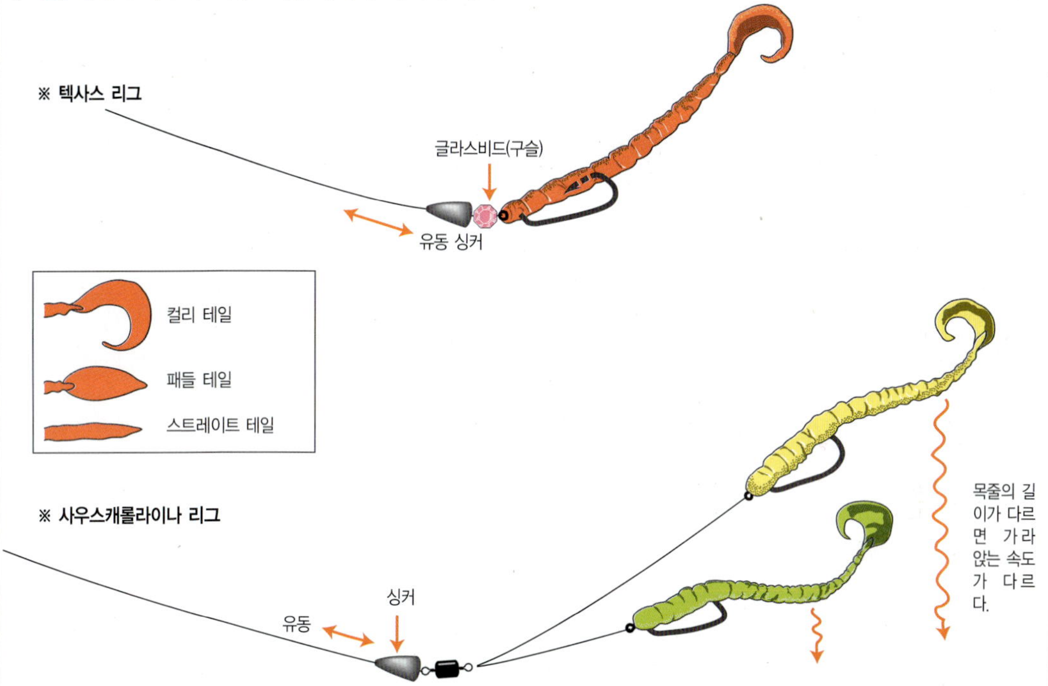

나올 장소를 대략 기억하도록 한다. 웜의 머리 윗부분에 바늘 끝을 찔러 넣고 오프셋 훅의 바늘 귀쪽 구부러진 부위의 길이에 알맞도록 웜의 옆 정중앙선 상으로 빼낸다. 바늘 축의 길이와 적당한 위치, 동일한 정중앙선 상에서 웜에 대해 수직으로 바늘을 찔러 넣어 웜을 관통한다. 돌출되어 있는 바늘 끝은 걸림의 원인이 되므로 웜을 살짝 눌러 잡고 여기에 바늘 끝이 살짝 가리도록 한다.

바늘의 위치가 정중앙선을 벗어나면 웜이 비틀리게 되어 수중에서 회전해 버리는 결과를 부를 수도 있으니 주의한다.

③ 텍사스 리그 동작 연출 방법

텍사스 리그는 캐스팅하여 루어가 착수 한 후 비중이 높은 싱커와 비드가 우선적으로 가라앉으며 뒤이어 웜이 느리게 가라앉는다. 따라서 가라앉으면서 루어의 존재를 배스에게 보여준 후 루어가 완전히 바닥에 닿았을 때 느슨해진 라인을 감아 들이며 웜에 동작 연출을 하며 끌어들이는 것이다.

활성도가 높은 배스는 웜이 가라앉는 동안에도 입질을 보내곤 하는데, 이러한

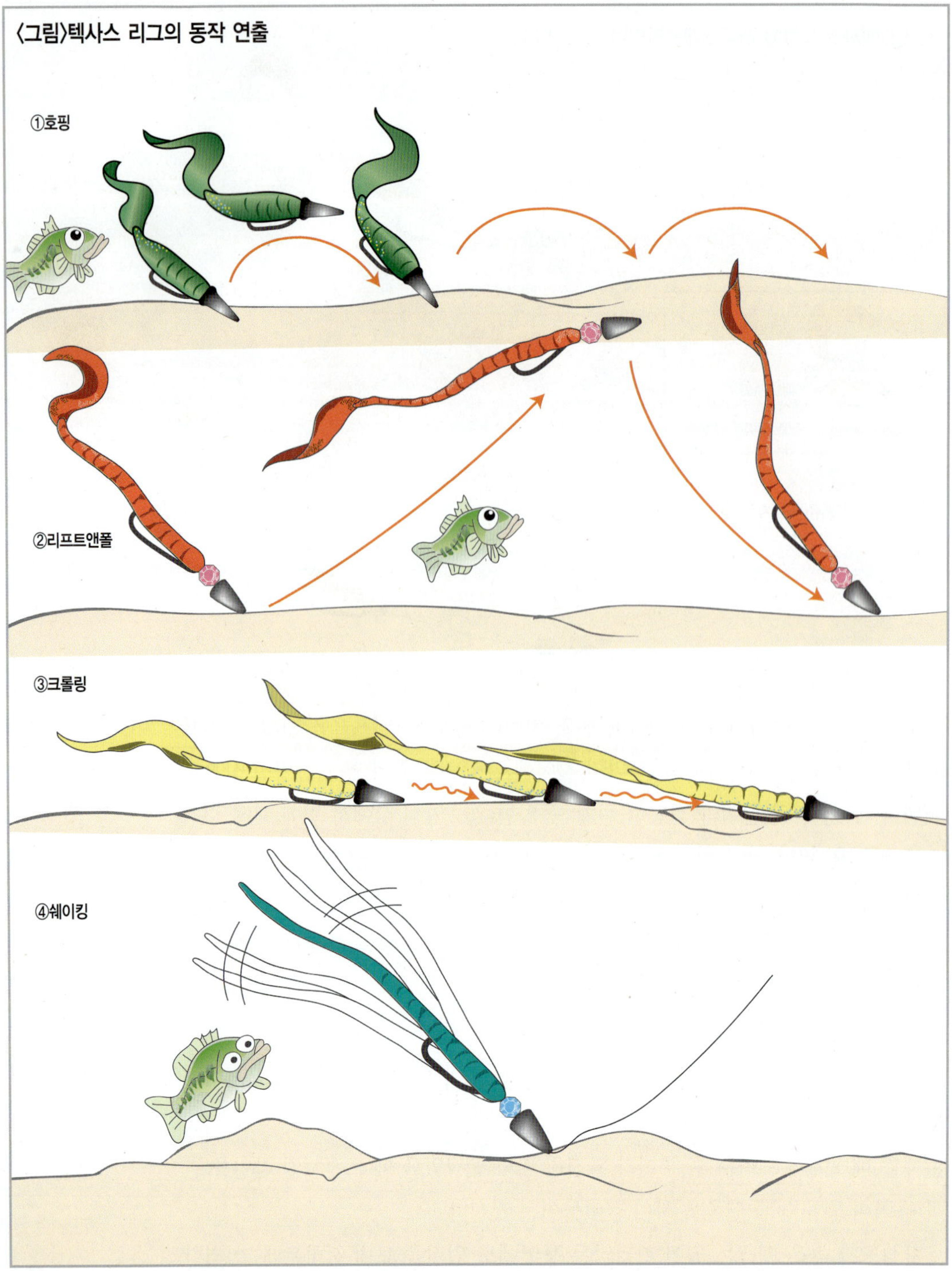
〈그림〉텍사스 리그의 동작 연출
①호핑
②리프트앤폴
③크롤링
④쉐이킹

〈그림〉호핑 액션

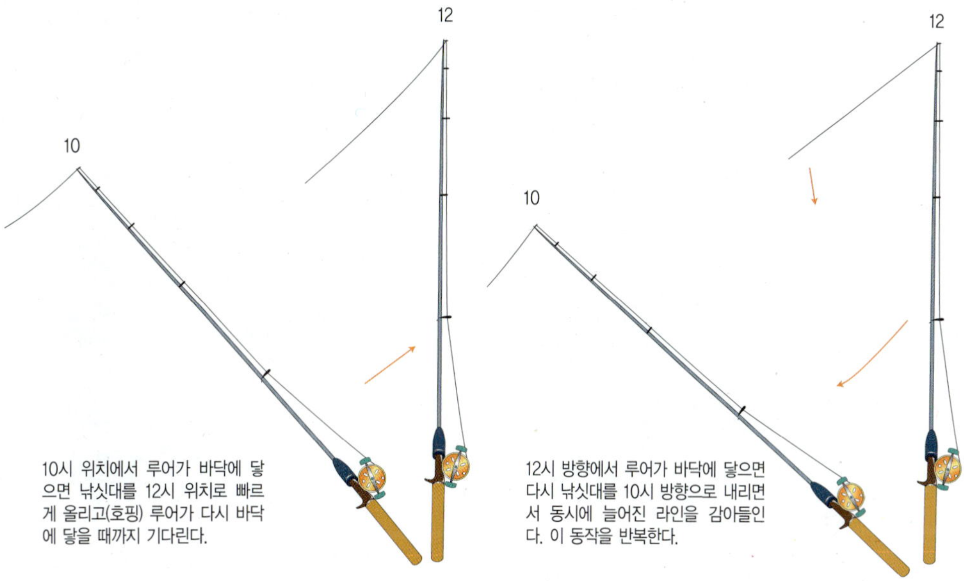

상황에 대비하여 캐스팅 후 가라앉는 라인의 상태를 주시하는 것도 잊지 말아야 한다.

텍사스 리그의 주된 동작 연출 방법은 다음과 같으며, 웜을 사용하는 대부분의 채비에서 공통적으로 활용되는 기본적인 동작 연출방법이므로 확실하게 이해하고 숙달할 필요가 있다.

■ **쉐이킹(shaking)** – 낚싯대를 이용하여 웜을 제자리에서 단속적으로 흔들어주는 방법이다.

■ **호핑(Hopping)** – 아래 그림과 같이 낚싯대를 이용해 순간적으로 당기고 다시 낮춰주면서 릴링하여 발생한 여유 낚싯줄을 감아 들이는 동작의 반복으로 웜을 바닥에서 튀기듯 움직이게 하는 방법이다.

■ **리프트 앤 폴(Lift & Fall)** – 역시 낚싯대를 이용하여 폭넓게 당기고 다시 낮춰주며 릴링하여 발생한 여유 낚싯줄을 감아 들이는 동작의 반복이다. 웜이 바닥층에서 어느 정도 들어올려졌다가 다시 가라앉는 동작이 반복적으로 연출되도록 한다.

■ **크롤링(Crawling)** – 바닥에 닿은 웜을 바닥을 기어가듯 끄는 방법이다. 먼지와

텍사스 리그에 낚인 배스.

소음을 발생시켜 배스를 자극하는 방법이다.

사우스캐롤라이나 리그(South Carolina rig)

① 사우스캐롤라이나 리그 채비 방법

사우스캐롤라이나 리그(South Carolina rig)는 텍사스 리그와 달리 목줄을 사용한다. 봉돌(Sinker)은 텍사스 리그와 동일하게 사용하나 도래를 묶고 목줄은 30~80cm까지 가감하여 사용한다. 목줄이 길수록 웜의 가라앉는 속도는 느리게 된다.

일반적으로 사우스캐롤라이나 리그는 1/4oz이상의 상대적으로 무거운 봉돌을 부착하여 원거리 캐스팅을 통해 넓은 지역을 탐색하며 사용하는 경우가 많은데 이를 '헤비(Heavy) 사우스캐롤라이나 리그' 라고도 부른다.

채비를 구성할 때 원줄(릴줄)과 목줄은 반드시 구분하여 사용하도록 한다. 일반적으로 원줄을 12Lb(3호)로 사용한다면 목줄은 10Lb(2.5호)로 사용하여 원줄보다 가늘게 사용하는 것이 기본이다. 목줄은 플로로 카본과 같이 되도록 늘어남이 적은 소재의 낚싯줄을 사용하는 것이 입질 시에 정확한 챔질에 도움이 된다.

이외에 봉돌과 도래 사이에 붕어낚시 등에서 사용되는 찌고무를 삽입하면 매듭이 손상되는 것을 방지할 수 있다.

사용하는 장비는 역시 봉돌의 무게, 낚시터의 여건을 고려하도록 한다. 낚싯줄 원줄은 10~20Lb(2.5~5호)를 사용하고 목줄은 이보다 한단계 낮은 강도를 사용하며 낚싯대도 이에 맞추어 미디엄라이트(ML)에서 헤비(H)까지 사용한다.

② 사우스캐롤라이나 리그 동작 연출 방법

사우스캐롤라이나 리그의 동작 연출방법은 기본적으로 텍사스 리그의 동작방법인 호핑(Hopping), 리프트 앤 폴(Lift & Fall) 등과 동일하지만 목줄이 있는 관계로 움직임에서는 약간의 차이가 있다. 더욱이 사우스캐롤라이나 리그는 바닥이 짧은 수초나 진흙으로 되어있어 웜이 묻힐 우려가 있는 곳이나 넓은 지역을 탐색할 때 효과적인 채비로서 웜과 봉돌이 일정한 거리를 유지하기 때문에 요란하지 않은 웜의 움직임을 유지하면서도 빠르게 탐색할 수 있다. 이때 주된 액션 연출 방법은 봉돌로 바닥을 긁어 소리나 먼지를 발생시켜 배스의 관심을 끌고 그 위에 뜬 웜의 움직임으로 공격을 유발하도록 하는 형태가 된다.

스플릿 샷 리그(Split shot rig)

① 스플릿 샷 리그 채비 방법

스플릿 샷 리그(Split shot rig)는 스플릿 샷(Split shot, 조개봉돌)을 낚싯줄에 물린 채비를 말한다. 일반적으로 봉돌과 바늘과의 거리는 30~50cm로 사우스캐롤라이나 리그의 봉돌을 고정식으로 하고 가볍게 한 것으로 이해하면 쉽다.

스플릿 샷 리그는 사용하는 웜의 크기와 부력, 바늘의 크기와 무게 등이 동작 연출에 중요한 요소로 작용하며 채비 자체가 가볍기 때문에 낚싯대에 전해지는

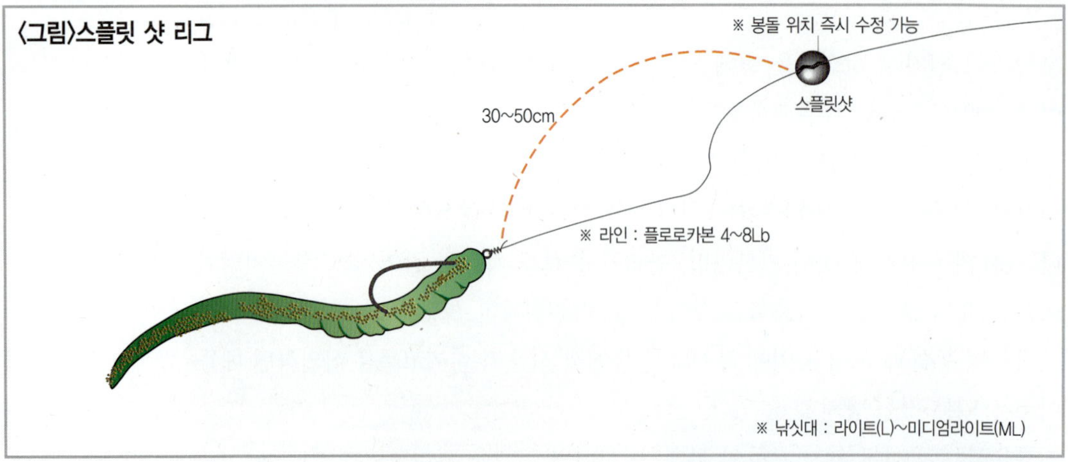

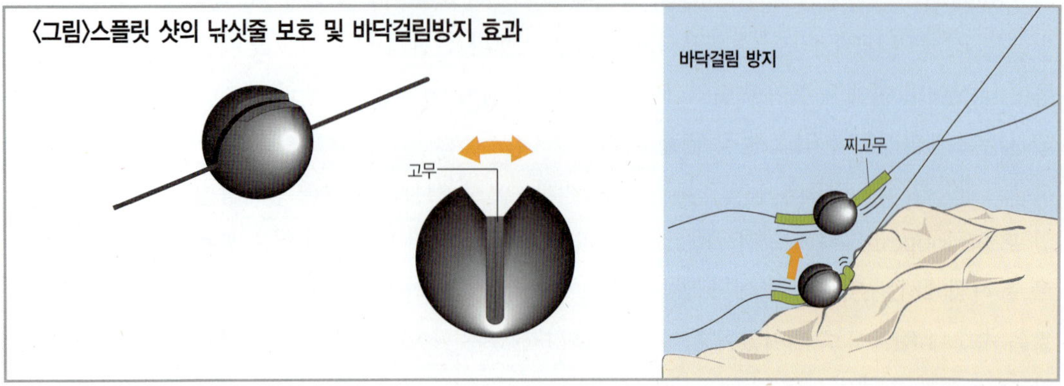

무게 또한 가벼울 수밖에 없어 낚싯줄의 긴장감이 떨어지므로 그만큼 예민한 감각과 집중력을 요구하는 채비라 할 수 있다.

채비가 가볍고 섬세한 만큼 장비는 스피닝 장비가 유리한데 낚싯줄은 감도를 높이기 위해 플로로 카본 4~8Lb(1~2호)가 무난하다. 낚싯대는 이에 따라 라이트(L)에서 미디엄 라이트(ML)를 사용한다. 봉돌의 무게는 바람이나 수심에 따라 달리하는데 바람이 많고 수심이 깊다면 다소 무겁게, 장애물이 많고 수심이 얕다면 가볍게 사용하되 봉돌을 원줄에 물려 사용하므로 원줄에 상처가 나지 않도록 주의 한다. 봉돌의 갈라진 틈 속에 고무가 입혀진 전용 봉돌의 사용도 바람직하다.

② 스플릿 샷 리그 동작 연출 방법

배스가 얕은 지역으로 나와 있기는 하지만 경계심이 강할 때 사용하기 좋고, 또한 중층에 떠있는 비활성적인 배스를 대상으로 루어를 최대한 천천히 가라앉히고 느리게 유영시켜 입질을 유도하는 방법이 효과적이다.

스플릿 샷 리그의 장점은 상황에 따라 봉돌(스플릿 샷)의 위치를 즉시 수정가능한 점에도 있다. 다양한 수심 층을 노릴 수 있을 뿐 아니라 어느 채비에서보다 세밀한 포인트 탐색이 가능한 것이다. 또한 걸림 방지 기능이 탁월하여 수초 지대나 암석 지대 어느 곳에서나 부담 없이 구사할 수 있다. 다만, 봉돌이 가라앉은 후 그대로 오랫동안 놔두면 낚싯줄이 늘어지기 쉽고 그만큼 입질파악도 힘들어지므로 낚싯줄이 너무 늘어지지 않도록 주의를 요한다.

기본적인 동작법은 다음과 같다.

■스위밍(Swimming)

웜을 수평적으로 유영하듯 움직이도록 하는 방법이 스위밍(Swimming)이다. 이와 같은 액션을 강조하고자 한다면 봉돌(스플릿 샷)과 웜의 거리를 약간 멀리해야 자연스럽게 연출된다.

〈그림〉다운 샷 리그 (= 드롭 샷 리그 = 언더 리그)

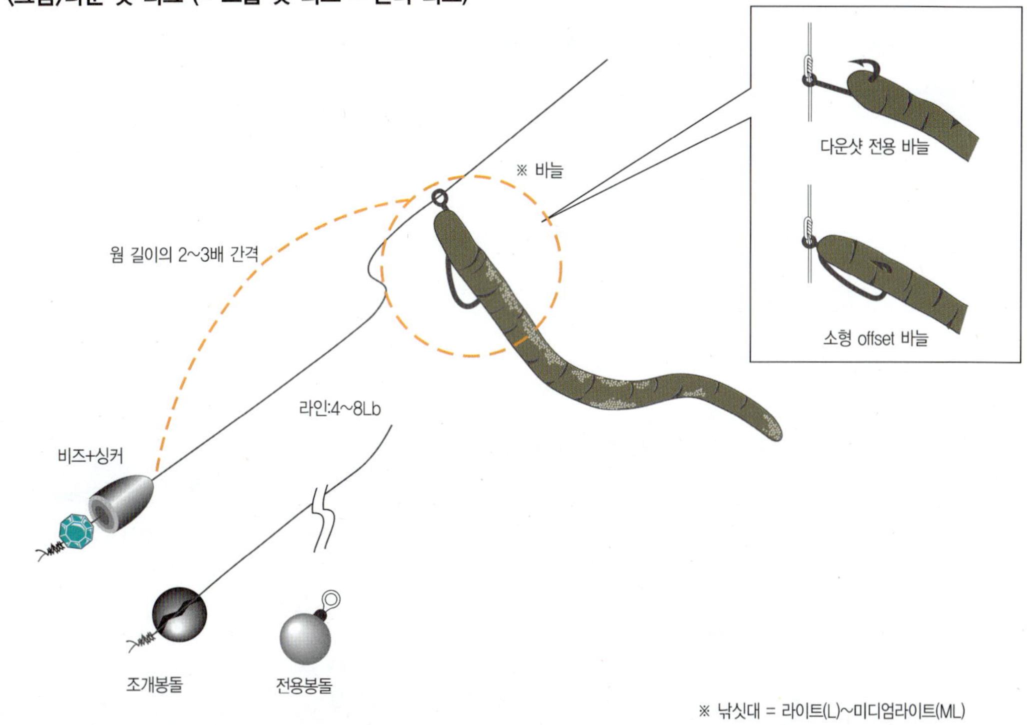

■폴링(Falling)

웜을 낙하시키는 동작 즉, 수직적인 움직임이 폴링(Falling)이다. 이와 같은 액션을 강조하고자 한다면 봉돌(스플릿 샷)과 웜의 간격을 가까이 하는 것이 좋다.

다운 샷 리그(Down shot rig)

① 다운 샷 리그 채비 방법

배스의 눈높이에 웜을 위치시키고 다소 오랜 시간 머물게 하여 배스를 유혹하는 채비다. 다운 샷 리그(Down shot rig)는 다른 채비와 달리 봉돌이 바늘보다 아래에 위치하는 형상을 갖고 있다. 때문에 '드롭 샷 리그(Drop shot rig)', '언더 리그(Under rig ; 일본)' 라고도 부른다.

〈그림〉다운 샷 리그 활용의 보기

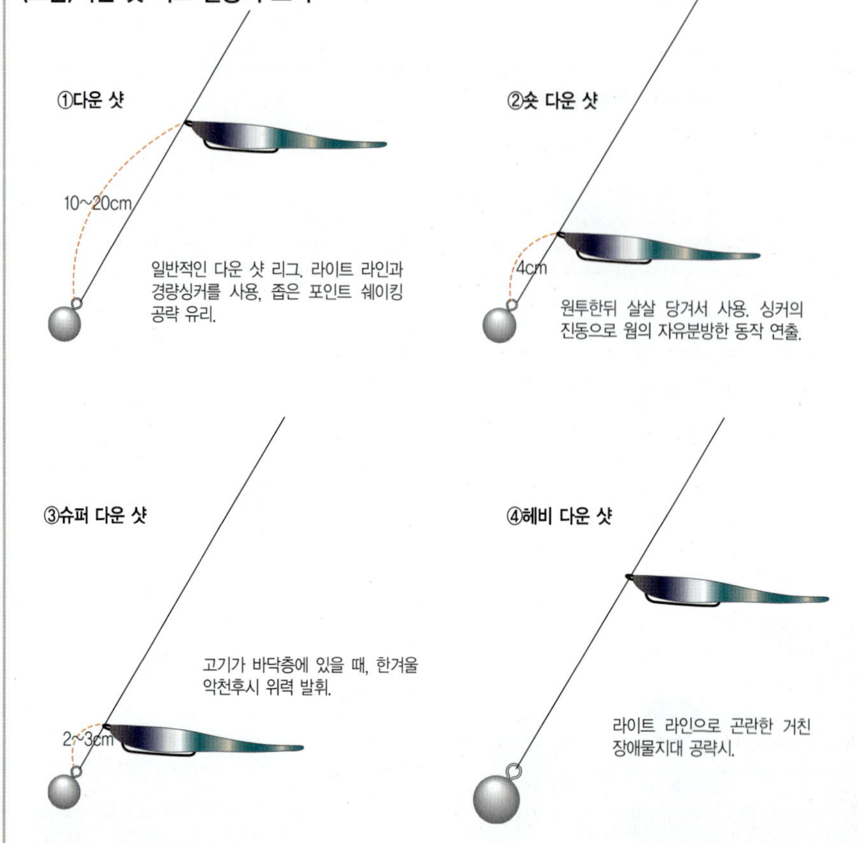

바늘을 다는 위치는 사용하는 웜의 크기로 정한다. 웜 길이의 2~3배 정도를 기준으로 하여 낚시터의 상황에 맞도록 가감한다. 그러나 봉돌과 바늘의 거리가 너무 길면 캐스팅에 무리가 올 수 있으므로 주의하도록 한다.

다운 샷 리그는 스플릿 샷 리그(Split shot rig)와 같이 섬세한 기법이므로 이에 준해서 장비를 갖추도록 한다. 스피닝 장비가 무난하고 4~8Lb의 가는 낚싯줄과 라이트(L)에서 미디엄라이트(ML)의 낚싯대가 사용된다. 봉돌은 일반적인 조개봉돌의 사용도 문제없지만 도래가 부착된 전용봉돌의 사용이 낚싯줄의 꼬임을 방지하므로 고려할만 하다. 사용하는 바늘은 역시 다운 샷 리그 전용 바늘이나 소형의 오프셋(Offset) 바늘이 유리하다.

② 다운 샷 리그 동작 연출방법

다운 샷 리그는 봉돌이 웜보다 아래쪽에 위치하기 때문에 입질에 대한 느낌이 다른 채비보다 신속하고 민감하게 전달되므로 배스의 입질이 미약하고 소극적일 경우 효과를 발휘하는 채비법이다. 또한 수중 장애물에 웜이 가려지거나 멀리 떨어지지 않도록 하기 위해 봉돌과 바늘의 간격을 적절히 조절할 수 있는 장점이 있다.

기본적인 동작 연출은 다음과 같다.

■**쉐이킹(Shaking)** – 봉돌이 바닥에 닿게 한 후 제자리에 정지한 채 낚싯대를 가볍게 흔들어 주는 방법이다.

■**호핑(Hopping)** – 봉돌로 바닥을 살짝 살짝 건드리며 이동하는 방법으로 웜이 일정한 거리를 두고 뛰듯이 이동하게 한다.

■**폴링(Falling)** – 웜이 바닥의 굴곡을 따라 장애물의 높이만큼 일정하게 뜬 상태로 움직이다가 바닥의 높낮이가 급변하는 지점에서는 돌발적인 낙하(Falling) 동작을 연출하는 방법이다.

플로리다 리그(Florida rig)

① 플로리다 리그 채비 방법

텍사스 리그의 사용 시에 웜이 수초와 같은 장애물에 걸려 분리된 봉돌만이 바닥에 가라앉는 경우가 있을 수 있는데, 이러한 걸림을 해소할 수 있는 채비가 플로리다 리그(Florida rig)이다.

〈그림〉플로리다 리그

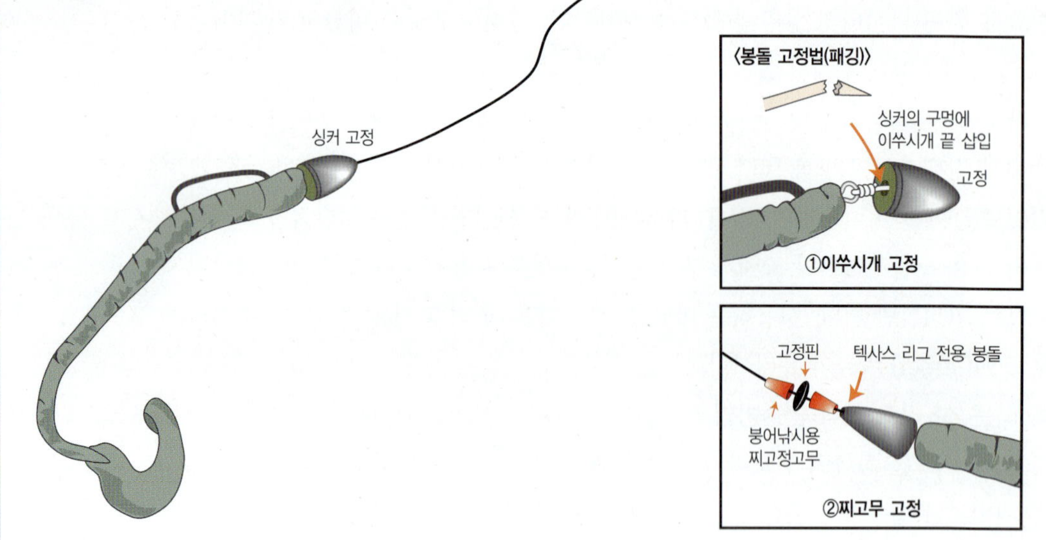

〈그림〉패깅

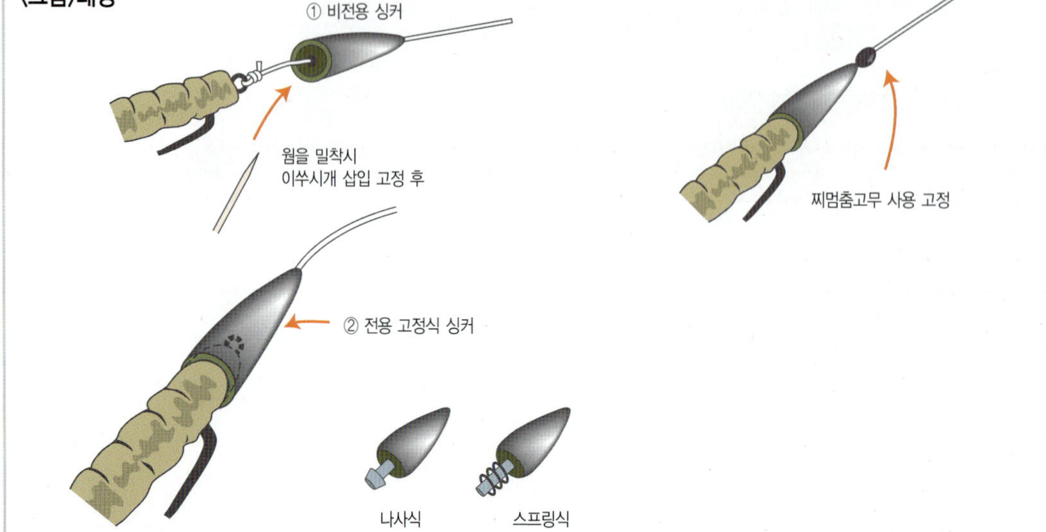

봉돌을 직접 웜에 끼우거나 웜에 밀착시켜 고정시켰기 때문에 텍사스 리그보다 강하고 자극적인 웜의 동작을 연출할 수 있다.

② 플로리다 리그 동작 연출 방법

플로리다 리그의 기본적인 동작 연출은 텍사스 리그와 동일하지만 수초지대나 장애물 주변을 밀도 있게 공략할 수 있어 은폐물에 근접해 있는 배스를 공략할 경우에 더욱 효과적이다. 플로리다 리그는 상대적으로 자연스런 폴링(Falling) 동작의 연출이 가장 큰 장점이다. 이외에도 고정된 봉돌로 인하여 피칭(Pitching)이나 스키핑(Skipping)과 같은 응용 캐스팅 기법을 구사할 수 있어 보다 정밀한 근거리 캐스팅을 구사할 수 있다.

③ 플로리다 리그의 패깅(Paging)

봉돌의 고정 방법은 플로리다 리그 전용봉돌을 사용하면 웜에 쉽게 봉돌을 고정시킬 수 있다. 하지만 일반적인 텍사스 리그용 봉돌을 사용할 경우에는 봉돌 위쪽에 붕어낚시용 찌고정 고무를 첨가하여 고정하거나 웜과 봉돌이 닿는 곳에 이쑤시개를 끼워 끝 부분을 부러뜨려 쉽게 고정시킬 수도 있다. 이러한 봉돌의 고정방법을 패깅(Paging)이라 부른다.

〈그림〉노 싱커 리그와 운영법

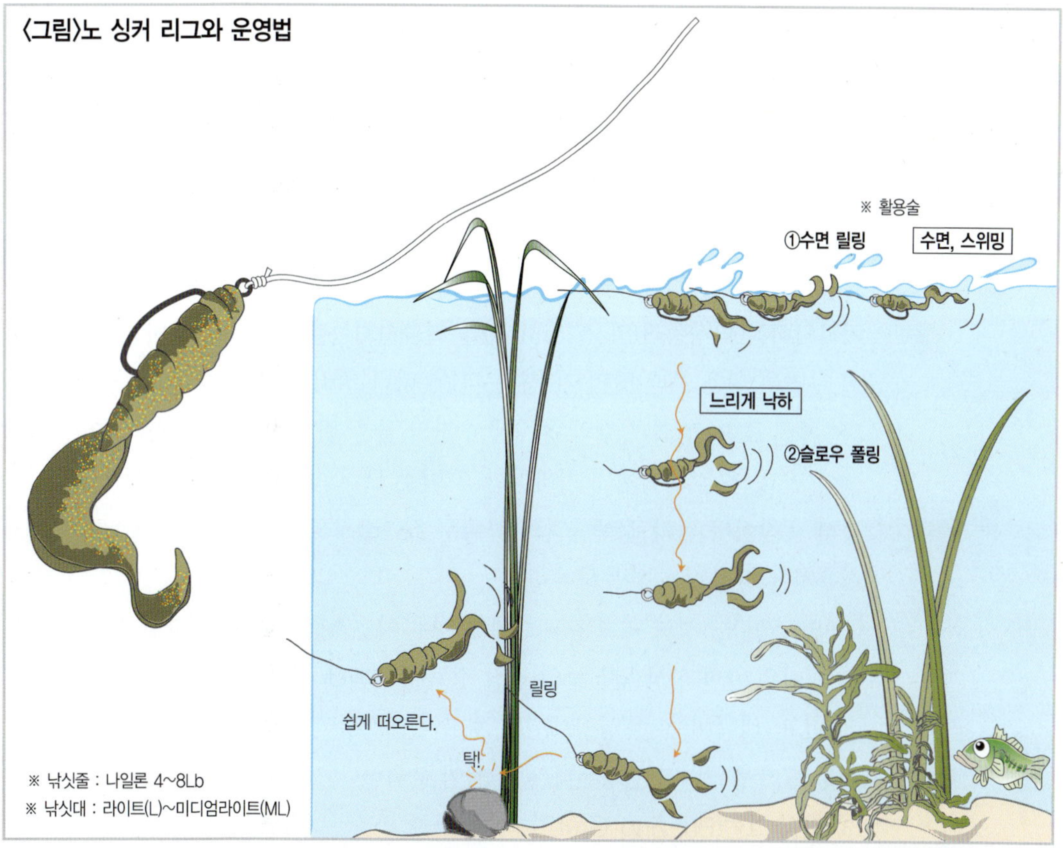

패깅에도 여러 방법이 있는데, 웜과 봉돌을 밀착시키는 방법과 어느 정도 간격을 두고 고정하는 방법 등 상황에 따라 응용해 사용한다. 패깅(Paging) 시에는 항상 낚싯줄의 손상이 없도록 유의하여야 한다.

노 싱커 리그(No sinker rig, 무봉돌 채비)

① 노 싱커 리그 채비 방법

노 싱커 리그(No sinker rig)는 봉돌을 사용하지 않고 웜과 바늘만으로 이루어진 채비를 말한다. 봉돌이 없으므로 매우 가볍기 때문에 상대적으로 스피닝 장비가 사용하기 쉽다. 물론 사용하는 웜의 크기가 충분히 크고 중량이 있는 경우에는 베이트 캐스팅 장비도 활용가능하다. 주로 사용하는 스피닝 장비의 경우 낚싯줄은 물에 뜨는 나일론 4~8Lb(1~2호), 낚싯대는 이에 따라 라이트(L)에서 미디엄라이트(ML)를 사용한다.

봉돌에 의한 밑걸림이 전혀 없으므로 수중이든 수면이든 밀집된 장애물 지대를 공략하기에 유리하며 배스에게 루어를 보여주는 시간이 가장 긴 방법이라고도 할 수 있다.

소프트 저크 베이트(Soft Jerk Bait)를 이용하는 방법도 노 싱커 리그의 일종이다.

② 노 싱커 리그 동작 연출 방법

노 싱커 리그는 기본적으로 웜을 수면에서 스위밍(Swimming)시키거나 느리게 가라앉히는 낙하동작(Slow falling)을 연출시키는데, 웜 자체의 비중(比重, 비중이 무거운 웜은 보다 빨리 가라앉는다)에 따라 여러 가지 목적으로 사용할 수 있다. 예를 들면, 웜의 착수와 동시에 수면의 물을 튀기며 불규칙하게 끌어주는 방법이 있고, 웜을 바닥까지 가라앉힌 후 아주 느린 속도로 끌어들이면서 낚싯대의 약한 동작이나 바닥 장애물과의 가벼운 접촉으로도 웜은 쉽게 떠오르므로 이를 활용하는 방법 등이 가능하다.

일반적인 노 싱커 리그는 배스에게 매우 자연스럽게 보여 지므로 입질을 유도하기 쉬운 반면 항상 낚싯줄의 긴장 정도나 변화에 주시하지 않으면 입질을 놓칠 수 있고, 바람이 부는 상황에서는 채비의 캐스팅이 어려운 점, 또한 전체적으로 아주 느리게 낚시가 진행된다는 점 등이 불리하다.

③ 버징 그럽(Buzzing Grub)

노 싱커 리그(No sinker rig)의 일종이다. 사이즈가 큰 그럽을 이용하여 착수와 동시에 낚싯대를 위로 세운 상태에서 다소 빠르게 릴링하여 그럽의 넓은 꼬리가 수면에서 빠르게 움직이도록 하여 배스를 자극하는 방법이다.

물고기의 도주 행동이나 수면 위에 떨어진 곤충의 불규칙적인 움직임을 연출해 내는 것으로 그럽을 이러한 기법으로 사용하는 경우에는 보다 큰 크기를 사용하여 큰 파장을 일으킴으로 강한 자극으로 배스에게 어필할 수 있도록 하는 것이 좋은 조과로 이어진다.

지그헤드 훅 리그(Jig head hook rig)

① 지그헤드 훅 리그 채비 방법

지그헤드 훅 리그(Jig head hook rig)는 봉돌과 바늘이 하나로 이루어져 있는 지그헤드에 웜을 부착하기만 하면 완성되는 가장 간단한 채비이다.

주로 사용되는 그럽의 크기와 지그헤드 무게와의 관계는 일반적으로 4~5인치 그럽이라면 1/4oz 무게에 2/0이나 3/0크기의 바늘이 적당하며, 3인치 그럽일 경우에는 지그 무게 1/8oz 정도에 2번이나 1번 크기의 바늘이 적합하다. 그러나 공략할 수심과 사용할 웜의 크기를 참고하여 무게와 바늘의 크기를 결정한다.

바늘 끝이 다른 채비와는 달리 노출되어 있는 관계로 배스의 입질에 대해 강한 챔질이 요구되지 않

그날 상황에 맞는 채비를 찾아내 가는 것도 배스낚시 묘미의 하나이다.

〈그림〉 지그헤드 리그 운용 동작

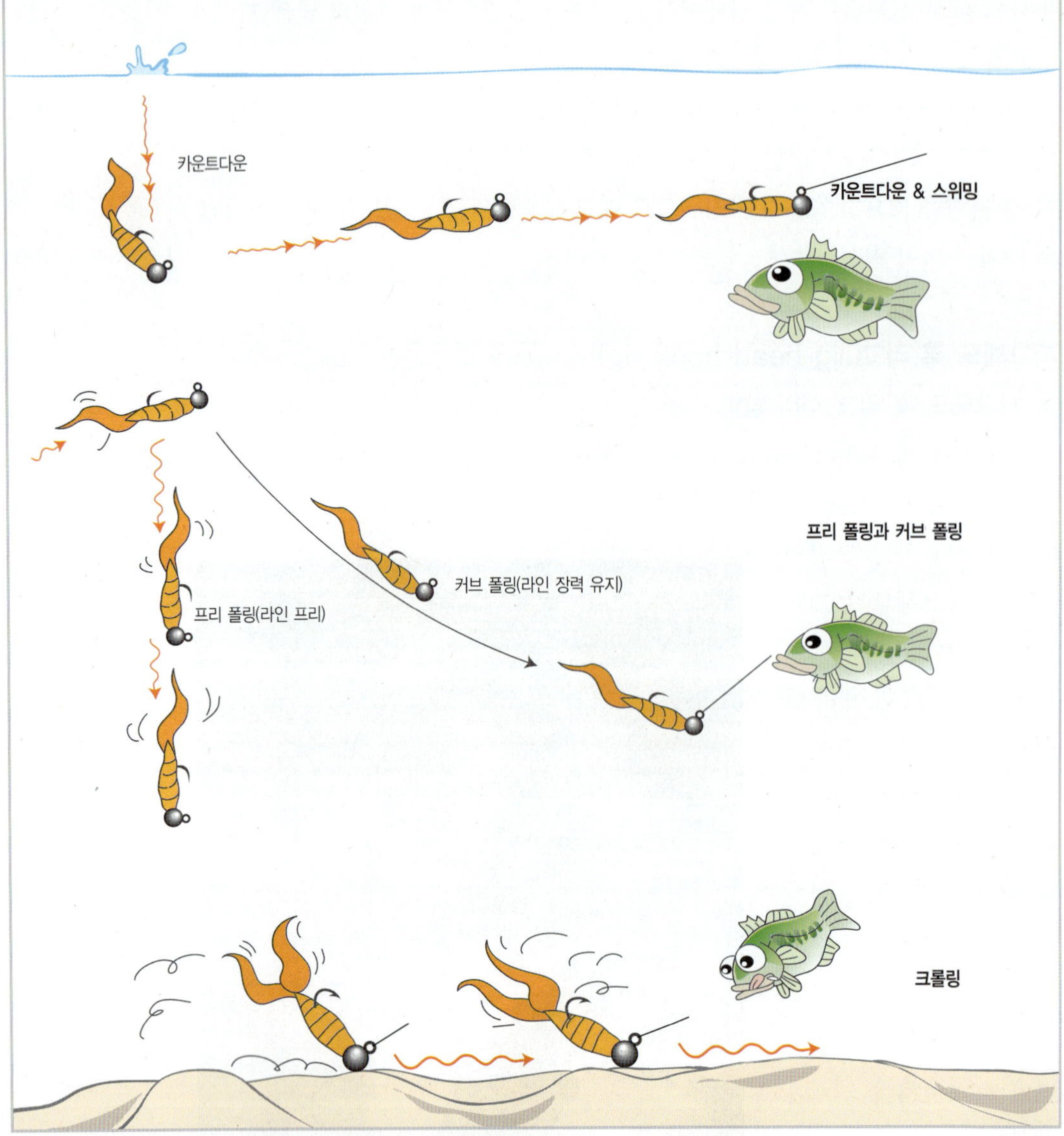

으므로 가벼운 채비를 캐스팅하기에 적당한 스피닝 장비가 다용된다. 아울러 노출된 바늘 끝은 상대적으로 밑걸림이 많으므로 단점이 되기도 한다.

낚싯줄은 4~12Lb(1~3호), 낚싯대는 라이트(L)에서 미디엄(M)까지 상황에 맞추어 사용한다.

② 지그헤드 훅 리그 동작 연출 방법

지그헤드 훅 리그(Jig head hook rig)의 사용 방법은 기타 웜의 사용 방법과 유사하며 기본적으로는 다음과 같다.

■ **쉐이킹(shaking)** - 낚싯대를 이용하여 웜을 제자리에서 단속적으로 흔들어주는 방법이다.

■ **호핑(Hopping)** - 낚싯대를 이용해 순간적으로 당기고 다시 낮춰주면서 릴링하여 발생한 여유 낚싯줄을 감아 들이는 동작의 반복으로 웜을 바닥에서 튀기듯 움직이게 하는 방법이다.

■ **스위밍(swimming)** - 캐스팅 후 원하는 수심까지의 가라앉힌 후 일정한 수심을 유지하며 릴링하여 끌어들이는 방법이다.

■ **프리 폴링과 커브 폴링(Free falling & Curve falling)** - 착수 후 또는 스위밍(Swimming) 도중 일정한 포인트에서 수중으로 갑자기 떨어지는 움직임을 연출하는 방법이다. 프리 폴링(Free falling)은 릴의 스풀을 프리 상태(스피닝 릴의 경우는 베일을 젖힌 상태)로 하여 낚싯줄이 자유로이 풀리도록 방치할 때 나타나는 수직적 낙하형태이다. 커브 폴링(Curve falling)은 릴에서 낚싯줄의 방출을 제어하여 장력이 걸려있는 상황에서 나타나는 호를 그리는 수중낙하 형태이다.

■ **크롤링(Crawling)** - 바닥에 닿은지그헤드 훅 리그(Jig head hook rig)를 바닥을 기어가듯 끄는 방법으로 먼지와 소음을 발생시켜 배스를 자극하는 방법이다.

웜의 응용 채비 방법 및 활용법

와키 리그(Wacky rig)

① 와키 리그 채비 방법

와키 리그(Wacky rig)는 1970년대에 미국에서 비롯된 것이다. 간단히 설명하자면 '와키(wacky ; 유별난, 특이한)' 라는 명칭에서 나타나듯 별난 형식의 채비로서 웜을 허리에 꿰어 사용하는 형태를 하고 있다.

여러 가지 채비 방법에 있어서 바늘에 웜의 허리를 꿰면 와키 리그의 형태가 되지만 일반적으로는 노 싱커 리그(No sinker rig), 스프릿 샷 리그(Split shot

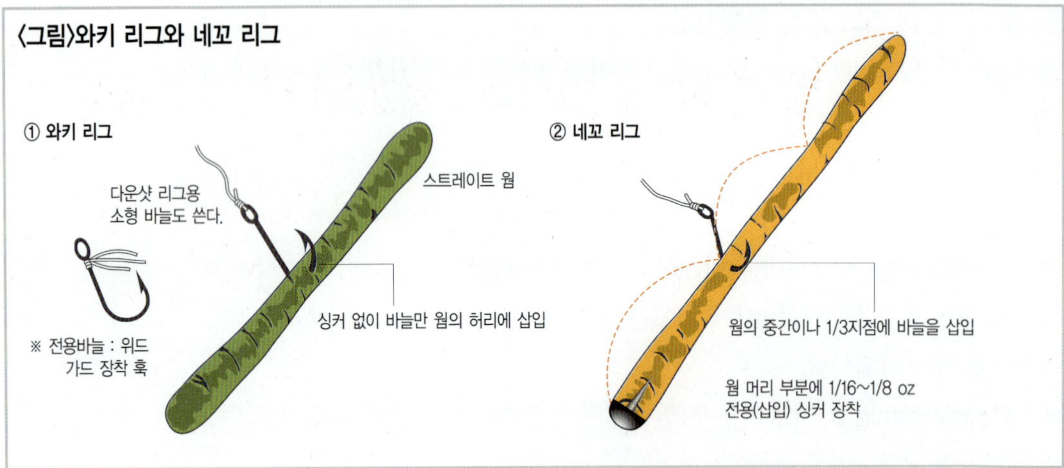

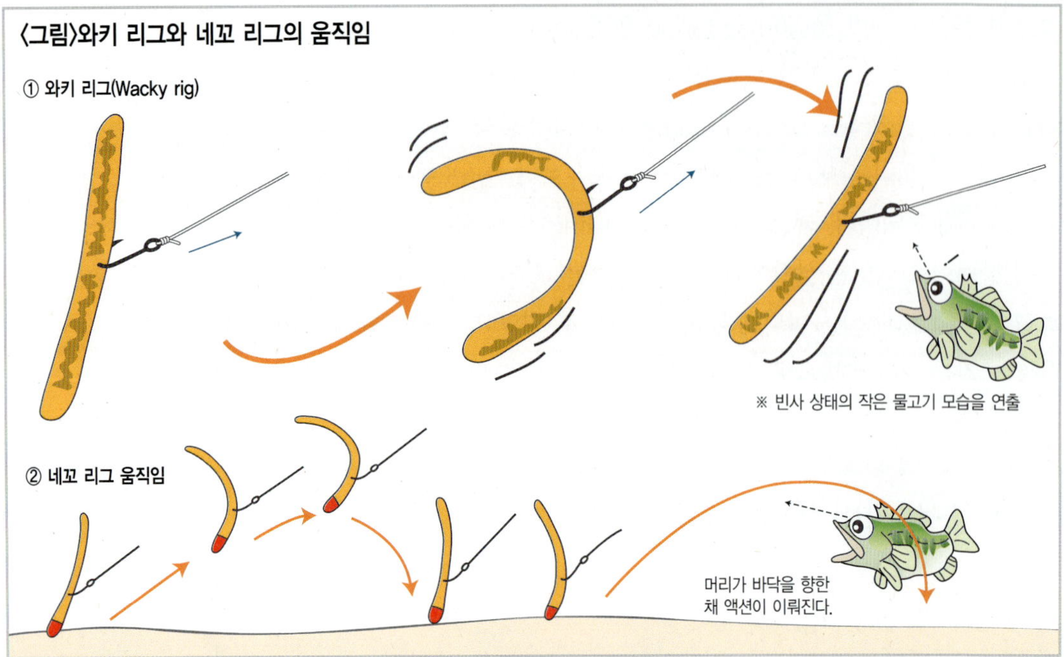

rig), 다운 샷 리그(Down shot rig)를 이용한다.

② 와키 리그 동작 연출 방법

구부러졌다 펴지는 웜의 동작이 마치 빈사(瀕死) 상태의 작은 물고기 모습을 연출하는데서 고안된 것으로 스트레이트 웜(Strait worm)이 주로 사용되고 바늘의 크기도 다운 샷 리그등에 사용하는 소형바늘이나 위드레스(Weedress, 걸림방지)

기능이 있는 전용바늘을 사용한다.

일반적인 웜 이외에도 웜의 양끝의 비중이 다르게 제조한 것과 같은 와키 리그 전용으로 고안된 웜을 사용하면 더욱 복잡한 수중 동작이 연출된다.

③ 네꼬 리그(根こ rig)

와키 리그(Wacky rig)의 변형로도 알려진 '네꼬 리그(根こ rig)'는 일본의 프로 배서에 의해 개발된 것이다. 명칭의 유래는 일본어의 '根こそぎ(뿌리 째 뽑음, 송두리째, 모조리)'라는 말에서 온 것이다. 배스가 여타 루어에 익숙해져 웬만한 루어로는 낚이지 않을 경우에도 이를 사용하면 그 장소의 모든 배스를 전부 낚을 수 있었다는 데에서 기인한다. 이와 같이 어려운 상황에서도 탁월한 효과가 있는 것으로 알려져 있다.

네꼬 리그는 와키 리그와 대동소이하지만 주로 웜의 한 쪽에 마치 나사못과 같은 형상의 전용 봉돌을 삽입하여 사용한다. 경우에 따라서는 바늘을 웜의 중간이 아닌 약 1/3지점에 꿰기도 한다. 일반적인 웜의 사용 이외에도 웜의 한쪽 끝에 봉돌을 삽입하는 구멍이 마련되어 있는 전용 웜도 생산되고 있다.

웜의 동작은 활처럼 구부러지며 떠올랐다가 삽입된 봉돌의 영향으로 바닥에 서 있는 듯한 모습으로 내려가 마치 작은 물고기의 회피동작을 모방하여 입질을 유도한다.

④ 와키 리그와 네꼬 리그의 효과적 활용

일반적으로 와키 리그(Wacky rig)와 네꼬 리그(根こ rig)는 배스가 루어에 익숙해져 웬만한 루어로는 낚이지 않는 경우나 갑작스런 환경변화 등으로 인하여 배스의 활성이 극히 저조할 경우 또는 서스펜드하고 있는 배스(Suspend Bass, 제9장에 설명)에 위력을 발휘하는 채비이다.

점차 배스를 낚고자하는 낚시인들이 늘어나고 동일한 장소에 수많은 낚시인이 드나듦으로 인해 일반적인 상황에서도 배스가 까다로운 입질을 보이는 경우가 많아짐으로 인해 와키 리그와 네꼬 리그의 사용빈도는 늘어나고 있다. 그러나 바람으로 인해 파도가 많은 경우, 물이 흐르는 장소, 수초지대, 바닥지형이 복잡한 암초인 장소에서는 효과가 적은 것으로 알려져 있다. 즉, 장애물에 숨어 있는 배스에게는 효과적이지 않다.

⑤ 사용상 주의 사항

〈그림〉DDR 리그

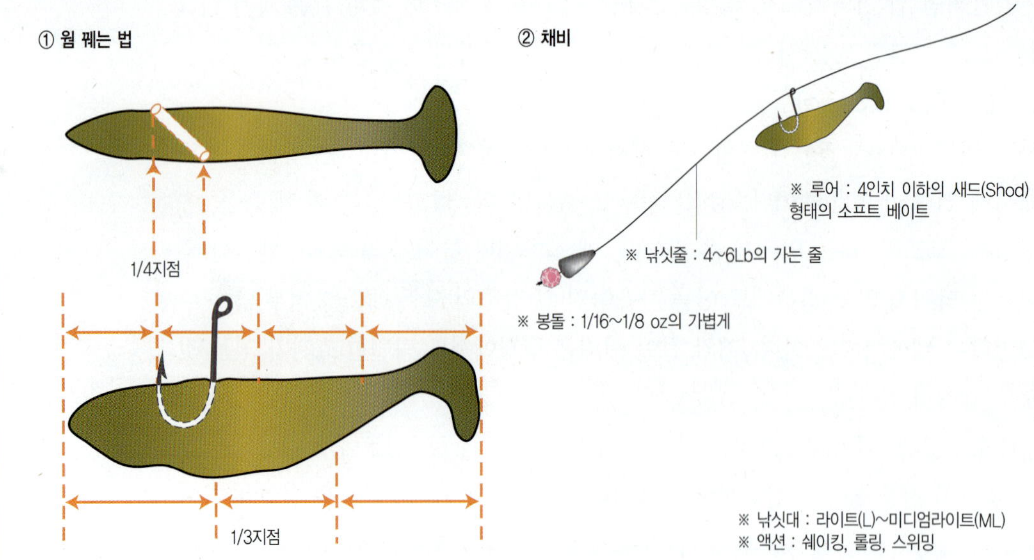

와키 리그와 네꼬 리그의 사용상 주의 사항은 가는 웜의 허리에 바늘을 통과시킨 관계로 반복되는 캐스팅이나 배스의 입질로 인해 웜이 쉽게 손실될 가능성이 많은 점이다. 이를 방지하기 위해 웜에 수축고무 튜브를 잘라 끼워 사용하기도 한다.

D.D.R. 리그(Deep Down Rolling rig)

① D.D.R. 리그 채비 방법

D.D.R. 리그(Deep Down Rolling rig)는 다운 샷 리그(Down shot rig)의 응용 방법으로서 우리나라의 프로배서에 의해 고안된 기술로 역시 입질이 약아진 배스를 낚아내는 상황에서 수많은 배스 낚시인들에게서 그 효과를 인정받고 있다.

다운 샷 리그를 구성하되 4인치 이하 크기의 섀드(Shad) 형태 소프트 베이트를 사용하고 가는 낚싯줄(4~6Lb)과 가벼운 봉돌(1/16~1/8oz), 사용하는 낚싯대는 라이트(L)나 미디엄라이트(ML) 정도를 사용할 때 최적의 효과를 얻을 수 있는 것으로 알려져 있다.

여기에서 아래 중요한 부분은 바늘에 꿰는 방법인데 일반적인 방법이 아닌 바늘을 섀드형 소프트 베이트에 사선으로 꿰도록 하는 점이다. 바늘을 꿰는 방법은 〈그림〉과 같이 섀드형 소프트 베이트의 등쪽 머리로부터 1/3지점으로 바늘이 들어가 머리로부터 1/4지점으로 나오도록 한다.

② D.D.R. 리그 동작 연출 방법

채비를 캐스팅하고 가벼운 쉐이킹(Shaking)을 반복한다. 이때 늘어지는 낚싯줄을 적당히 감아 들이면서 낚싯대의 끝부분만을 사용하는 느낌으로 꾸준히 동작을 부여한다.

바늘에 사선으로 꿰인 섀드형 소프트 베이트는 가벼운 쉐이킹 동작과 릴링으로 수중에서 작은 파동을 지속적으로 발생시키면서 좌우로 불규칙한 방향전환과 함께 돌발적인 움직임도 연출한다. 이와 같은 상처를 입은 작은 물고기의 동작 연출을 배스의 눈높이에서 지속하여 배스의 입질을 자극하도록 한다.

튜브의 폴링(Falling)

① 튜브 채비 방법

부력이 좋은 소프트 베이트인 튜브(Tube)는 일반적인 여러 가지 리그(rig)를 사용

〈그림〉튜브를 이용한 채비와 동작

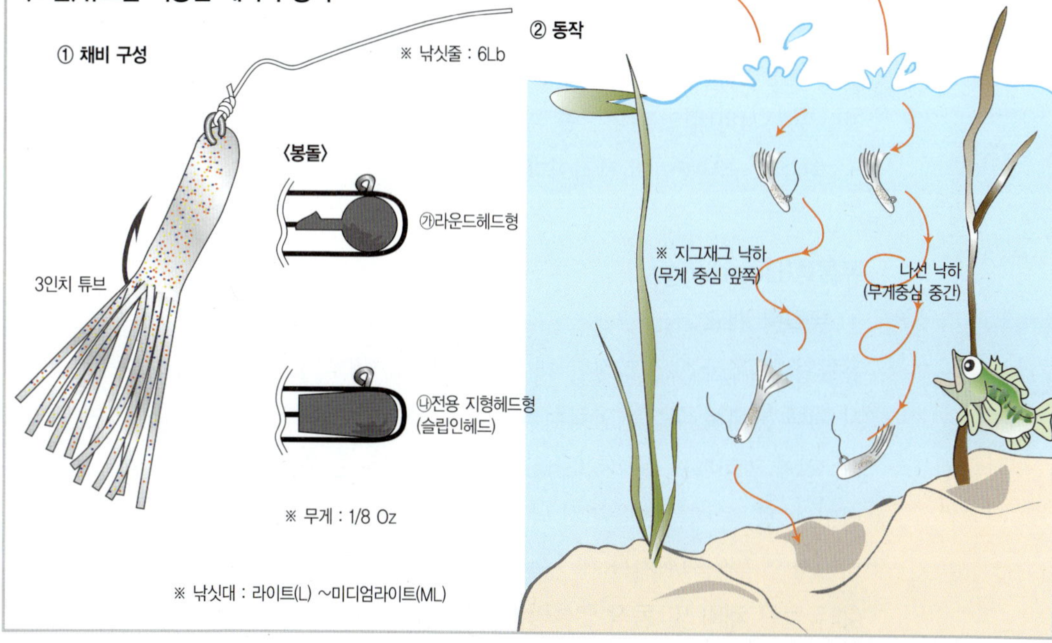

한 채비를 구성할 수 있다. 그러나 튜브 자체의 부력을 무시하고 튜브 전용의 지그헤드인 슬립인 헤드(Slip in head)나 일반적인 라운드 헤드(Round head)를 몸체 속에 끼워 넣은 일종의 지그헤드 훅 리그(Jig head hook rig)는 튜브를 매우 자연스럽게 낙하(Falling)시키는 효과가 있다.

일반적으로 이 방법은 배스가 수중에 떠있는 상태(서스펜딩)의 입질이 저조할 경우에 자주 사용된다. 느리고 대표적인 피네스 피싱(Finesse Fishing)으로서 섬세한 사용에 효과를 발휘하므로 주로 스피닝 장비로 운영한다.

낚싯대는 라이트(L)나 미디엄라이트(ML), 낚싯줄은 6Lb(1.5호)가 기본이며 1/8oz봉돌에 3인치 길이의 튜브가 주로 사용된다. 배스가 있을법한 포인트에 인접하여 캐스팅하며 무게를 최대한 가볍게 하여 루어가 가능한 천천히 움직이도록 하는 것이 효과를 높이는 방법이다.

② 튜브 동작 연출 방법

튜브(Tube)의 낙하동작은 무게 중심 위치에 따라 변하게 된다. 무게 중심이 튜브의 앞쪽에 위치하면 마치 종이가 떨어지듯이 지그재그로 낙하하고, 중간에 있으면 나선형(Spiral Falling)을 그리며 낙하하게 된다. 이러한 낙하동작은 죽어가는 물고기의 모습과 흡사하여 배스의 입질을 쉽게 유발하는 것으로 알려져 있다.

이와 같은 방법의 활용 시에는 릴의 베일을 젖히고 있는 경우가 대부분이다. 아무런 저항 없이 배스의 입질이 들어오므로 물속으로 빨려 들어가는 낚싯줄의 움직임을 주시하며 입질 유무를 확인한다. 배스가 튜브를 물고도 이물감을 덜 느끼는 것도 이 낚시방법의 장점이다.

듀들링(Doodling)

① 듀들링 개요

듀들링(Doodling)은 일정한 채비를 나타내는 명칭이 아니라 맑고 깊은 물, 급경사 지대 등에서 배스를 공략하기 위해 만들어진 웜을 움직이는 기술의 한 가지이다. 쉽게 말한다면 쉐이킹(Shaking)에 기초를 둔 웜을 흔드는 동작을 가리키는 말이다. 즉, 루어를 흔들면서 낙하시키고 어느 특정 포인트에 도달했을 때에도 바닥에서 연속적 뛰뛰기를 해주는 흔들기의 연속과정이다.

② 듀들링 채비 및 동작 연출방법

〈그림〉듀들링 동작

텍사스 리그를 사용하여 황동(Brass)제 봉돌과 글래스 비드(Glass beads)의 충돌음을 일으켜 마치 지렁이, 가재와 같은 배스의 먹이가 땅속으로 숨는 동작과 소음을 연출한다.

우선 웜을 캐스팅한 후 바닥에 닿을 때까지 수직으로 내려주고, 낚싯대 끝을 수면에서 20~25cm 정도를 유지하며 폭 10~15cm로 빠르게 흔들어 준다.

배스가 머물고 있는 지역을 정확하게 찾아야 하며 감도가 우수한 가는 낚싯줄을 이용한 깊은 곳의 낚시가 되므로 숙련을 요하는 기술이기도 하다.

데드 워밍(Dead worming)

① 데드 워밍 개요

<그림>다운 샷 리그의 데드 워밍

데드 워밍(Dead worming)의 기본 개념은 웜 채비를 바닥까지 완전히 가라앉힌 후, 웜이 약간 떨리는 정도의 미세한 움직임을 연출한 다음 약 30초 정도 가만히 두는 매우 느린 방법을 가리키는 말이다.

갑작스런 기상 변화나 수온과 수위의 변화, 인기척, 특히 낚시대회에서처럼 경계심이 높아지고 활성도가 저조해진 배스를 낚기 위한 방법이다. '피네스 피싱(Finesse fishing, 기교 위주의 섬세한 낚시 기법)' 의 일종이다. 어느 정도의 낚시 경험과 감각, 입질 파악 능력 등이 요구된다. 피네스 피싱에 관하여는 제9장에서 자세히 다루기로 한다.

② 데드 워밍 채비 및 동작 연출방법

데드 워밍(Dead worming)은 웜을 이용한 어떤 채비 방법도 가능하다. 하지만, 가장 효과적인 채비는 멈춤 동작에서도 비교적 부드러운 액션을 보이는 다운 샷 리그(Down shot rig)를 들 수 있다.

수중에서 웜의 수평유지가 용이하도록 보통 4인치 이하의 물에 뜨는 종류의 웜과 작은 크기의 바늘을 사용하며 낚싯줄만 튕겨주어 미세한 파장을 일으켜주는 기법을 병행한다.

주의할 점은 낚시 도중 낚싯줄의 긴장이 어느 정도 유지되어야 미세한 입질파악이 가능하다는 점이다. 만일 입질이 없다면 웜에 다시 한 번 미세한 동작을 연출한 후 다시 기다린다.

소프트 저크 베이트는 어떻게 활용하나

소프트 저크 베이트(Soft Jerk Bait)의 동작 방법

① 소프트 저크 베이트 저킹(Jerking)

소프트 저크 베이트(Soft Jerk Bait)는 독특한 수중 동작을 주무기로 하는 소프트 베이트이다. 이러한 특징을 충분히 표현하는 방법은 이름 그대로 '저킹(Jerking)'이 주된 방법이 된다. 낚싯대를 잡아당기는 동작(저킹)을 일순 멈추면 소프트 저크 베이트는 순간적으로 몸통을 비틀며 방향을 바꾸는 동작이 연출된

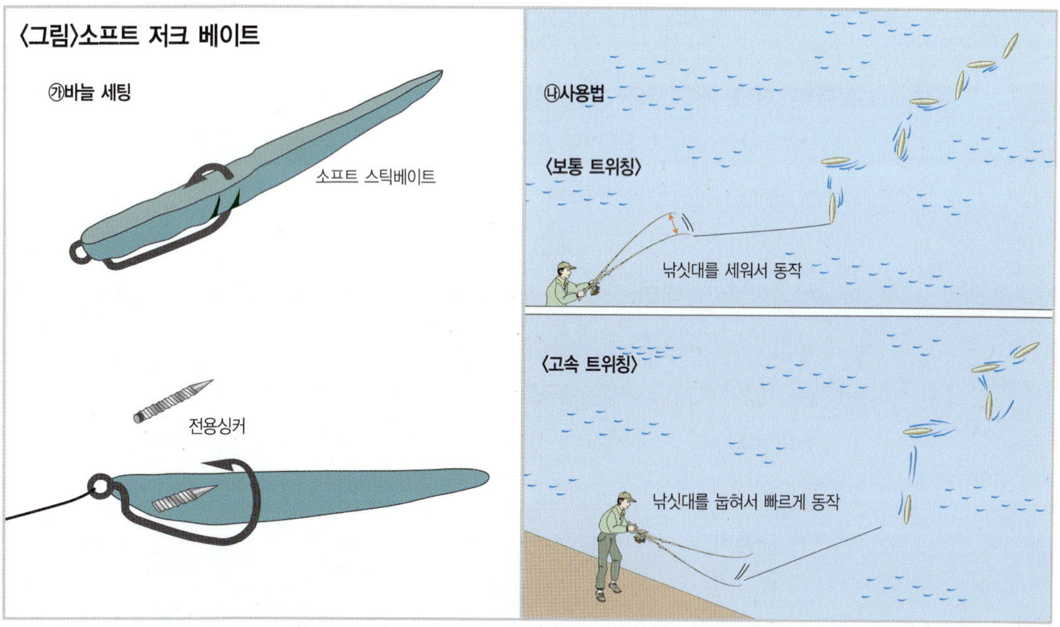

다. 이와 같은 동작이 배스를 강력하게 유혹하는 작용을 하므로 저킹과 멈춤을 적절히 혼합하여 연속적으로 구사하는 것이 관건이다.

② 저크 앤 폴(Jerk & Fall)

소프트 저크 베이트(Soft jerk bait)의 몸통에 나사형의 전용 봉돌(Sinker)을 삽입하면 수중으로 가라앉는 동작도 연출 할 수 있다.

저킹 후 얼마간 낚싯대를 멈춰 소프트 저크 베이트가 자연스럽게 가라앉도록 하는 방법의 불규칙적인 연속동작을 연출하도록 한다.

봉돌의 무게와 그 위치에 따라서 저킹 시의 동작은 물론 가라앉는 자세도 바뀌므로 적절히 활용하도록 한다.

소프트 저크 베이트 사용 장비

소프트 저크 베이트(Soft Jerk Bait)를 사용하는 경우에 주로 노 싱커 리그(No sinker rig)로 사용하며 장비도 이에 기준하여 사용한다. 작은 크기를 사용하는 경우에는 스피닝 장비가 적합하지만 대형의 소프트 저크 베이트를 사용하는 경우에는 베이트 캐스팅 장비를 사용하기도 한다. 일반적인 웜과 비교하여 동일한 크기라면 좀더 단단하고 중량이 있으므로 노 싱커 리그의 장비보다는 약간 강한 정도의 낚싯줄 6~12Lb., 낚싯대는 미디엄 라이트(ML)에서 미디엄(M)이 적당하다.

소프트 저크 베이트의 응용 및 특징

소프트 저크 베이트는 수초지대나 고사목 지형 등 걸림이 심한 곳에서 노싱커 리그(No sinker rig)로 활용하여 그 진가를 발휘한다. 이외에도 낚싯바늘 바로 앞에 작은 스플릿 샷(조개봉돌, Split shot)을 물려주거나 몸체 중간 또는 머리 부분에 나사못과 같은 형태의 전용 납추를 삽입하면 수중으로의 침투효과가 높아진다.

소프트 저크 베이트에 사용하는 바늘은 다른 웜을 사용할 때보다 한두 사이즈 큰 것이 일반적이다. 예를 들면 4인치 길이의 일반적인 웜을 사용할 때는 보통 1~1/0의 바늘을 사용하는데 비해 4인치의 소프트 저크 베이트에는 이보다 큰 2/0정도의 바늘을 사용하게 된다. 이는 소프트 저크 베이트의 몸체가 상대적으로 두껍고 단단하므로 폭이 넓은 바늘이 필요하기 때문이다.

〈그림〉프로그 튜닝

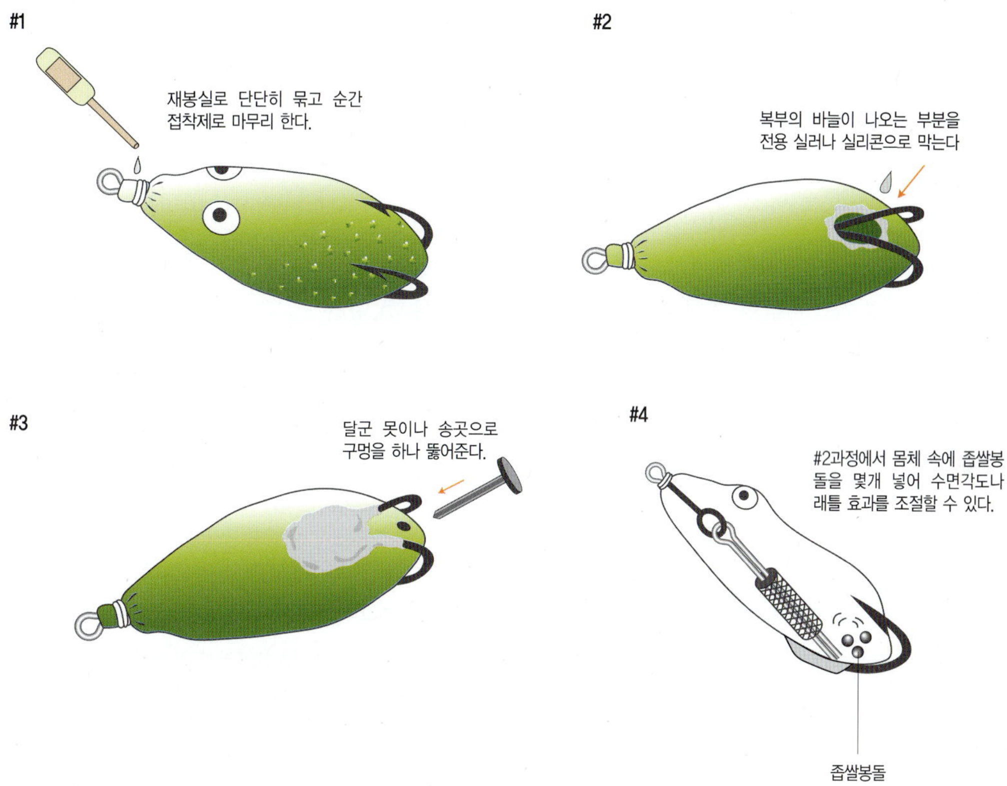

프로그는 어떻게 활용하나

프로그(Frog)의 동작 방법

몸속이 비어 있는 프로그(Frog)는 강한 부력과 위드레스(Weedress) 효과로 수초지대에서 탑 워터 루어로서 밑걸림에 신경을 쓰지 않고 사용하기에 최적이다. 수초 위로 던져 넣은 후 낚싯대의 움직임과 릴링으로 천천히 이동시키고 수초구멍이나 수초지대 가장자리에서는 수면을 유영시키는 방법을 적절히 구사한다.

① 프로그의 워킹 더 독(Walking the Dog)

하드 베이트(Hard bait)인 펜슬 베이트를 사용하듯 손목만을 이용해 낚싯대를 가볍게 연속적으로 튕기며 단속적으로 릴링하면 프로그는 수면 위에서 좌우로 머리를 흔들며 이동하게 되는데 이를 '워킹 더 독(Walking the Dog)'이라 부른다. 구체적인 연출법은 '펜슬 베이트(Pencil bait)' 항에서 설명하기로 한다.

② 노이지 리트리브(Noisy Retrieve)

일정한 속도로 단순히 릴링을 하면 프로그는 자신의 복부로 수면을 빠르게 가르며 머리를 좌우로 짧게 흔들면서 파문을 끌고 이동한다. 이때 수면에 물을 가르는 소음이 발생하므로 노이지 리트리브(Noisy Retrieve)라고 부른다. 몸체의 떠있는 각도의 조정에 의해 동작에 차이를 줄 수 있다.

사용 장비

프로그를 사용하는 낚시터의 여건은 수면이 각종 수초로 뒤덮여 있는 상황이 대부분이므로 프로그를 공격한 배스가 수초 속으로 물고 들어가는 상황에서도 강한 힘으로 이를 제압하고 설사 수초를 휘감은 경우에도 무사히 끌어낼 수 있을 정도의 장비가 효과적이다. 그러므로 낚싯줄은 14~25Lb의 강도를 갖는 물에 뜨는 소재인 나일론이나 PE가 바람직하고 낚싯대도 이에 맞추어 미디엄(M)에서 헤비(H)를 사용하도록 한다.

프로그의 튜닝

① 방수 접착(Sealing)

속이 비어있는 프로그는 사용 중에 내부로 물이 들어오기 쉽다. 물이 들어와 부력이 저하되면 원하는 동작의 연출이 불가능 해지므로 이를 예방하기 위하여 방수 개조를 행한다.

먼저 앞쪽 낚싯줄을 묶는 고리와 몸체와의 사이를 밀폐시키기 위해 일반적인 실(재봉실 등)을 이용하여 단단히 감고 그 위를 순간접착제 등으로 보강한다. 실을 감기 어려운 경우에는 전용 충진제(Sealer)나 접착제를 소량 스며들도록 한다.

복부에 있는 내부로부터 바늘이 나오는 구멍 부위를 전용 충진제나 실리콘 등으로 막는다. 충진제가 완전히 굳은 후에 공기가 새는 부분을 확인한 후 프로그 몸체 뒷부분에 공기구멍을 하나 뚫어준다. 구멍을 뚫을 때는 달구어진 송곳이나 바늘을 이용하면 편리하다. 구멍을 뚫지 않으면 배스의 입질에 몸체가 찌그러들지 않아 챔질이 불가능해지므로 필히 구멍을 뚫어야 한다.

② 부상각도(浮上角度)의 조정

몸체 속에 장치되어 있는 바늘에는 축에 봉돌 역할을 하는 납이 붙어있는데 이에 의해서 프로그의 수면에 대한 각도가 정해진다. 이 납을 조금씩 떼어내거나 또는 몸통 안으로 좁쌀봉돌을 추가로 넣는 것으로 부상각도를 조정할 수 있다.

③ 트레일러(Trailer) 부착

프로그는 일반적으로 웜(Worm)의 컬리 테일(Curly tail)과 유사한 꼬리나 고무로 만든 술이 복부에 부착되어 있는 형태가 많다. 이외에도 제품에 따라서는 복부에 작은 블레이드(Blade)와 같은 트레일러(Trailer)를 부착할 수 있도록 되어 있는 제품도 있다. 미성숙한 개구리의 미처 없어지지 않은 꼬리나 수면에 떠있는 개구리의 다리를 표현하는 것으로서 특별한 부착 부속이 설치되어 있지 않은 경우에도 바늘의 축에 스플릿 링(Split ring)이나 소형 도래, 찌고무 등을 이용하여 간단히 부착가능하다.

트레일러를 부착하면 프로그(Frog)의 부력과 부상각도가 변화하므로 신중히 동작을 확인하고 사용하도록 한다.

스피너 베이트는 어떻게 활용하나

스피너 베이트 동작 방법

① 스피너 베이트 연속 끌기(Straight retrieve)

스피너 베이트(Spinner bait)를 캐스팅하고 원하는 깊이까지 가라앉힌 후 일정한 속도로 끌어들이는 방법이다. 스피너 베이트는 일반적으로 캐스팅 후 일정하게 감아 들이는 방법만으로도 블레이드의 회전과 진동이 발생하므로 루어 자체가 배스의 입질을 유도하는 능력을 갖고 있다.

② 스피너 베이트 리프트 앤 폴(lift & fall)

스피너 베이트를 캐스팅하여 바닥층까지 가라앉힌 후 낚싯대를 들어올리며 릴링하고 다시 멈추는 동작을 반복하는 방법이다. 스피너 베이트가 수중과 바닥을 크

스피너 베이트로 배스를 낚아낸 여성 배서.

〈그림〉스피너 베이트 활용 예

수중 스트럭처를 따라 스무드하게 탐색가능한 스피너베이트

게 오르내리도록 한다.

③ 스피너 베이트의 슬로우 롤링(Slow Rolling)

스피너 베이트를 캐스팅하여 바닥층까지 가라앉힌 후 스피너 베이트가 바닥을 기듯 블레이드의 회전이 겨우 가능할 정도의 속도로 천천히 끌어들이는 방법이다. 블레이드의 회전진동을 낚싯대로 느끼는 것이 중요하며 매우 느린 속도에도 블레이드의 회전이 잘 되는 스피너 베이트라야 활용 가능하다.

④ 스피너 베이트의 벌징(Bulging)

스피너 베이트를 캐스팅하고 수면 착수와 동시에 빠르게 릴링을 시작해 블레이드가 수면 위로 나와 거품과 파문을 일으키며 끌려오도록 하는 방법이다.

〈그림〉스피너 베이트의 응용 동작

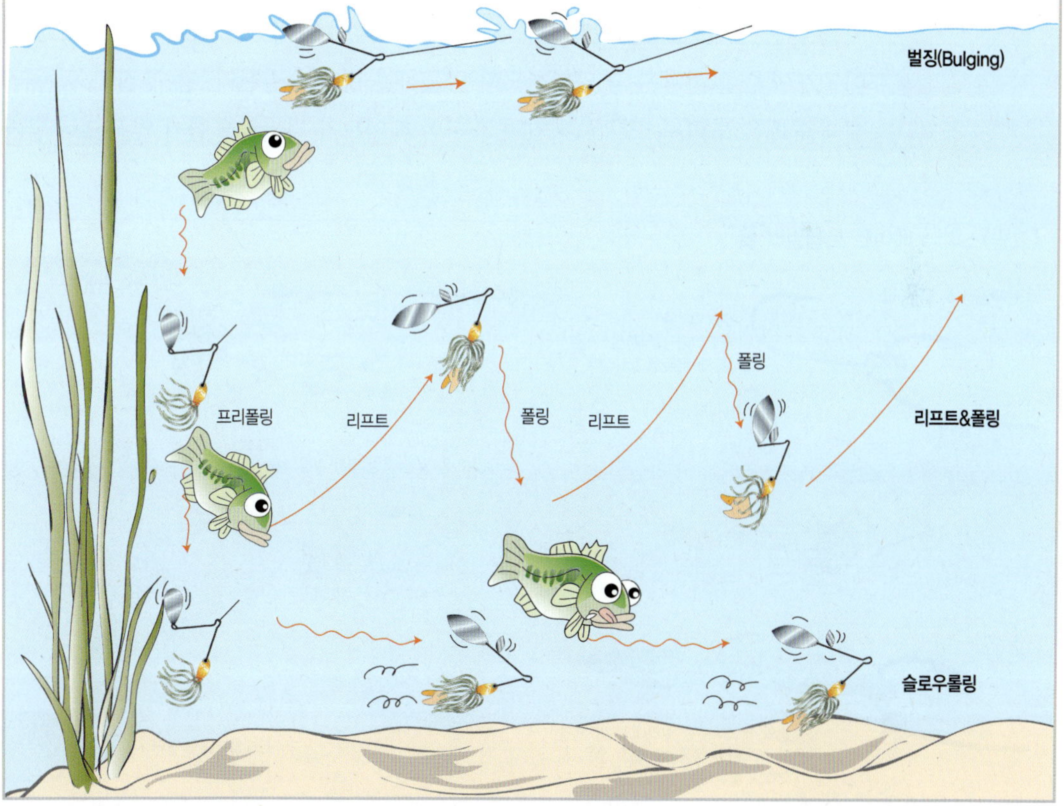

릴링 속도가 늦으면 블레이드가 수면 아래로 들어가 벌징(Bulging)의 의미가 없어지므로 릴링 속도에 유의해야 한다.

⑤ 스피너 베이트의 프리폴링과 커브폴링(Free falling & Curve falling)

두 가지 모두 스피너 베이트를 가라앉히는 형태를 나타내는 것을 위미한다.

프리폴링(Free falling)은 스피너 베이트가 착수 후 릴의 스풀을 프리 상태(스피닝 릴의 경우는 베일을 연 상태)로 유지하여 낚싯줄이 자유로이 풀리도록 방치할 때 나타나는 수직적인 수중낙하 형태이다. 또는 이를 표현하기 위해서 릴을 프리상태로 하지 않고 손에 잡은 낚싯대를 직각으로 세운 상태에서 시작해 스피너 베이트의 침하속도에 맞춰 낚싯대 전체를 낮춰가며 앞쪽으로도 기울여 주는 동작으로써 프리폴링을 연출한다. 낚싯줄에 장력은 걸리지 않지만 그렇다고 여유줄이 풀려나가지도 않게 하는 것이 요령이다. 이를 '헬리콥터 테크닉(Helicopter technique)' 이라고도 부른다.

커브폴링(Curve falling)은 릴의 스풀회전을 정지시켜(스피닝 릴의 경우는 베일을 닫은 상태) 낚싯줄의 방출을 제어하여 장력이 걸려있는 상황에서 스피너 베이트가 호를 그리며 수중 낙하하도록 연출하는 형태를 말한다. 손에 잡고 있는 낚싯대를 매우 느린 속도로 눕혀가며 스피너 베이트가 가라앉으면서 앞쪽으로 당겨

〈그림〉스피너 베이트 트레일러 훅

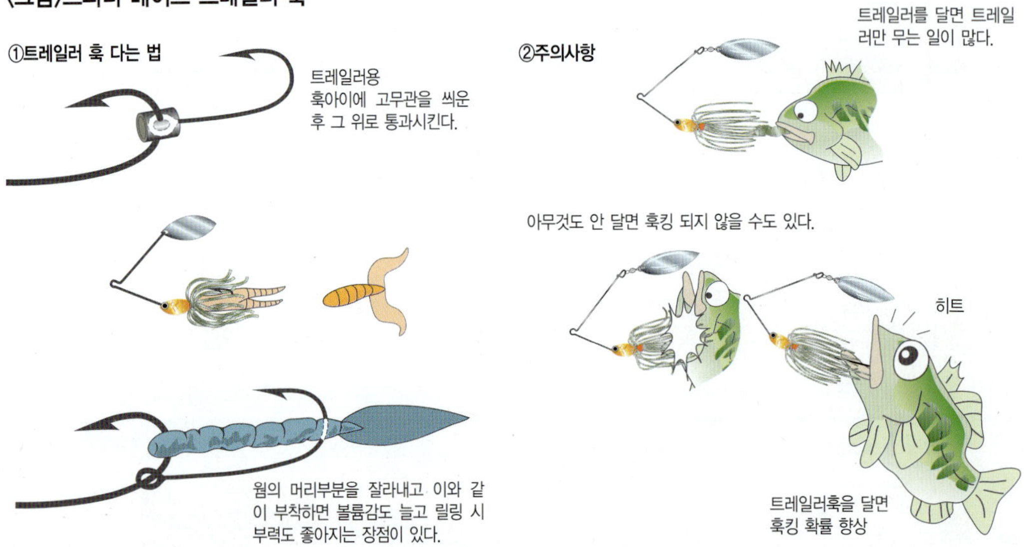

지도록 한다. 이를 '스위잉(Swinging)' 이라고도 부른다.

⑥ 스피너 베이트 반사입질(Reaction bite) 유도

스피너 베이트(Spinner bait)의 릴링 도중 장애물 주위에서 갑작스런 낙하동작(Falling)의 연출이나 수초 등에 걸리게 한 후 낚싯대를 튀기듯 하여 돌발적으로 빠져나오는 동작의 연출 등으로 일정하지 않은 갑작스러운 동작의 변화로 배스의 반사입질(Reaction bite)를 유도하는 방법이다.

스피너 베이트 사용 장비

배스낚시에서 스피너 베이트(Spinner bait)는 전천후로 사용가능한 루어로 다양한 낚시터 상황에서 크기와 무게 또한 다양하게 사용하게 된다. 루어 자체 중량과 수중 저항이 크므로 베이트 캐스팅 장비가 효과적이고 낚싯줄은 12~20Lb.를 기준으로 한다. 낚싯대는 조금 긴 길이를 선택하여 미디엄(M)에서 미디엄헤비(MH)를 사용한다.

스피너 베이트의 트레일러(Trailer)

스피너 베이트는 부착되어 있는 술(러버 스커트, Rubber skirt) 이외에 더욱 풍성한 시각적 효과를 부여하기 위하여 바늘에 그럽(Grub)이나 포크 라인드(Pork

〈그림〉스피너 베이트 싱글 블레이드 튜닝

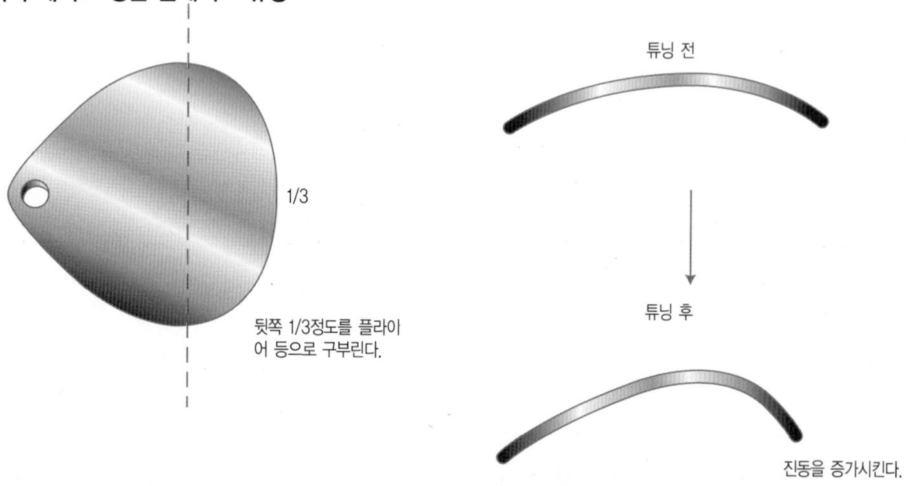

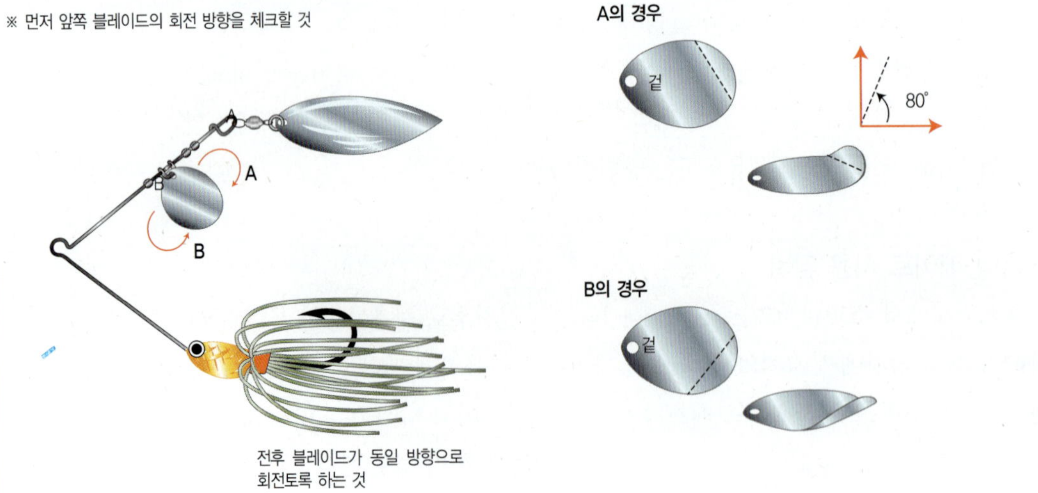

〈그림〉탠덤 블레이드 스피너 베이트 튜닝

rind, 돼지가죽을 가공한 것) 등의 트레일러(Trailer)를 부착하기도 한다.

이는 배스를 유인할 목적이외에도 표면적이 커지고 부력이 증가하는 효과가 있다. 그러므로 동일한 수심층을 유지하고자 할 때 더 느린 릴링을 가능하게 하고 또한 배스의 입안으로 더욱 잘 흡입되도록 하는 목적도 있다.

일반적으로 트레일러는 몸통이 길게 러버 스커트 밖으로 나오게 되는데, 부착된 바늘이 작을 경우 오히려 배스 입에 바늘이 꽂히는 것을 어렵게 만드는 경우가 있으므로 트레일러 훅(Trailer hook)용의 바늘을 한 개 더 달아 사용하는 경우도 있다.

스피너 베이트의 튜닝

스피너 베이트(Spinner bait)는 장애물에 걸린 후 또는 배스를 낚은 이후는 물론 평상시에도 수시로 철사의 상태와 블레이드(Blade)의 회전을 확인하도록 한다. 뼈대를 이루는 철사의 각도 이상이나 구부러짐이 발견된 경우는 즉시 원상태로 회복시키고, 블레이드의 회전이나 진동에 이상이 발생한 경우에는 약간의 수정을 가한다.

블레이드 회전시의 진동이 중요한 싱글 콜로라도(Single Colorado) 형태의 경우에 전체적으로 진동이 약하다면 이를 증가시킬 필요가 있다. 또한 탠덤 블레이드(Tandem blade)의 경우, 앞뒤 블레이드의 회전이 역방향이 되면 진동이 감소되어 좋지 않으므로 회전방향을 체크하여 동일 방향으로 회전하도록 할 필요가 있다. 소형 플라이어를 사용하여 〈그림〉과 같이 블레이드를 구부려 수정하면 효과적이다.

러버 지그는 어떻게 활용하나

러버 지그(Rubber Jig) 동작 방법

러버 지그(Rubber Jig)는 주로 수직 상하 방향의 동작을 구사하는 루어이다. 이에 따라 기본적인 동작법은 다음과 같다.

① 러버 지그의 호핑(Hopping)

웜을 사용한 동작법과 동일한 방법이다. 낚싯대를 이용해 순간적으로 당기고 다시 낮춰주면서 릴링하여 발생한 여유 낚싯줄을 감아 들이는 동작의 반복이다. 러버 지그를 바닥에서 튀기며 이동해 가도록 움직이는 방법이다.

② 러버 지그의 크롤링(Crawling)

러버 지그(Rubber Jig)를 캐스팅하고 바닥에 닿은 후 바닥을 기듯이 먼지를 발생시키며 움직이도록 하는 방법이다.

③ 러버 지그의 리프트 앤 폴(Lift & Fall)

웜을 사용한 동작법과 동일한 방법이다. 낚싯대를 이용하여 폭넓게 당기고 다시 낮춰주며 릴링하여 발생한 여유 낚싯줄을 감아 들이는 동작의 반복이다. 러버 지그(Rubber Jig)가 바닥층에서 어느 정도 들어올려졌다가 다시 가라앉는 동작이 반복적으로 연출되도록 한다.

러버지그에 낚인 배스.

〈그림〉러버지그의 동작 방법

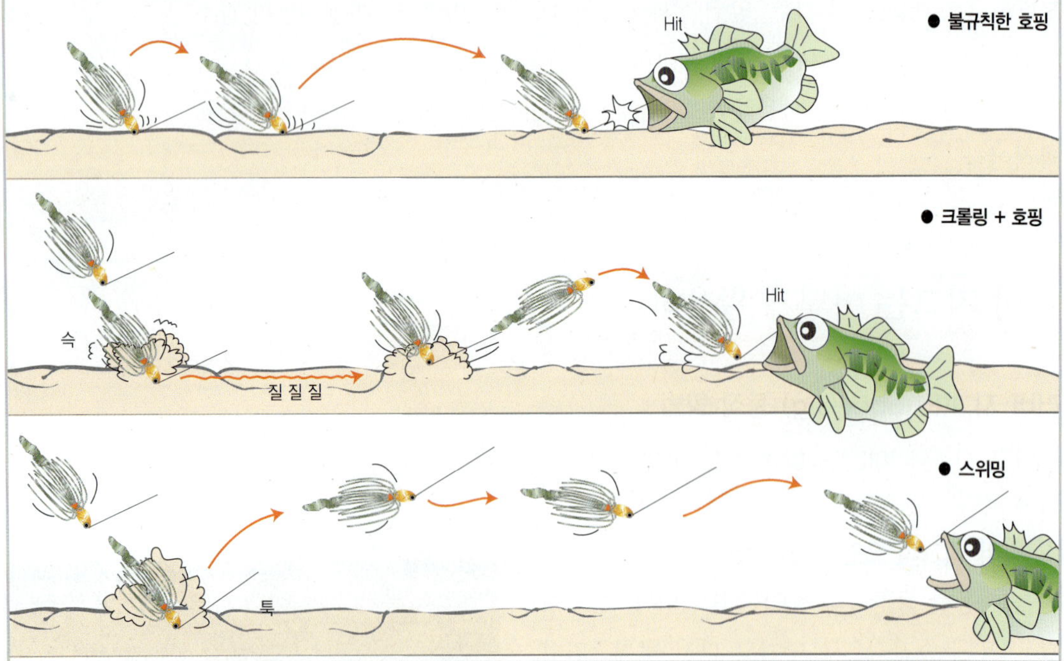

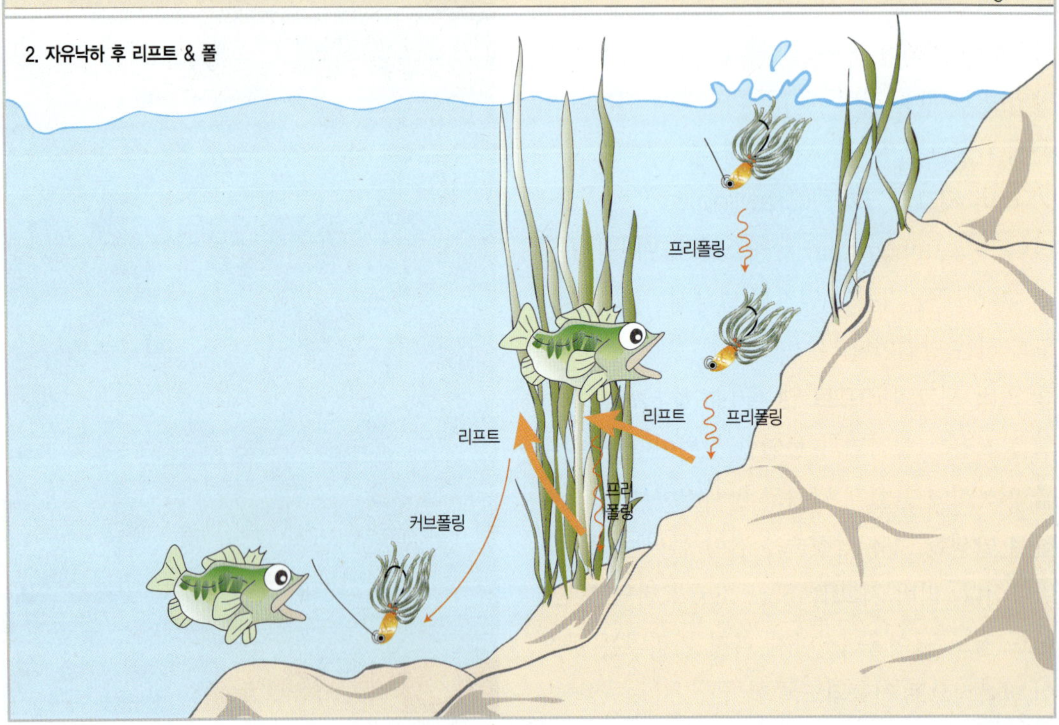

〈그림〉러버 지그의 트레일러와 침강 속도

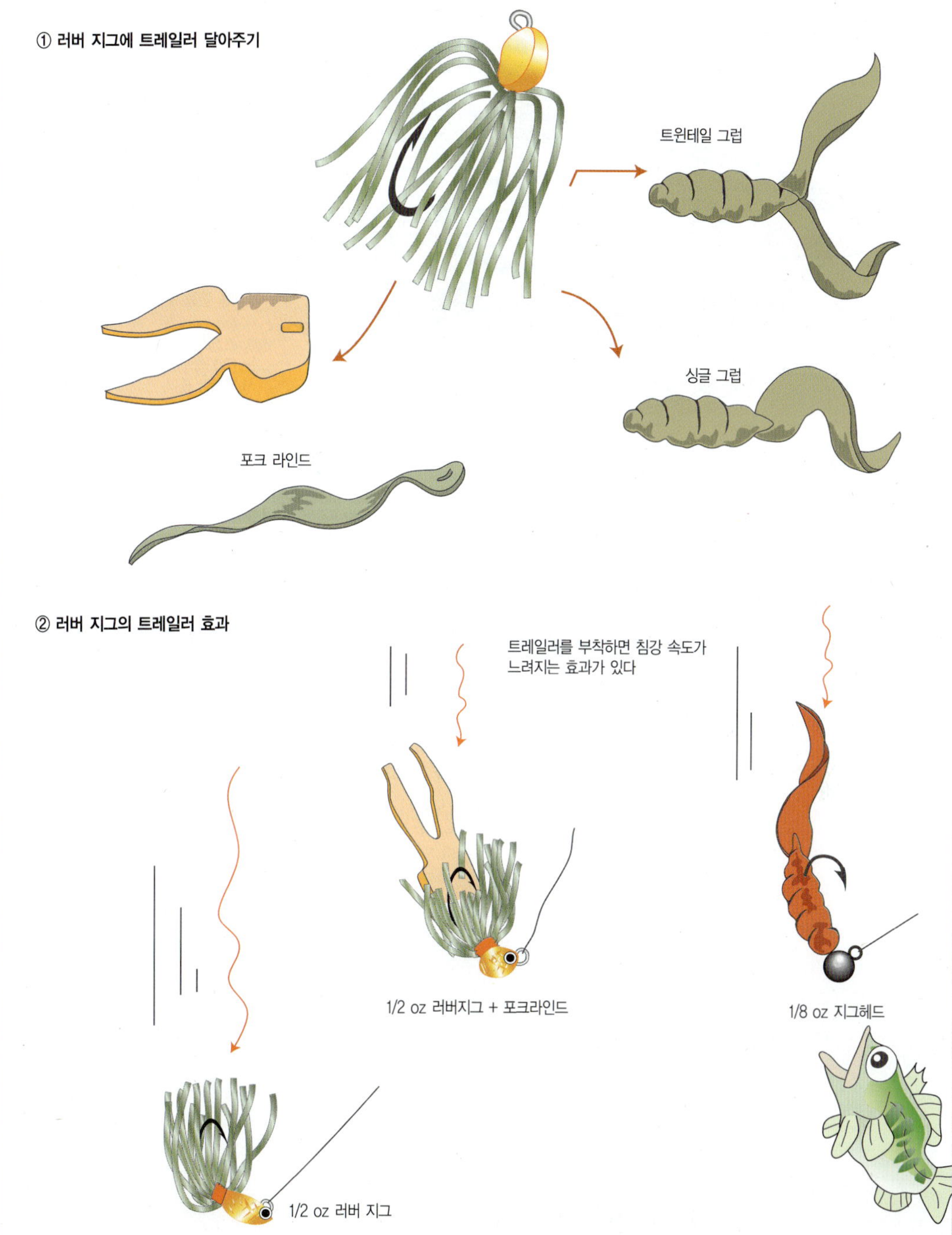

〈그림〉 러버 지그 튜닝

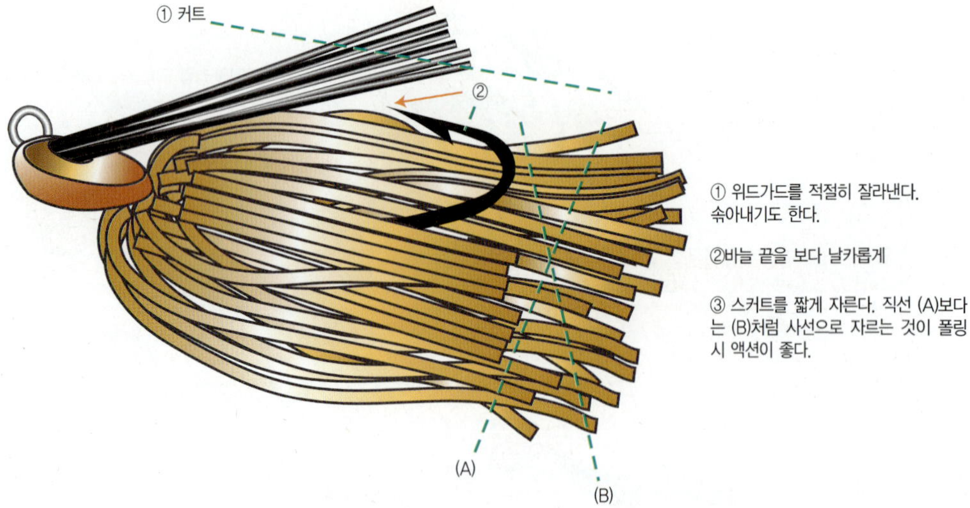

러버 지그 사용 장비

러버 지그의 동작연출시 주의할 점은 루어의 무게가 무겁고, 또한 위드 가드(weed guard)가 부착되어 있으므로 배스 입질시 강한 챔질이 아니면 바늘이 배스의 입에 확실히 박히지 않을 수가 있는 점이다. 따라서 장비의 선택도 강한 힘이 요구된다. 베이트 캐스팅 장비를 주로 사용하며 낚싯줄은 12Lb 이상, 낚싯대도 중간 이상의 강도인 미디엄헤비(MH) 이상이 무난하다.

러버 지그의 트레일러(Trailer)

러버 지그는 그대로 사용하는 것보다는 주로 트레일러(Trailer)를 부착하여 사용한다. 트레일러로 사용되는 것은 각종 웜과 포크 라인드(Pork rind, 돼지가죽을 가공한 것)인데 낚싯대의 작은 움직임에도 민감한 반응을 하는 장점이 있다.

이와 같은 트레일러는 러버 지그의 배스에 대한 시각적 효과의 향상, 동작의 향상 이외에도 수중 낙하 속도의 조절을 큰 목적으로 들 수 있다. 트레일러의 부착은 트레일러 자체 부력으로 인해 러버 지그의 침강속도를 늦추는 효과가 커 천천히 가라앉도록 한다.

러버 지그 튜닝

러버 지그(Rubber Jig)는 형태적 특성상 챔질이 어려운 루어로 인식되고 있다. 또한 챔질이 되어도 배스의 입중 단단한 부위인 윗 턱에 주로 바늘이 꽂히기 때문에 설 걸리는 경우가 있어 배스를 놓치기도 한다.

러버 지그의 기성품 중에는 위드 가드(Weed guard)가 무리하게 길든가 너무 강한 것이 있고, 러버 스커트의 길이도 너무 긴 경우가 있다. 이와 같은 것이 배스의 입질 시에 바늘이 배스의 입에 꽂히기 어렵게 만드는 원인이다. 그러므로 챔질에 보다 좋은 효과를 위하여 약간의 개조를 가할 필요가 있다.

먼저 위드 가드를 위 〈그림〉과 같이 자르고 또한 너무 많다고 느껴지면 몇 가닥 솎아낸다. 바늘의 끝은 항상 날카롭게 갈아 두도록 하며 러버 스커트의 길이도 〈그림〉과 같이 적절히 자르도록 한다.

미노우는 어떻게 활용하나

미노우 동작 방법

① 미노우의 연속 끌기(Straight retrieve)

미노우(Minnow)를 캐스팅한 후 단순히 릴링 만으로 감아 들이는 것으로서 가장 간단한 방법이다. 수중 균형이 좋고 미노우 자체의 고유동작이 좋은 제품을 사용해야 효과가 좋다.

② 미노우의 스톱 앤 고(Stop & Go)

연속 끌기 도중 릴링을 멈추는 동작을 첨가한 방법이다. 움직이는 미노우에 흥미를 갖은 배스에게 순간적인 동작의 변화로 반사적으로 입질을 유도하고 충분히 미노우를

〈그림〉 릴링 속도에 의한 미노우의 잠행 정도

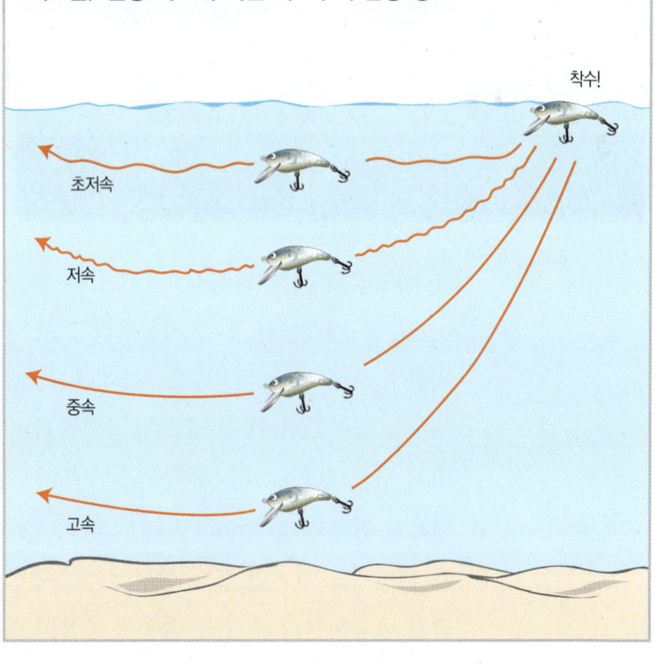

미노우에 낚인 배스.

공격할 여유를 주도록 하는 방법이다. 이때 플로팅 미노우(Floating minnow)는 떠오르게 되고 싱킹 미노우(Sinking minnow)는 가라앉으며, 서스펜딩 미노우(Suspending minnow)는 수중 정지동작을 연출하게 된다.

③ 미노우의 트위칭(Twitching)

미노우를 캐스팅한 후 손목을 이용해 잡고 있는 낚싯대를 2~4번 짧게 채듯 움직여 짧고 불규칙한 동작을 부여하는 것을 트위칭(Twitching)이라 한다. 트위칭 사이사이에 순간적으로 동작을 멈추고 늘어진 낚싯줄을 릴링하여 회수하고 다시 낚싯대를 채 주는 동작을 연속동작으로 반복한다. 트위칭은 이러한 연속동작을 경쾌하게 해내는 것이 가장 중요한 요소이다. 트위칭의 횟수와 멈춤시간의 조절은 배스의 활성도를 감안하여 적절히 응용해야 한다.

④ 미노우의 저킹(Jerking)

미노우를 캐스팅한 후 트위칭보다 크고 예리한 낚싯대 동작으로 좀더 길고 불규칙한 동작을 부여하는 것을 저킹(Jerking)이라 한다. 먼저 낚싯대만을 이용해 미노우를 끌어주고(저크) 낚싯대를 되돌리며 늘어지는 낚싯줄을 릴링으로 회수하고 다시 낚싯대만을 이용해 끌어주는 동작으로 이어간다. 이와 같은 동작을 연속동작으로 반복한다. 끌어주는 폭에 따라 롱 저크(Long jerk)와 숏 저크(Short jerk)로 나뉘기도 하지만 실제 상황에서는 배스의 활성도를 감안하여 저크 폭에 변화, 중간 멈춤시간의 조절 등 적절히 응용해야 한다.

〈그림〉미노우의 기본동작 4가지

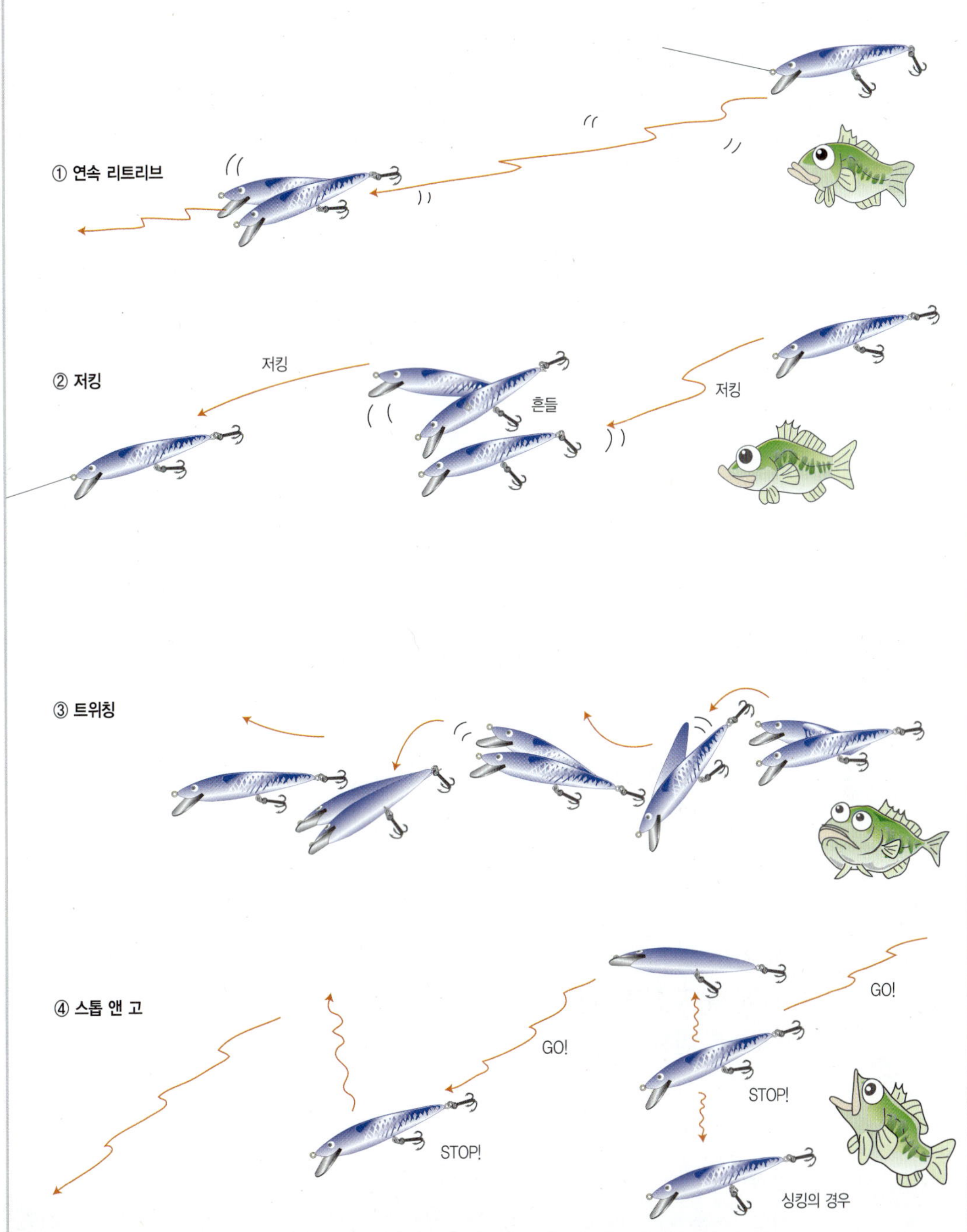

〈그림〉 미노우 동작연출

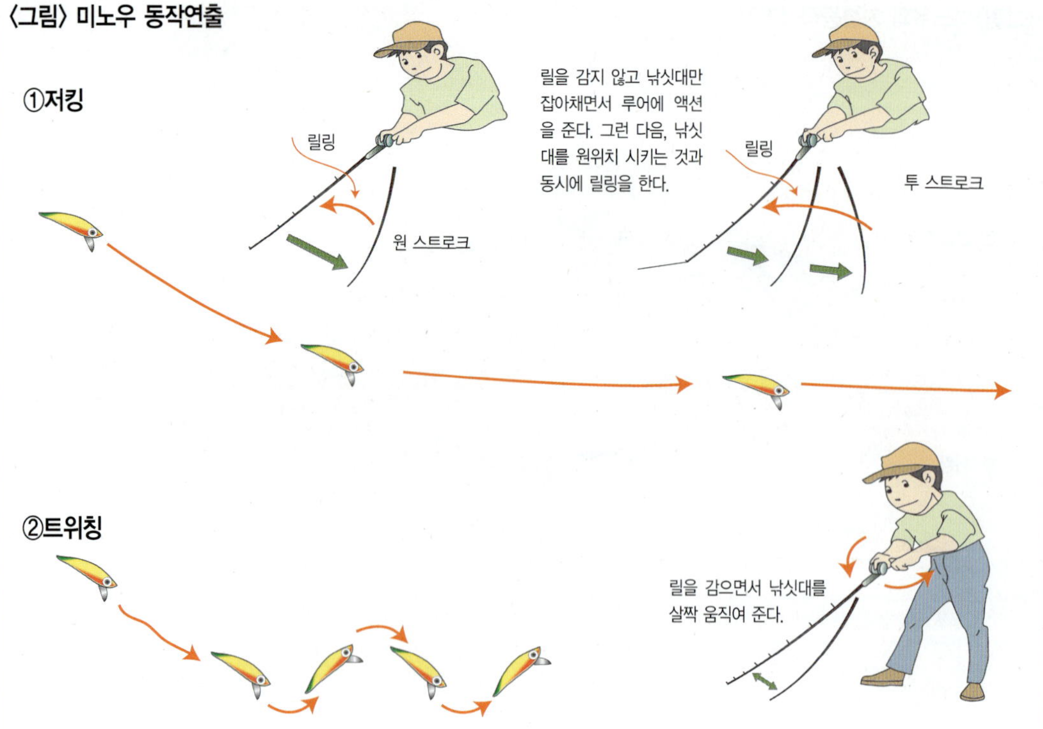

그날의 고기 활성도에 맞춰 패턴을 찾아야 한다.

⑤ 미노우의 리핑(Ripping)

저킹(Jerking)과 매우 비슷한 부분이 많지만 저킹보다 낚싯대를 직선적으로 더욱 길고 강하게 큰 폭으로 당기는 것을 리핑(Ripping)이라 한다. 저킹으로 움직이는 미노우가 조금 긴 불규칙한 동작이라면 리핑의 경우는 더욱 빠르고 길게 미노우가 진동하며 끌려드는 동작이다. 아무런 문제없이 일정하게 헤엄쳐 가던 물고기가 갑작스럽게 놀라 당황하는 모습을 연출하는 것이다.

⑥ 미노우의 펌프 리트리브(Pump retrieve)

낚싯대를 천천히 큰 동작으로 챔질하듯 위로 올리면서 미노우를 일정하게 크게 움직이고 잠시 멈추어 낚싯대를 되돌리며 낚싯줄을 감아 들이는 동작의 반복을 펌프 리트리브(Pump retrieve)라고 한다. 리핑(Ripping)과 매우 유사하지만 리핑과 다른 점은 조금 느리게 구사한다는 것과 정지 동작에 중점을 두고 있다는 점이다. 스톱 앤 고(Stop & Go)와도 매우 유사하지만 릴을 사용하는 것이 아니라 낚싯대로만 동작을 부여한다. 낚싯대의 움직임이 마치 펌프질을 하는 것과 유사함에 의해 붙여진 명칭이다.

미노우의 사용 장비

미노우는 다양한 크기와 무게를 갖고 있으므로 스피닝 장비는 물론 베이트 캐스팅 장비도 사용한다. 사용여건에 따라 낚싯줄은 6~14Lb를 기준으로 하고 낚싯대는 미디엄 라이트(ML)나 미디엄(M)을 사용한다.

미노우의 동작 조율 방법

미노우의 낚싯줄을 연결하는 고리의 변형은 미노우의 수중동작에 영향을 미친다. 미노우가 수중에서 일직선으로 유영해 들어오지 않는다면 노리고자 하는 장소를 낚시인이 마음대로 공략하기가 불가능해진다.

일반적으로 기성제품은 출시 이전에 유영 테스트를 거치고 나오지만 사용 도중 미노우 표면의 상처나 변형으로 인해 동작에 이상이 발생하면 이 고리에 약간의 변형을 주어 조

〈그림〉 펌프 리트리브 연출

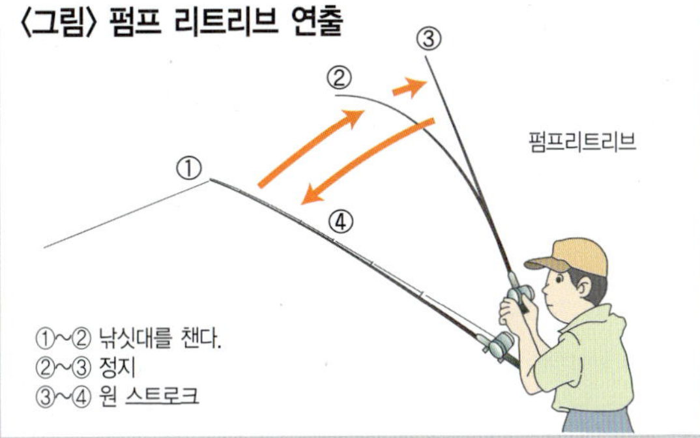

〈그림〉 펌프리트리브의 스트로크별 루어 동작

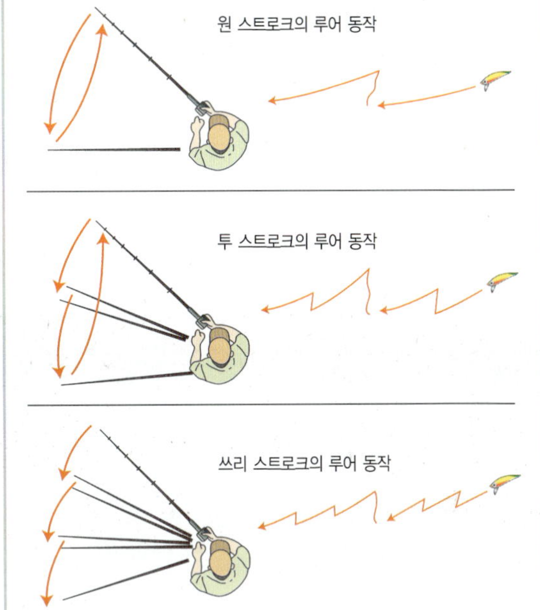

〈그림〉미노우의 라인 아이 튜닝

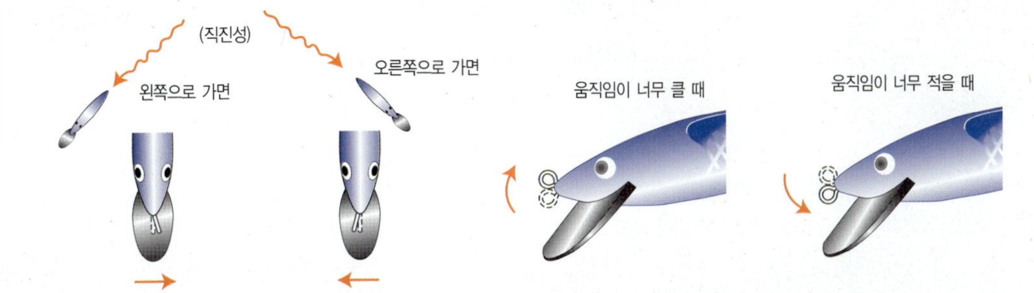

절 가능하다. 소형 플라이어를 이용하여 위 〈그림〉과 같이 조금씩 변형을 가하면서 수중동작과 유영방향 등을 확인하도록 한다. 이 방법은 미노우 뿐만이 아니라 립(lip)이 부착되어 있는 이외의 플러그 루어에 일반적으로 적용가능하다.

크랭크 베이트는 어떻게 활용하나

크랭크 베이트(Crank bait) 동작 방법

크랭크 베이트(Crank bait)는 주로 깊게 잠수시키는 목적으로 다용되는 플러그이므로 이에 적합한 몇 가지 동작 연출법이 있는데 다음과 같다.

① 크랭크 베이트의 바텀 범핑(Bottom bumping)

수중으로 급격히 파고드는 크랭크 베이트의 특성을 살린 방법으로 립(lip)이 바닥을 부딪치고 두드리면서 끌려오도록 하는 방법을 바텀 범핑(Bottom bumping)이라 한다. 이때 발생하는 소음과 먼지가 배스를 자극한다.

크랭크 베이트에 낚인 배스.

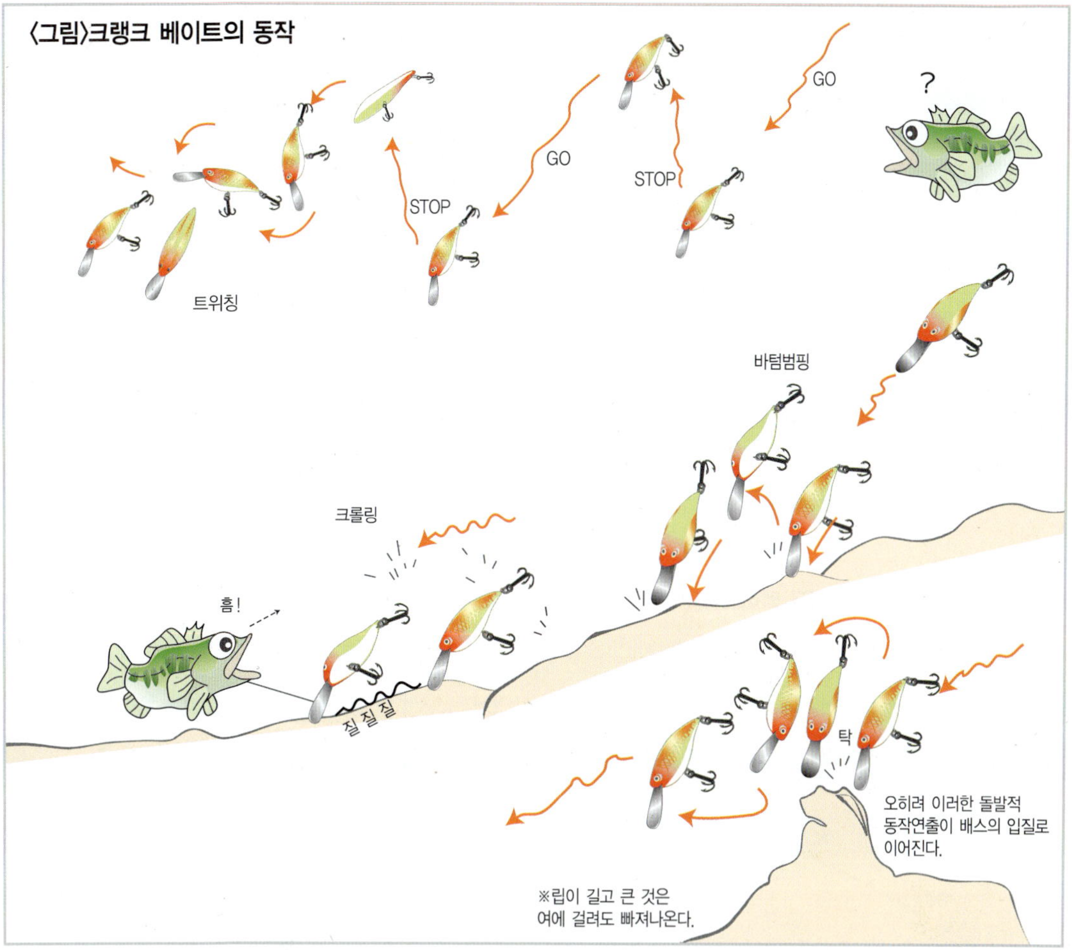

② 크랭크 베이트의 연속 끌기(Straight retrieve)

크랭크 베이트를 캐스팅 하고 일단 한계수심에 도달시킨 후 일정한 속도로 계속 감아 들이는 방법을 연속 끌기(Straight retrieve)라고 한다. 배스가 중층에 머무는 상태일 때 많이 사용하는 방법이다. 배스가 머물고 있다고 생각되는 수심층보다 좀더 아래층까지 잠수해 들어가는 크랭크 베이트를 선택하여야 활용하기 쉽다.

③ 크랭크 베이트의 스톱 앤 고(Stop & Go)

크랭크 베이트를 캐스팅 하고 일정한 속도로 끌어들이다가 중간에 잠시 릴링을 정지하는 동작을 삽입한 것이다. 움직이는 크랭크 베이트에 흥미를 가지는 배스

〈그림〉라이트 저킹

에게 순간적인 동작의 변화로 반사적으로 입질을 유도하고 충분히 공격할 여유를 주도록 하는 방법이다. 이때 플로팅 크랭크 베이트(Floating crank bait)는 떠오르고, 서스펜딩 크랭크 베이트(Suspending crank bait)는 수중에 정지하여 배스를 유혹한다.바닥에 수초가 넓게 깔린 곳이나 수중 고사목지대 등에서 주로 사용한다.

④ 크랭크 베이트의 트위칭(Twitching)

미노우 플러그의 트위칭(Twitching)과 동일한 방법이다. 일단 일정한 수심까지 잠수시킨 후 손목을 이용해 잡고 있는 낚싯대를 2~4번 짧게 채듯 움직여 불규칙한 동작을 부여하도록 한다. 크랭크 베이트는 자체의 동작이 매우 큰 루어이므로 동작 연출의 의미가 희박한 경우가 있으며 깊게 잠수하는 수류저항이 강한 크랭크 베이트는 동작 연출이 불가능 할 수도 있다. 주로 쉘로우(Shallow) 크랭크 베이트나 잠수 깊이가 얕은 섀드(Shad) 형태의 크랭크 베이트에 사용된다. 트위칭 사이사이에 잠시 동작을 멈추고 늘어진 낚싯줄을 릴링하여 회수하고 다시 낚싯대를 채 주는 동작을 연속동작으로 반복한다. 이러한 연속동작을 경쾌하게 해내는 것이 중요하며 트위칭의 횟수와 멈춤 시간의 조절은 배스의 활성도를 감안하여 적절히 응용한다.

⑤ 크랭크 베이트의 크롤링(Crawling)

크랭크 베이트가 갖고 있는 잠수수심보다 얕은 곳에서 사용하여 크랭크 베이트의 립(lip)으로 바닥을 긁으며 오도록 하는 방법을 크롤링(Crawling)이라 한다. 바닥에 흙탕물을 일으키며 배스를 유혹하는 방법이다. 캐스팅 후 일단 크랭크 베이트를 바닥에 닿게 하되 립의 끝만이 적당한 힘으로 닿도록 속도를 조절하여 일정하게 바닥을 긁으며 기도록 하는 것이 중요하다. 과한 힘과 속도는 크랭크 베이트의 유영자세를 유지시키지 못하게 된다.

⑥ 크랭크 베이트의 닐링(Kneeling)

사용하는 크랭크 베이트를 한계수심보다 더욱 깊게 잠수시키기 위한 방법이다. 주로 보트 위에서 구사하는데 모습이 무릎을 꿇고 낚싯대까지 물 속에 최대한 담가 릴링하기 때문에 닐링(Kneeling)이라고 한다.

크랭크 베이트의 전용장비 활용

배스낚시에서 크랭크 베이트(Crankbait)를 사용하는 낚시방법을 '크랭킹(Cranking)' 이라고 구분하여 부르기도 한다. 이는 배스낚시 안에서도 그 운영방법은 물론 사용하는 도구가 일반적인 도구보다는 전용장비를 갖춰 사용하는 편이 바람직한 것에 기인한다. 물론 적당한 강도와 휨새, 좀 긴 길이의 일반적인 배스 낚싯대를 사용하여도 크랭크 베이트를 충분히 사용할 수 있다. 하지만 좀더 완벽한 기능의 발휘를 위하여 전용 낚싯대 사용도 바람직하다.

크랭크 베이트는 깊은 수심에서 주로 사용하며 몸통이 크고 물에 대한 저항이 큰 관계로 일반적은 장비로는 완전한 기능을 발휘하도록 사용하기가 힘든 경우가 있다. 그렇기 때문에 제2장의 설명과 같이 전용도구가 개발되어 있다. 길이가 약 7ft.(2.1m)로 길고 끝휨새가 부드러운 크랭크베이트 전용 낚싯대가 있고 릴 역시 상대적으로 저속 기어비를 가져 감아 들이는 힘이 강한 베이트 캐스팅 릴을 사용한다. 또한 낚싯줄도 그 굵기에 따라 캐스팅 거리와 잠수 깊이에 영향을 주기 때문에 신중히 선택한다. 크랭크 베이트의 잠수 심도에 따라 낚싯줄은 주로 8~14Lb를 사용하는데 너무 굵은 낚싯줄은 크랭크 베이트의 잠수능력을 떨어뜨리는 결과를 부른다.

크랭크 베이트 사용상의 유의점

깊은 수심으로까지 잠수하는 딥 다이빙(Deep diving)용으로 설계된 크랭크 베

〈그림〉크랭크 베이트는 원투가 필수

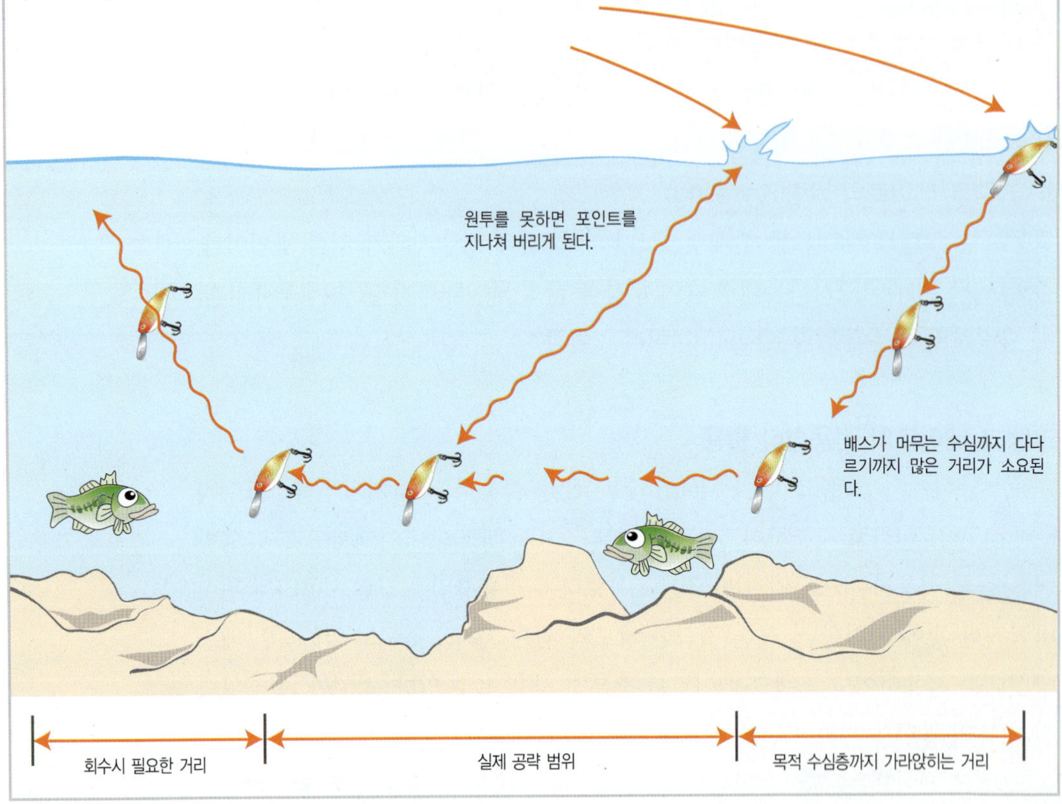

이트는 훌륭한 잠수능력을 갖고 있지만 그 수심으로 일직선으로 내려가는 것이 아니고 그 수심까지 도달하기 위해 많은 거리를 요한다. 즉, 배스가 머무르리라 생각되는 장소의 수심에 크랭크 베이트를 통과시키기 위해서는 포인트보다 더 멀리 캐스팅을 해야만 한다.

예를 들어 6m를 잠수하는 크랭크 베이트를 30m정도 캐스팅 했을 경우, 이 거리 중 절반가량은 최대 잠수 수심(6m)까지 도달시키는데 필요하고 그 나머지를 이용하여 배스가 있는 곳을 통과시키게 되며 아울러 끝부분 약 1/5정도는 회수하는데 소모하게 됨을 알고 있어야 한다. 그러므로 일정 거리 이상 원투를 하지 못한다면 공략하고자 하는 수심층에 크랭크 베이트가 도달하기도 전에 다시 끌어올려질 수 있음을 필히 유의하도록 한다.

바이브레이션은 어떻게 활용하나

바이브레이션 동작 방법

바이브레이션(Vibration)은 공기저항이 적어 멀리 캐스팅 가능하고 낚시속도가 상대적으로 신속한 하드 베이트 루어다. 즉 먼 곳을 폭 넓고 빠르게 탐색할 수 있는 플러그의 하나이다.

바이브레이션은 수면 착수 후 원하는 수심까지 카운트다운(countdown, 가라앉히는 동작)한 후에 일정한 속도로 끌어들이는 연속끌기(Straight retrieve)가 가장 기본적인 동작 방법이다. 이외에 바닥까지 가라앉힌 후 단속적인 저킹(Jerking)도 바람직하다.

릴링 속도 또한 바이브레이션 사용시 중요한 요소이다. 릴을 빨리 감으면 수면 바로 아래를, 천천히 감으면 깊은 곳을 유영하게 된다. 그러므로 릴링 속도는 공략하는 포인트와 루어와의 관계를 고려한 뒤 결정한다. 처음에 루어를 빨리 끌어 입질이 없으면 점차 속도를 줄여나가고 또한 카운트다운을 활용하여 배스가 있는 수심을 찾아가는 것이 요령이다.

<그림>바이브레이션의 이해

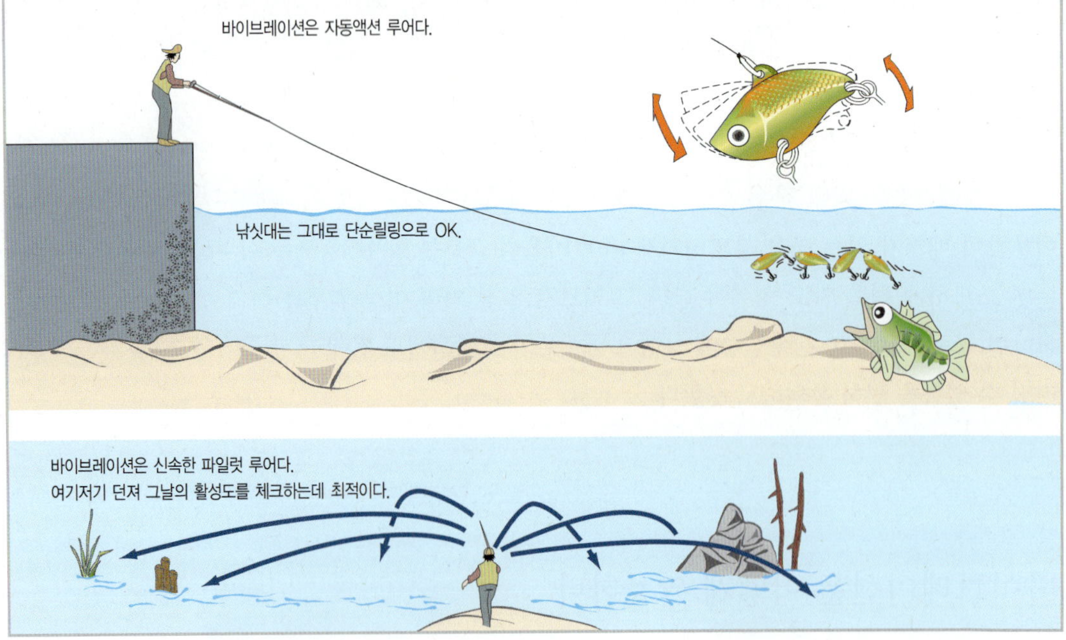

바이브레이션 사용 장비

바이브레이션은 원거리 캐스팅이 가능한 루어로서 넓은 지역을 탐색하는 경우에 자주 활용되므로 이에 알맞은 장비를 갖추는 것이 효과적이다. 사용여건에 따라 낚싯줄은 6~14Lb를 기준으로 하고 낚싯대는 미디엄라이트(ML)나 미디엄(M)을 사용한다.

바이브레이션의 래틀 효과

바이브레이션의 몸체 안에는 래틀(Rattle)이 삽입되어 있는 경우가 많다. 몸체의 진동과 더불어 강한 소음을 발생하여 배스를 강하게 자극하도록 되어있다. 이외에 래틀이 없어 진동만을 일으키는 사일런트(Silent) 타입도 있다.

배스의 활성이 높고 물색이 탁한 경우에는 진동과 더불어 울리는 래틀의 소음이 배스를 좀더 유인하는 효과가 높을 수 있지만 배스의 활성이 낮다거나 물색이 맑은 지역에서의 래틀소음은 오히려 배스를 더욱 움츠러들게 하는 역효과를 부를 수도 있다. 이런 경우에는 사일런트 바이브레이션이 효과적일 수 있다.

〈그림〉 바이브레이션 활용

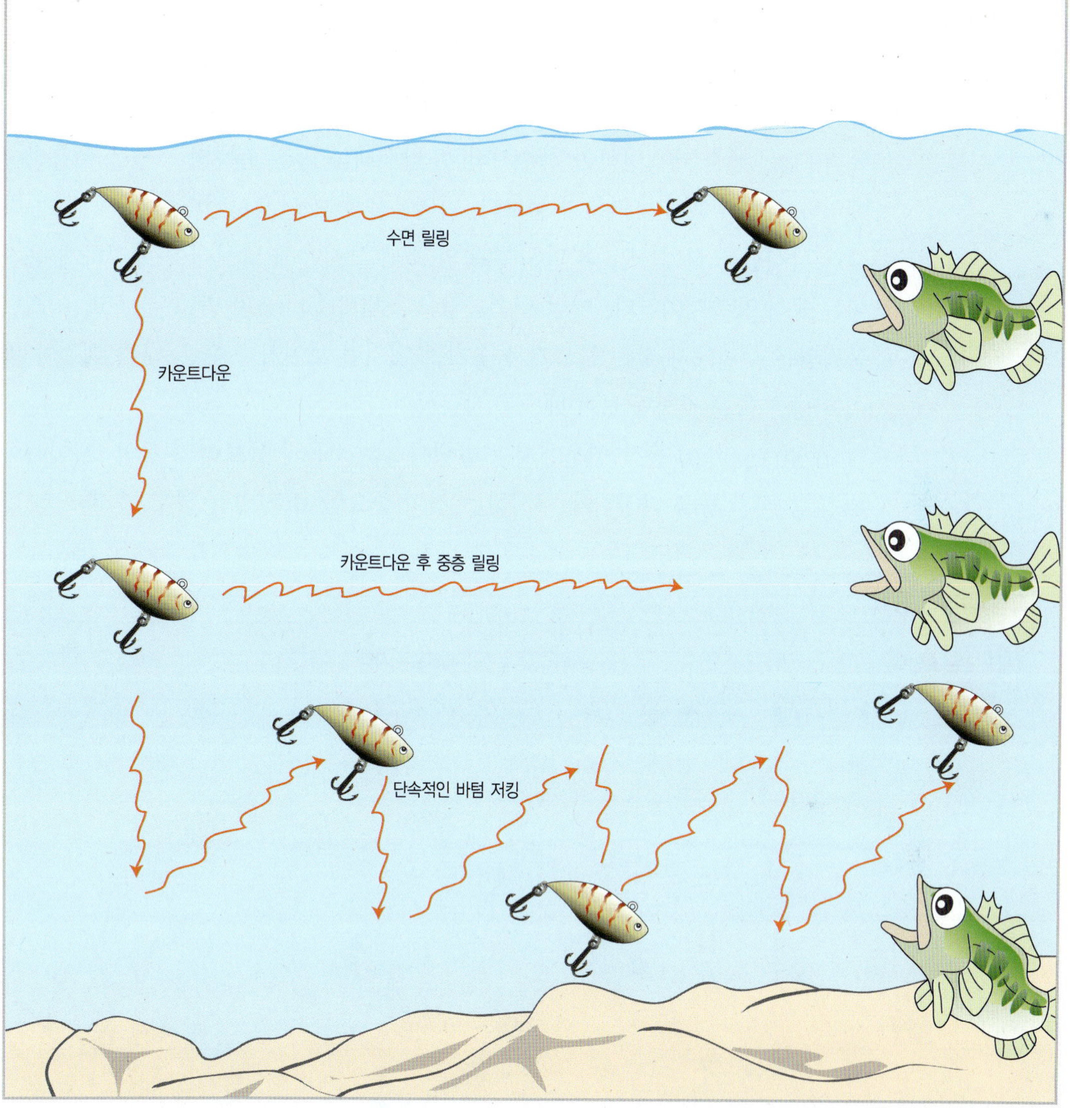

탑 워터 플러그 활용법

폼퍼(Popper) 동작 요령

① 폼핑(Popping)

폼퍼(Popper)를 캐스팅하여 착수시킨 후 낚싯대를 잡은 손목의 스냅을 이용하여 예리하고 짧게 움직여 파문과 물보라, 파열음을 함께 발생시킨다. 다음 여유가 발생한 낚싯줄을 끌어들인 후 다시 손목의 스냅을 사용해 낚싯대를 예리하게 움직이는 동작으로 이어간다. 이런 연속동작을 폼핑(Popping)이라고 부르고, 이러한 움직임은 수면에서 작은 물고기가 쫓기는 것처럼 보이거나 혹은 다른 배스가 먹이 사냥을 하는 것처럼 보여 배스를 자극한다.

폼핑(Popping) 동작 연출에서는 발생시키는 소음과 물보라의 강약, 사이사이의 멈춤 시간 등을 다양하게 구사하는 것이 중요한 요소이다. 하루 중 배스의 활

〈그림〉폼퍼의 동작

성이 최고조가 되는 때는 일출과 일몰의 전후를 들 수 있다. 이때는 배스가 활발하게 먹이를 쫓고 수면을 의식하고 있는 경우가 많으므로 폽퍼(Popper)의 빠르고 강한 포핑(Popping) 동작이 효과적이다. 배스의 활성이 상대적으로 저조한 때는 다소 느린 동작으로 작은 폽핑(Popping)을 연출하는 것도 한 방법이다.

② 폽핑의 리듬

수면에서 조작하는 폽퍼 사용시 연출되는 루어의 리듬(Rhythm)은 매우 중요한 요소이다. 특히 그 형태가 자연물과 동떨어져 있을수록 더욱 중요한 요소가 된다.

탑워터 플러그인 펜슬 베이트에 낚인 배스.

먼저, 좋은 포인트로 생각되는 곳을 발견했다면 정확하고 가볍게 폽퍼를 착수시키도록 한다. 포인트를 벗어난 캐스팅이나 착수음이 커지면 배스는 이미 낚을 수 없게 된다. 이처럼 정확하고 착수음이 작은 캐스팅이 폽퍼를 이용한 배스낚시의 50% 이상을 차지한다고 해도 과언이 아니다. 그러나 이미 선행자가 있던 장소이거나 배스의 활성이 낮은 장소 등에서는 아무리 정확하고 착수음이 작게 캐스팅을 해도 배스의 반응이 전혀 없는 경우도 있다. 이와 같은 경우에는 착수 직후부터 배스를 유혹해 내는 폽퍼의 리듬이 중요하게 된다. 이 리듬이라는 것은 배스에게 경계심을 주지 않으면서 식욕을 자극하도록 폽퍼를 움직이게 하는 것인데 어느 정도 경험과

〈그림〉펜슬 베이트의 워킹 더 독

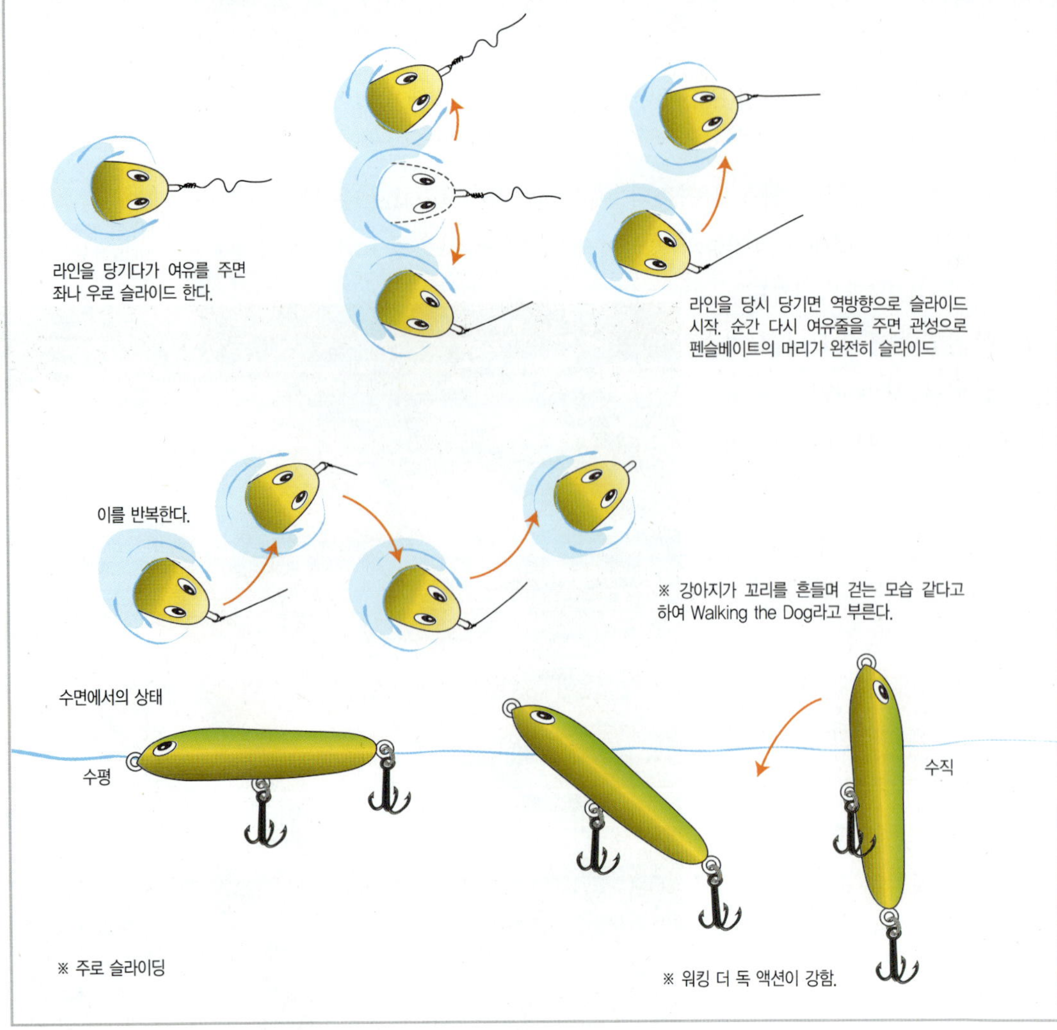

기술을 요하는 부분이다.

배스를 유혹해 수면으로 나오게 할 때 폽퍼의 매우 느린 동작이 주요할 경우도 있고 때로는 매우 빠른 연속 폽핑이 주요할 수도 있는 것처럼 폽퍼의 리듬은 일정한 것이 아니다. 그러므로 낚시터 환경을 충분히 이해하고 낚시인 자신의 경험을 최대한 살려 적절한 리듬으로 폽퍼를 동작시킬 때 수면에서 배스의 화려한 공격 장면과 만날 수 있다.

펜슬 베이트의 동작 요령

① 펜슬 베이트의 워킹 더 독(Walking the Dog)

잡고 있는 낚싯대를 손목만을 이용해 가볍게 연속적으로 튕기듯 움직여주면서 사이사이 늘어지는 낚싯줄을 감아 들이는 연속동작을 구사하면 펜슬 베이트(Pencil bait)는 머리를 좌우로 움직이며 수면을 지그재그로 미끄러지듯 끌려오게 된다. 마치 상처 입은 작은 물고기가 갈피를 못 잡고 움직이는 듯한 모습을 연상하게 하는데 이러한 움직임을 마치 강아지가 엉덩이를 흔들며 걷는 것 같은 모습이라 하여 '워킹 더 독(Walking the dog)' 이라고 부른다.

② 펜슬 베이트의 슬라이딩(Sliding)

잡고 있는 낚싯대를 이용한 당김과 늦춰줌의 연속동작의 응용이다. 펜슬 베이트를 수면 위 좌우로 미끄러지듯 움직이게 하는 동작을 슬라이딩(Sliding)이라 한다. 수면에 대해 수평에 가깝게 뜨는 펜슬 베이트를 사용하면 동작의 연출이 쉽다.

③ 펜슬 베이트의 다이빙(Diving)

마찬가지로 낚싯대를 이용한 당김과 늦춰줌의 연속동작의 응용이다. 수직에 가깝게 수면에 곧추 서는 펜슬 베이트는 낚싯대를 순간적으로 강하고 짧게 움직여 수면에 머리부분부터 잠수되는 다이빙(Diving) 동작의 연출이 가능하다.

스위셔의 동작 요령

① 탠덤 스위셔의 저크 리트리브

스위셔(Swisher)의 기본 동작은 착수 후 단속적으로 비교적 강하게 끌어들이는 것이다. 특히, 프로펠러가 앞뒤로 두 개 부착되어 있는 탠덤 스위셔(Tandem swisher)를 사용하는 경우에는 낚싯대나 릴링의 특별한 조작 없이 비교적 규칙 바르게 낚싯대를 이용한 단순한 펌핑(Pumping) 조작으로 충분히 동작을 연출한다.

② 싱글 스위셔의 워킹 더 독과 응용

프로펠러가 뒷부분에 하나만 부착되어 있는 싱글 스위셔(Single swisher)는 낚싯대를 이용한 세밀한 동작 연출이 가능하다. 싱글 스위셔는 탑 워터 플러그 중에서 강약의 연출이 가장 자유로운 플러그로 마치 펜슬 베이트와 같은 섬세한 이동에서부터 프로펠러를 이용한 강렬한 소음과 물보라를 일으키는 동작까지 연출이 가능하다. 즉, 낚싯대를 잡은 손목만을 이용해 가볍게 연속적으로 튕기듯 움직여주며 워킹 더 독(Walking the Dog)을 연출하고 부드럽게 좌우로 유영을 시키기도 하고 순간적으로 물보라를 일으키며 움직이도록 하는 연출도 가능하다.

③ 스위셔의 효과적인 사용

스위셔는 탑 워터 플러그 중에서 가장 조작하기 쉬운 플러그로 여겨진다. 스위셔를 폽퍼(Popper)와 비교할 경우, 배스가 작은 물고기에 주로 관심을 두고 있는 시기라면 스위셔에 입질이 더 많은 경우를 볼 수 있다. 폽퍼가 다른 배스의 포식음(捕食音)을 모방해 배스의 투쟁본능을 자극하는 루어라면 스위셔는 작은 물고기의 실루엣과 소음으로 배스의 식욕을 자극하는 루어이다.

〈그림〉스위셔 동작

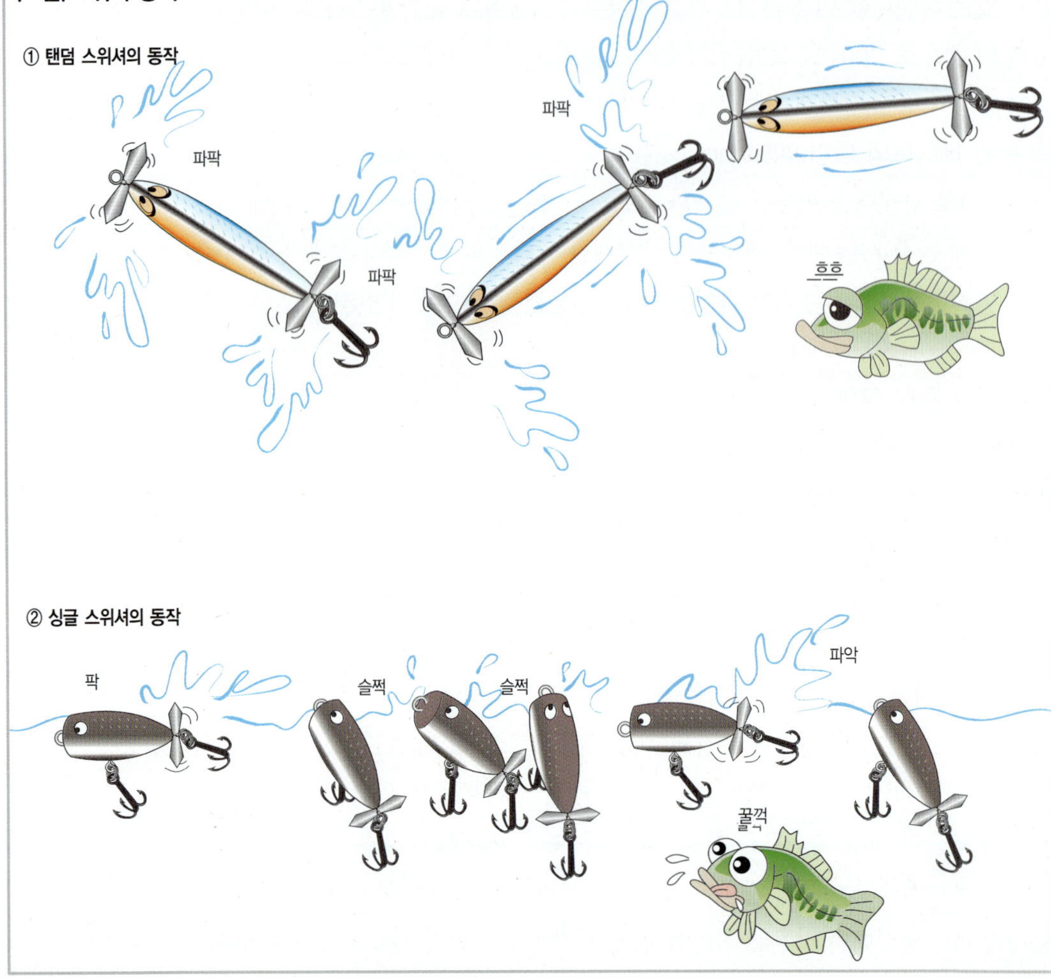

또한 스위셔는 폽퍼와 같은 단속적인 파열음을 발생하는 것이 아니라 연속적인 소음을 발생하기 때문에 주로 밤낚시에도 효과가 큰 것으로 알려져 있다.

노이지 플러그의 동작 요령

① 노이지 연속 끌기(Steady Retrieve)

금속제 대형 립(Lip)이 고정식으로 부착되어 있는 형태의 노이지 플러그(Noisy Plug)는 규칙 바르게 또는 리드미컬하게 릴링하여 수면 위를 움직이도록 한다. 금속제 립이 확실하게 수면을 두드리며 움직이는 가장 좋은 속도를 구사하면 된

〈그림〉노이지 사용법

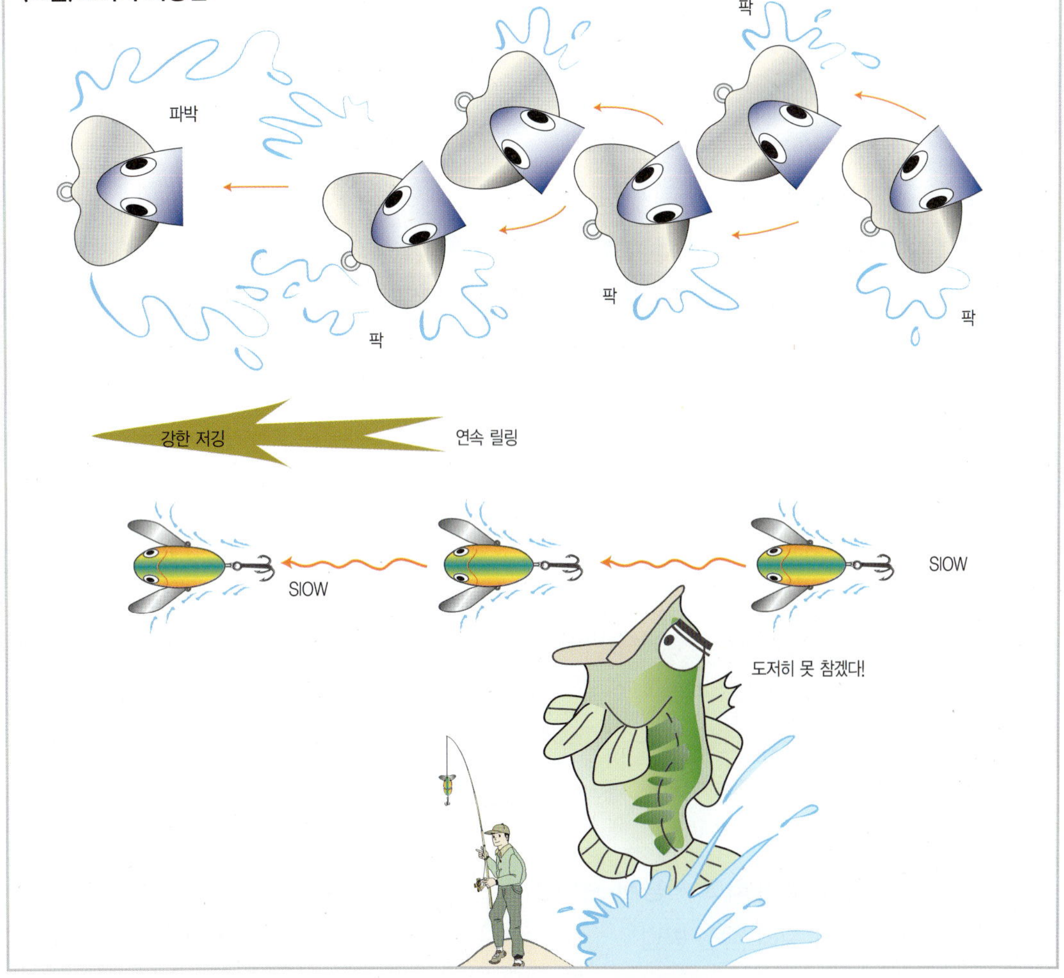

다. 이와 같은 방법은 수면에 떨어진 곤충을 의미하는 동작을 연출하는 것으로 릴링 도중 강하게 낚싯대를 들어올리는 펌핑 동작도 순간적으로 움직임과 발생되는 소음에 변화를 주므로 효과적이다.

② 노이지의 슬로우 크롤 앤 롱 포즈(Slow Crawl & Long Pause)

몸체 양쪽에 날개와 같은 두 장의 금속 또는 합성수지 판이 부착되어 있는 형태의 노이지 플러그에 사용하는 방법이다. 역시 수면에 떨어진 곤충을 의미하는 동작을 연출하는 것으로 매우 느린 움직임과 긴 정지동작을 구사한다.

캐스팅 시에는 양 날개가 접힌 체 비행하고 착수 후 물의 저항으로 벌어지게 된다. 이때 부착된 날개가 양쪽 모두 동일하게 벌어지지 않으면 올바른 동작이 연출되지 못하게 된다. 따라서 착수 후에는 일단 낚싯대를 순간적으로 당겨 루어의 몸체에 부착되어 있는 날개를 양쪽이 동일하게 벌어지도록 한 뒤 릴링을 시작하도록 한다.

③ 노이지 플러그의 효과

탑 워터 플러그 중에서 노이지 플러그는 주야간을 불문하고 효과가 뛰어나다. 시야가 없는 밤에 사용하여도 루어의 규칙적인 소음으로 루어의 위치는 물론 제대로 된 동작의 여부도 확인 가능한 이점이 있다. 특히 두 날개가 펴지는 형태의 노이지 플러그(Noisy Plug)는 주간의 배스낚시가 잘 안되는 시간대에 대물 승부를 낼 수 있는 몇몇 안 되는 루어이기도 하다.

노이지 사용 장비

탑 워터 플러그의 사용 환경과 루어의 중량 및 크기를 고려하여 적절한 장비를 갖추도록 한다. 낚시터 여건이 장애물이 많지 않은 장소라면 루어 동작을 가장 자연스럽게 연출 가능한 장비에 맞춘다. 그러나 챔질 후 배스가 장애물에 돌진할 우려가 있는 장소라면 배스를 제압할 충분한 힘을 고려한다. 낚싯줄은 물에 뜨는 소재로 6~14Lb.를 기준으로 하고 낚싯대는 유연하면서도 강한 허리힘이 있는 슬로우(S) 휨새에 라이트(L)에서 미디엄(M)을 사용한다.

탑 워터 플러그 사용시 주의점

① 탑 워터 챔질 방법

배스가 수면을 박차고 탑 워터 플러그를 공격하는 장면은 배스 낚시인에게 가장 신나는 장면이지만 이때 당황하여 순간적으로 챔질을 한다면 배스를 놓치기 쉽다.

일단 배스가 루어를 공격하면 낚싯대를 낮추거나 허리를 굽히고 여분의 낚싯줄을 감아들이며 한순간 여유를 준 상태에서 챔질에 들어가야 한다. 배스가 루어를 확실하게 입안으로 집어넣는 여유를 주는 것이다. 배스가 탑 워터 플러그를 건드리기만 하고 끌고 들어가지 않는 경우가 있다. 이때는 성급하게 회수하여 다시 캐스팅하려 하지 말고, 입질이 온 그 지점에서 탑 워터 플러그를 계속 흔들어 주거나 정지 상태 등의 매우 느린 액션을 지속시켜 주는 게 요령이다. 주위에 아직 머물고 있는 배스를 다시 유혹해 내려는 것이다.

② 탑 워터 루어의 회수

탑 워터 플러그를 사용할 때는 방심하지 말고 끝까지 루어를 주시해야 한다. 탑 워터 플러그는 코앞에서 배스가 공격하는 경우도 적지 않다. 루어의 마지막 회수하기 직전까지 한 번 더 최선을 다해 동작의 연출에 신경을 쓰도록 한다. 발 앞이나 보트의 바로 앞까지 반응이 없음을 확인하고 그 다음 회수해도 늦지 않다.

③ 탑 워터 루어용 낚싯줄 선택

탑 워터 플러그를 사용하는 경우 확실한 루어 동작을 위해서는 낚싯줄의 선택도 중요하다. 루어가 수면에 뜨는 만큼 플로로 카본과 같이 물에 가라앉는 낚싯줄은 사용하기 곤란하다. 이보다는 물에 잘 뜨는 일반 나일론 낚싯줄을 선택하도록 한다.

④ 탑 워터 루어용 바늘의 선택

탑 워터 플러그에 부착하는 트레블 훅을 선택할 때는 동일한 크기라도 장축의 바

〈그림〉 탑 워터용 트레블훅의 장축과 단축

늘을 사용하여 배스의 입질 시에 걸림이 유리하도록 배려한다.

⑤ 탑 워터 루어에 대한 배스의 경계심

이미 설명한 바와 같이 기본적으로 탑 워터 플러그를 사용하는 데는 낚시환경이 매우 중요하다. 정확하고 착수음이 작은 캐스팅, 선행자의 유무, 배스의 활성도 등 배스의 경계심이 탑 워터 플러그를 사용하는 낚시의 성패를 좌우한다. 더욱이 배스를 밤에 낚을 경우에 수면에서 소음과 파장을 크게 일으키는 탑 워터 플러그가 효과적이지만, 경우에 따라서는 오히려 경계심을 강화시켜 역효과를 내는 경우도 있음을 기억할 필요가 있다.즉, 측선과 내이(內耳)가 발달한 배스는 빛이 없는 밤에도 미세한 움직임을 파악해 내는 능력을 갖고 있어 수면에서 조용한 파장만을 연출하는 플로팅(Floating) 기능의 이미테이션 웜(Imitation Worm)이 효과적인 경우도 있다.

버즈 베이트의 활용법(Buzzing)

버즈 베이트의 동작 방법

스피너 베이트도 빠른 릴링으로 블레이드(Blade)를 수면 위로 노출시키는 사용법(벌징, Bulging)이 있지만, 버즈 베이트(Buzz bait)는 저속에서도 동일한 효과를 낼 수 있다.

버즈 베이트는 스피너 베이트와 같이 어떤 상황에서도 자주 사용하는 루어는 아니므로 무작정 캐스팅하여 감아 들이기를 반복한다면 효과를 보기 어렵다. 효과적인 사용 방법은 일정 공간을 지속적으로 공략하되 잔잔한 수면을 어지럽히며 소음과 거품을 발생시켜 배스의 신경을 자극해 화나게 함으로써 공격본능을 유발시키는 것이 유효하다. 또한 불규칙한 동작은 역효과를 부르기 쉬우므로 기본적으로 소음과 물보라가 일어날 만큼의 일정한 속도의 연속 끌기(Steady Retrieve)가 효과적이다.

버즈 베이트 사용 장비

버즈 베이트(Buzz bait)의 사용 환경은 주로 수초지대가 되며 탑 워터 루어로서

〈그림〉버즈 베이트 사용법

활용하고 또한 루어 자체에 중량이 있으므로 베이트 캐스팅 장비가 효과적이다.

낚싯줄은 12~20Lb.를 기준으로 하고 낚싯대는 미디엄(M)에서 미디엄 헤비(MH)를 사용한다.

버즈 베이트의 삼각 블레이드(Delta Blade)

버즈 베이트는 끌어들이는 속도가 너무 느리면 가라앉아 본래의 동작이 연출되지 않고 너무 빠르면 적절한 소음과 물보라가 발생하지 않으므로 주의하여야 한다.

끌어들이는 속도는 부착되어 있는 삼각 블레이드의 형상과 매수에 의해 결정되는데, 이 삼각 블레이드(Delta Blade)의 회전 시 발생하는 부력(浮力)으로 인해 버즈 베이트가 수면으로 떠오르는 것이다. 삼각 블레이드의 면적이 크거나 매수가 많을수록 저속에서도 쉽게 물위로 떠올라오므로 버즈 베이트를 느린 속도로 운용가능하다.

또한 삼각 블레이드의 재질에 의해서 발생되는 소음의 높낮이가 달라지는데, 금속제 블레이드는 높은 소리를 합성수지제 블레이드는 낮은 소리를 발생시킨다.

스푼 활용법

스푼 동작 요령

① 스푼의 카운트다운 후 연속 끌기(Countdown & Steady retrieve)

스푼을 사용하는 데에 가장 기본적인 방법으로 캐스팅 후 원하는 수심 층까지 가라앉히고 일정한 수심을 유지하도록 끌어들이는 방법이다. 이때 스푼 자체가 갖고 있는 고유한 동작이 잘 표현되도록 일정한 속도로 특별한 기교 없이 감아 들인다.

② 스푼의 스톱 앤 고(Stop & Go)

스푼은 릴링하여 감아 들이면 수면으로 점차 상승해 올라온다. 그러므로 릴링 도중 중간 중간 릴링을 멈추고 스푼을 다시 가라앉혀 유영층을 유지도록 하는 방법이다. 또한 인위적으로 불규칙한 가라앉는 동작을 연출함으로써 배스의 입질을 유도하도록 한다.

③ 스푼의 리프트 앤 폴(Lift & Fall)

여 걸림이 적은 바닥에서 주로 활용하는 방법으로 웜을 이용한 동작을 좀더 빠르게 구사하는 것과 유사한 방법이다. 스푼을 캐스팅 하고 바닥까지 가라앉힌 후 낚싯대를 이용하여 당기고 다시 낮춰주며 릴링하는 동작의 반복이다. 스푼이 바닥층을 스치듯 유영하고 들어올려졌다가 다음 순간 흔들리면 가라앉는 동작이 반복적으로 연출되도록 한다. 스푼을 사용하는 방법 중에서는 매우 느린 낚시방법이다.

스푼 사용 장비

스푼은 크기에 비해 무게가 있으므로 캐스팅이 원활하다. 또 매우 잘 가라앉으므로 밑걸림이 자주 발생하기도 한다. 스푼을 사용한 배스낚시에 강에서의 쏘가리 낚시와 같이 스피닝 장비의 사용도 큰 문제는 없지만, 밑걸림이 발생하여도 얕은 걸림 정도는 강하게 당겨 빠져 나오도록 할 정도의 힘이 있는 장비의 사용이 더욱 바람직하다. 그러므로 낚싯줄은 한 단계 강한 12~18Lb를 사용하고 낚싯대도 이에 맞추어 미디엄 라이트(ML)에서 미디엄헤비(MH)를 사용한다.

배스낚시는 부단한 연구와 공부가 요구되는 지적인 낚시라 할 수 있다.

스푼의 특성

스푼은 빠르게 끌어들이면 수면으로 떠오르며 천천히 끌어들일수록 가라앉는다. 그러므로 하나의 스푼으로 다양한 수심을 공략할 수 있다는 점, 릴링 속도와 약간의 기교로 상층부터 바닥까지를 모두 유효범위로 할 수 있다는 점이 장점이다. 또한 크기에 비해 무게가 있고 공기저항이 적으므로 원거리 캐스팅이 가능해 넓은 범위를 공략할 수 있는 것도 장점이다. 그러나 금속으로서 매우 빠르게 가라앉고 바늘이 노출되어 있어 바닥 장애물에 걸리기 쉬운 것은 단점이라고 할 수 있다.

〈그림〉스푼의 유영

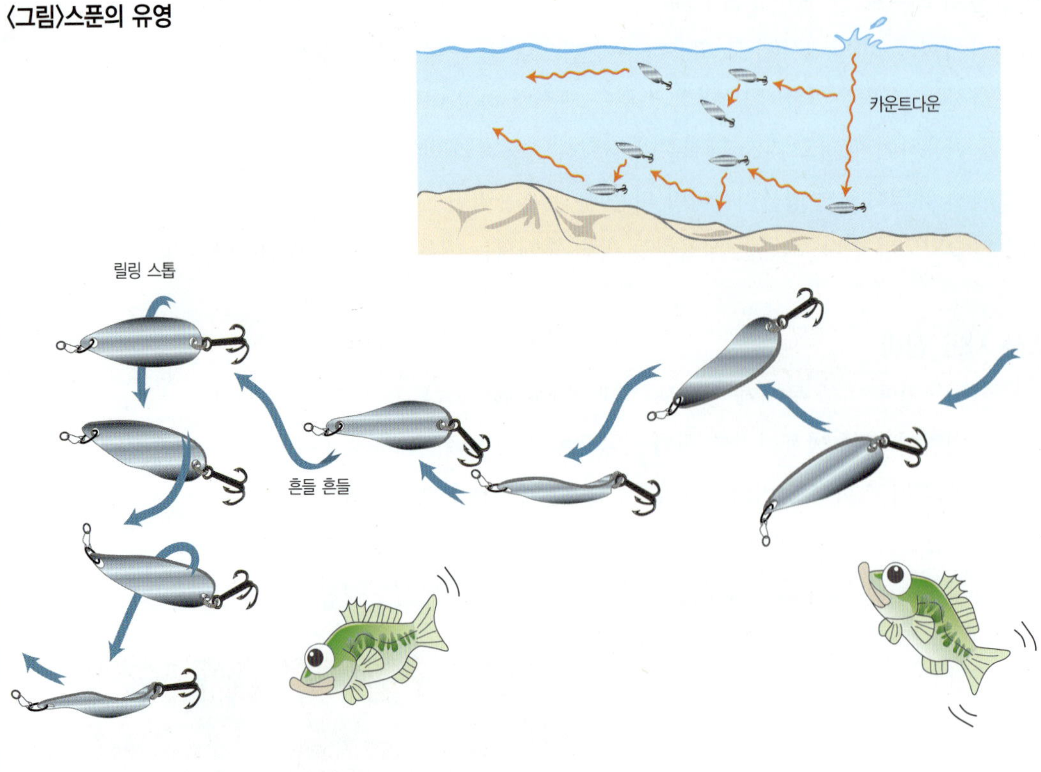

〈그림〉스푼의 리프트 앤 폴

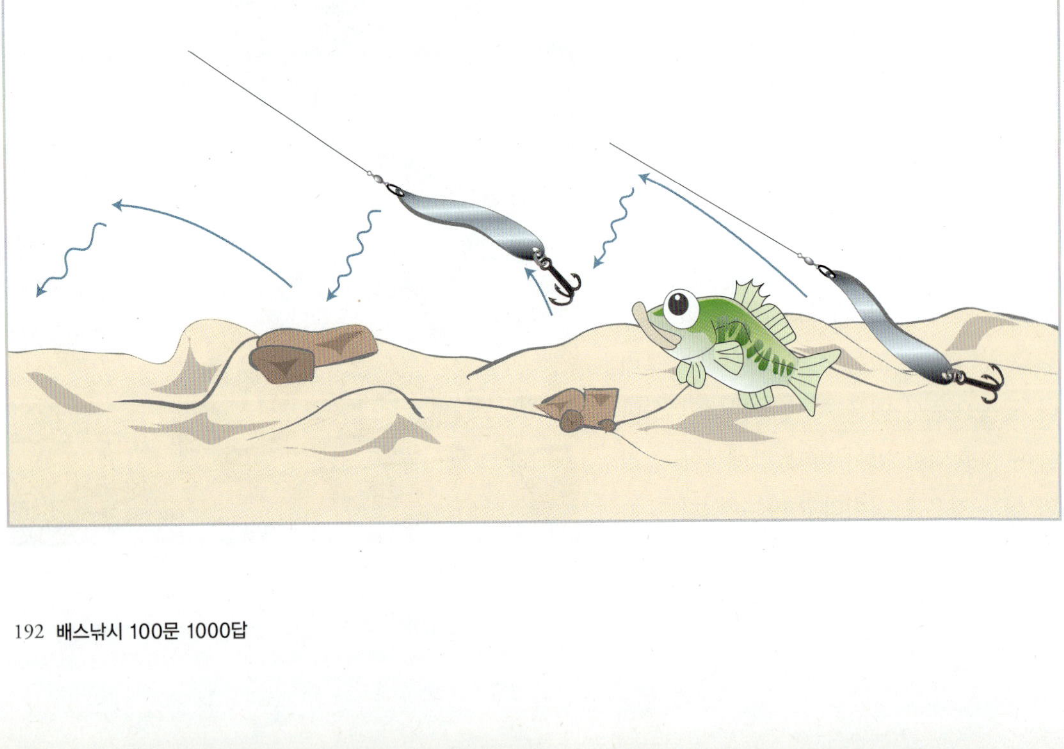

스피너 활용법

스피너 동작 방법

① 스피너의 표층 연속 끌기(Steady Retrieve)

캐스팅하여 착수 후 바로 릴링을 시작하는 것으로 스피너는 표층을 통과하며 움직이게 된다. 블레이드 자체가 갖고 있는 회전동작이 잘 표현되도록 일정한 속도로 특별한 기교 없이 감아 들인다.

② 스피너의 카운트다운 후 연속 끌기(Countdown & Steady retrieve)

캐스팅 후 원하는 수심 층까지 가라앉히고 일정한 수심을 유지하도록 끌어들이는 방법이다. 마찬가지로 스피너의 블레이드 자체가 갖고 있는 회전동작이 잘 표현되도록 일정한 속도로 특별한 기교 없이 감아 들인다.

배스낚시와 스피너

스피너는 계류낚시 또는 송어 낚시용 루어로 인식이 높고 배스낚시에는 일반적으로 사용하지 않는 루어로 취급되고 있기도 하다. 그렇지만 계류에서 일반적으로 사용하는 크기보다는 좀더 큰 크기인 1/4oz(8g) 이상 대형 스피너는 배스에 대해서도 그 효과가 높은 것으로 평가되고 있다.

스피너는 작고 가벼운 루어이므로 경량급의 스피닝 장비를 사용하게 되는데 배스가 스트레스를 받아 입질이 둔한 경우나 서스펜드(Suspend)하고 있는 경우에 사용하면 의외의 효과를 보는 경우가 있는 것으로 알려진다. 낚싯줄은 4~8Lb가 적당하고 낚싯대는 라이트(L)를 사용한다.

스피너 사용시 주의점

① 스피너는 캐스팅 후 일정한 속도로 직선적으로 끌어들이는 것만으로 충분한 루어로서 특별한 동작을 부여하는 것은 그리 좋지 않다. 그러나 수면 착수 후 최초의 릴링 시 예리하고 짧게 낚싯대를 챔질하듯 움직이고 릴링을 시작하는 것이 좋다. 이러한 동작이 블레이드가 확실하게 회전하도록 도와주는 역할을 한다.

② 너무 느린 릴링으로 바닥에 닿지 않도록 한다. 바닥에 스치기라도 하면 블레이드의 회전은 멈추고 스피너로서의 의미가 없어진다. 또한 너무 빠른 릴링으로 수

면 위로 튀어나오지 않도록 하는 것도 중요하다. 스피너의 효과는 어디까지나 수중에서 블레이드가 회전함으로써 발휘되는 루어이기 때문이다.

③ 스피너는 흐름에 강한 루어이다. 가능한 한 상류로 캐스팅하고 흐름에 맞춰 하류를 향해 끌어들이는 것이 가장 효과적이다. 반대로 하류로 캐스팅하여 흐름을 거슬러 끌어 들이면 물의 저항으로 인해 스피너는 정확한 수심을 유지 못하고 떠올라 버린다.

메탈 지그 활용법

지깅 스푼 동작 방법

지깅 스푼(Jigging spoon)은 가라앉는 모습이 마치 다친 작은 물고기가 흔들리며 가라앉는 모습과 유사한데 사용하는 방법에 따라 다양한 연출이 가능하다.

낚싯줄에 장력을 유지하며 낙하시키는 경우와 완전한 자유낙하시의 동작은 동일한 지깅 스푼으로도 다르게 연출된다.

사용방법은, 먼저 물 속 배스가 모여 있는 스트럭처(Structure, 구조물)를 발견하였다면 상황에 맞추어 1/4~1oz(8~28g)의 지깅 스푼을 가라앉힌다. 이때 가라앉는 속도를 카운트다운 기술로 기억해 두도록 한다. 지깅 스푼이 바닥에 닿은 것을 확인하면 낚싯대를 이용해 들어올렸다가 다시 떨어뜨리길 반복하는데 가랑잎이 떨어지듯 자연스러운 모습으로 떨어지도록 주의한다. 배스가 바닥 층이 아닌 중층의 작은 물고기를 사냥하고 있다고 판단되면 지깅 스푼이 중층에서 동작할 수 있도록 정확한 수심까지 가라앉도록 해야 하는데, 이때 카운트다운 기술이 매우 중요하다. 예를 들어 10m 바닥까지 지깅 스푼을 가라앉히는데 10초가 걸렸고 작은 물고기의 무리는 5m 깊이에 확인된다면 수면에서부터 5초 정도의 시간만큼만 지깅 스푼을 낙하시키고 그 수심에 맞추어 동작 연출을 반복하여 배스를 유인한다.

실제적으로는 어군탐지기(Depth Finder)를 이용하여 정확한 수심을 알아내고 그 수심보다는 약1m 정도 벗어난 위치에서 지깅 스푼의 동작을 연출하도록 하여

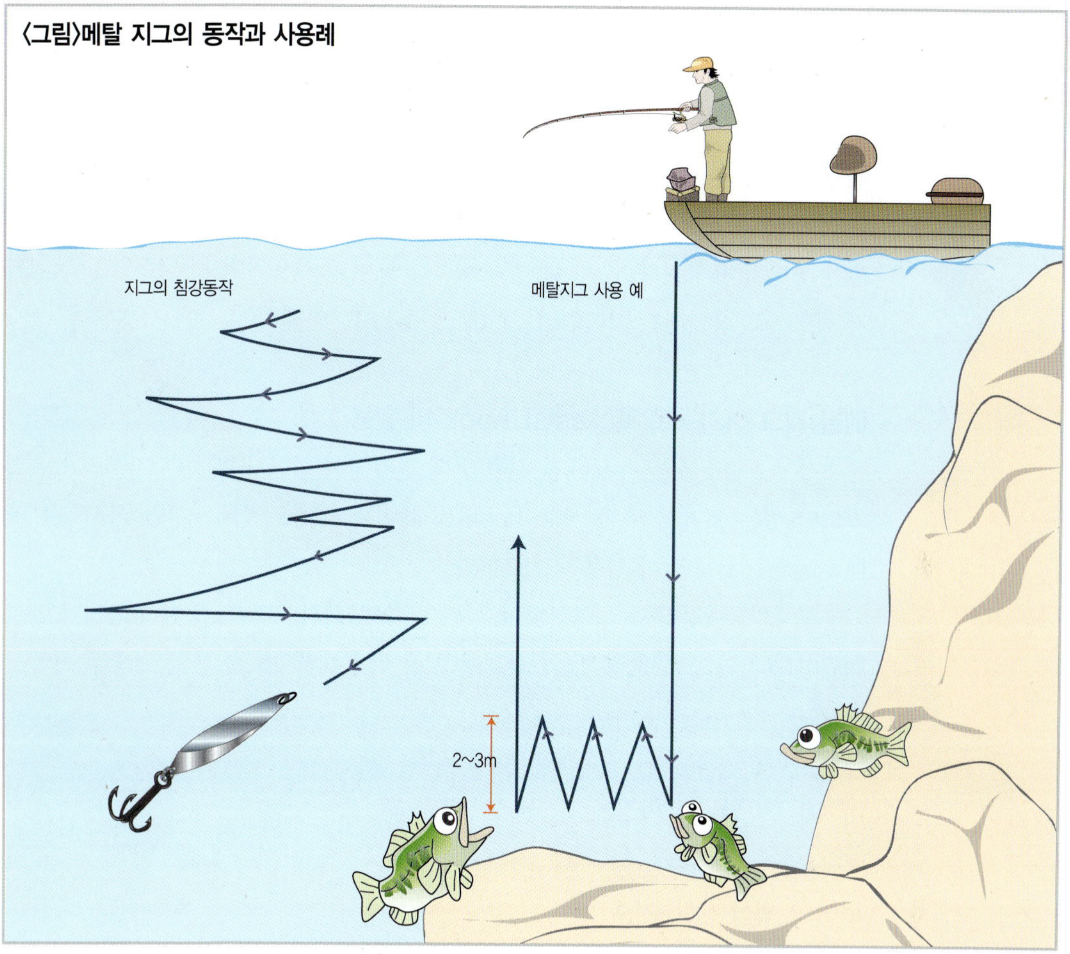

홀로 무리에서 벗어난 상처 입은 물고기의 동작을 연출하면 입질의 확률이 좋아진다.

지그 스피너 동작 방법

지그 스피너(Jig spinner)는 캐스팅하여 사용함에는 사용빈도가 낮은 루어이지만, 낙하동작에서도 스피너 블레이드가 효과적으로 움직이기 때문에 수직 지깅(Vertical jigging)에 유효하게 사용할 수 있다. 보트 위에서 배스가 머물고 있는 수심까지 지그 스피너를 내리고 마치 '요요(Yoyo)'의 움직임과 같이 일정한 수심을 오르내리도록 동작을 반복한다.

이와 같은 방법은 장애물에 대해 수직으로 루어를 내려가게 하므로 밑 걸림이 적고 모여 있는 배스를 효율 좋게 공격할 수 있는 장점을 갖고 있다.

메탈 지그 사용 장비

사용하는 루어의 중량이 무겁고 주로 수심이 깊은 곳에서 활용하므로 이에 적절한 장비가 요구된다. 주로 베이트 캐스팅 장비를 사용하며 낚싯줄은 14~20Lb가 적당하고 낚싯대는 미디엄라이트(ML)에서 미디엄헤비(MH)를 사용한다.

메탈 지그 어시스트 훅(Assist hook)의 활용

지깅 스푼(Jigging spoon)를 사용할 때 밑걸림이 심한 곳에서는 기본적으로 부착되어 있는 트레블 훅(Treble hook)을 떼어내고 따로 한두 개의 어시스트 훅(Assist hook)을 달아 사용하기도 한다.

부착 위치는 낚싯줄이 연결되어 있는 앞쪽의 고리인데 직접 부착하거나 또는 적당한 크기의 스프릿 링(Split ring)을 사용하여 부착하도록 한다.

루어 현장 선택술

루어의 색상 선택 기준

배스가 색깔을 구별하는 것은 알려져 있는 사실이다. 그러나 수중세계는 공기 중과 달라서 색상이 그대로 전달되지는 않음을 알아야 한다.

빨강색 계열은 수심 3m 정도에서 색상을 잃고 검게 보이지만 파란색 계열은 9m의 수심에서도 색상 구분이 가능하다는 사실 등을 고려해야 하는 것이다. 더욱이 같은 계열의 색상일지라도 물의 탁도에 따라 그 효과는 달라진다.

기본적으로 루어의 색상을 선택하는 기준은 배스의 활성도를 빠르게 알아내어 튀는 색을 사용해 루어를 돋보이게 할 것인가 혹은 가장 자연스러운 색을 선택해 배스의 경계심을 줄일 것인가를 결정하는 것이다.

밤낚시와 같이 빛이 거의 없는 경우에는 시인성을 높이기 위하여 야광(夜光)이나 축광(蓄光) 페인트를 칠해 활용하는 경우도 있다. 배스의 활성이 높은 경우에

는 효과가 있을 수 있으나 일반적인 경우에는 자연스럽지 못한 빛으로 인해 배스의 경계심을 높이는 결과가 되기도 한다. 밤에는 밝은 계열의 색보다는 오히려 완전히 검은색의 루어의 윤곽이 눈에 잘 띄므로 밤낚시에는 검은 색상의 루어가 효과가 좋음을 알아두도록 한다.

채비 방식은 물론, 루어의 색상도 현장 상황에 가장 적합한 컬러를 찾아내야 한다.

이와 같은 기본적인 루어의 색상선택은 실제 상황에서는 이론과는 전혀 다른 엉뚱한 색상에 배스의 공격이 이어지는 경우도 있으므로 색상을 선택할 때 정답은 없고, 낚시인의 보다 많은 노력과 경험이 중요하다.

루어별로 색상 선택의 간단한 예를 들면 다음과 같다.

① 웜의 색상선택

웜의 경우에는 날씨가 좋고 물색도 맑다면 맑고 밝은 색상, 날씨가 흐리고 물색도 탁하면 어두운 색상을 기본적으로 선택해 사용한다. 이후 배스의 활성도, 수심 등

여러 가지 색상의 루어.

을 고려해 색상을 교체해 가며 사용한다.

② 플러그의 색상

플러그의 경우에도 배스의 활성도와 날씨, 물색을 고려해 색상을 선택한다. 배스의 활성도가 높음을 가정하여 사용한다면 처음에는 화려한 색상으로 칠해져 시인성이 높은 플러그를 사용한다. 입질이 없으면 점차 실제 먹잇감과 유사한 색상인 금색이나 은색의 금속 체색 계열로 교환하고 이에도 입질이 없다면 배스가 매우 예민해져 있다고 가정할 수 있으므로 마지막으로 반 투명한 고스트(Ghost) 계열로 교체해 간다.

③ 금속제 루어 및 스피너 베이트의 블레이드

금속제 루어나 스피너 베이트의 블레이드(Blade) 색상 결정에 있어서는 물의 탁도가 중요한 요소이다. 맑은 물에서는 은색, 흐린 물에서는 금색, 아주 흐린 흙탕물에서는 여러 가지 페인팅 색상이 눈에 잘 띈다. 검은색으로 칠해진 블레이드도 아주 흐린 물에서는 생각과 달리 눈에 잘 보인다.

래틀(Rattle)의 의미

래틀(Rattle)은 구슬이 들어있어 흔들면 달그락 거리를 소음을 내도록 되어 있는 것을 말하는 것으로 주로 바이브레이션(Vibration), 크랭크 베이트(Crank bait), 미노우(Minnow) 등의 플러그 몸체 속에 장치되어 있다. 이외에 웜(Worn)에도 삽입하여 사용가능한 형태의 제품도 있다.

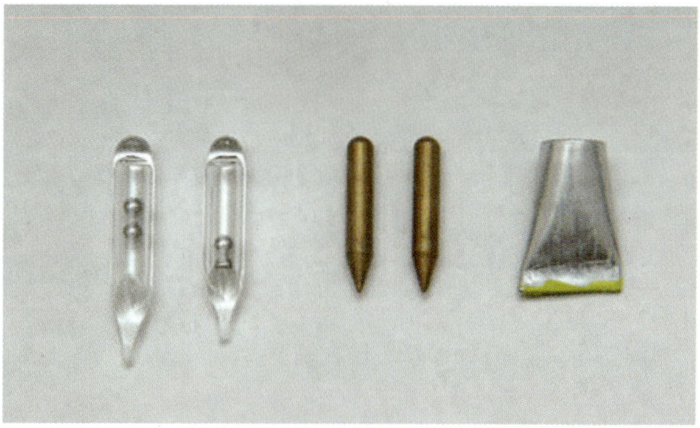

웜에 삽입하는 래틀 종류.

래틀의 장치 목적은 배스의 청각을 자극하는 것이다. 배스의 먹잇감 중의 한 종류는 위기가 닥쳐 도망갈 때 자신의 머리뼈 속을 공명시켜 소리를 내는 것으로 알려져 있는데, 이것은 군집을 이루는 소형 생물에서 보이는 일종의 신호체계로서 포식자에 대한 경계를 동료에게 알리는 방어수단의 일종이다. 이처럼 도망가는 작은 물고기를 모방하여 루어에 적용한 것이 래틀이다.

흐린 물에서 배스의 관심을 끌기 위해 래틀이 삽입된 것을 자주 사용한다. 맑은 물이나 배스가 예민해져 있는 경우에는 래틀이 들어 있지 않은 것을 사용하는 편이 조과를 올리는 방법이다.

또한 래틀은 그 소재에 의해서도 특성이 다른데 금속제 래틀은 둔탁한 소리를 발생하고 유리제 래틀은 높은 소리를 발생함으로 상황에 따라 적절히 사용함이 효과적이다.

매치 더 베이트(Match the Bait)

플라이낚시(Fly Fishing)에서 쓰이는 용어 중에 '매치 더 해치(Match the Hatch)' 가 있다. 이는 낚시 현장에서 우화(羽化)하고 있는 곤충의 종류를 파악하여 현재 낚고자하는 물고기가 주로 포식하고 있는 곤충을 알아내고 이를 모방한 플라이 훅(Fly hook)을 선택하여 사용하는 방법이다.

이와 마찬가지로 '매치 더 베이트(Match the Bait)' 란 말은 배스가 현재 포식하고 있는 먹이의 종류를 알아내어 그 형태와 닮은 루어를 선택 사용하는 것을 말한다.

배스가 루어를 공격하는 이유는 배고픔 이외에도 여러 가지가 있어 먹이와는 전혀 다른 엉뚱한 형태나 크기의 루어에도 낚이기는 하지만, 일차적으로는 먹기

〈그림〉먹잇감의 크기와 색상의 예

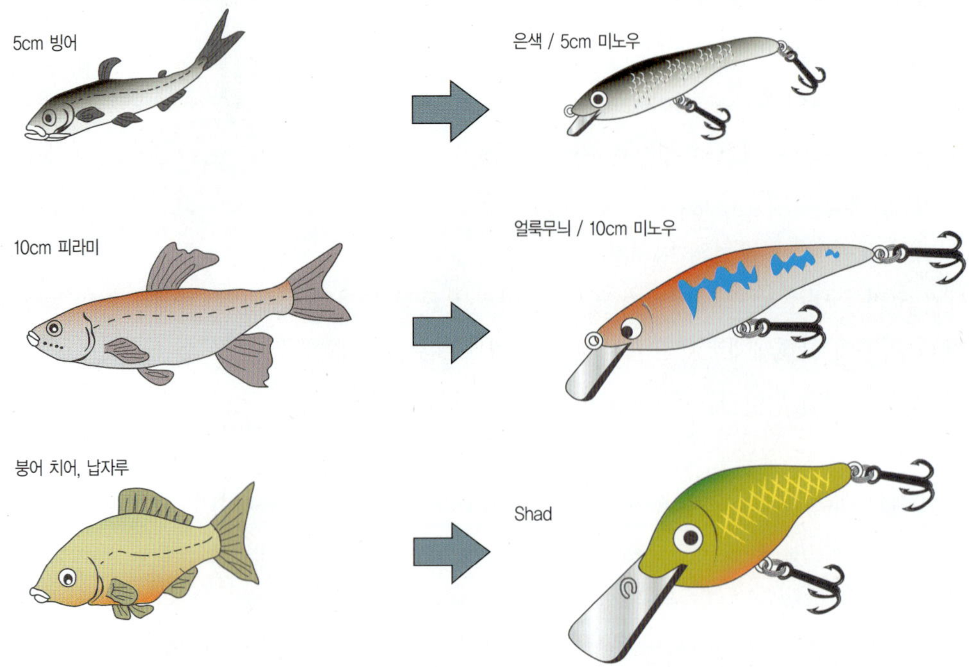

위해 루어를 공격하는 예가 가장 빈번하다.

어류는 대뇌가 없으므로 고등동물처럼 생각을 할 수는 없으나 반복되는 학습에 의한 반사행동이 있음은 잘 알려져 있다. 즉, 배스가 선택적인 먹잇감에 집착하는 시기, 주로 가을철이나 겨울철 특정한 먹이군을 쫓는 시기에는 해당하는 먹이감이 아닌 이상 공격을 하지 않는 경향을 보이기도 하는 것이다. 이와 같은 경우 루어 선택에 있어서 매치 더 베이트(Match the bait)는 매우 중요한 요소가 된다.

제5장

실전장비 운용술 1

기본 캐스팅(Casting)

배스낚시 실전에서 가장 기초가 되는 것이 캐스팅(Casting)이다. 단순히 루어를 수면 위로 던질 수 있는 정도가 아니라 루어를 자신이 원하는 장소에 바로 던질 수 있어야 하며 나아가 장애물 바로 앞이나 장애물 사이의 작은 공간으로도 정확히 던져 넣을 수 있는 능력이 요구된다. 여러 가지 캐스팅 방법 중에서 대표적인 방법은 다음과 같다.

오버헤드 캐스팅 (Overhead casting)

낚싯대 초리가 머리 위를 통과하게 던지는 방법이다. 모든 캐스팅의 기초가 되는 방법으로 다른 방법에 비해 상대적으로 목표 지점에 정확하게 루어를 투척시킬 수 있는 잇점이 있다. 먼저 편안한 자세로 정면을 향해 선 후, 정면 3시 방향에서 출발한 낚싯대가 머리 위 12시 방향을 지나 머리 뒤쪽의 약 10시 방향으로 갔다가 다시 머리 위 12시 방향을 통과해 전방 3시 방향에서 멈추도록 하는 일련의 연속동작이다.

이때 낚싯대의 탄력을 충분히 이용해야 하고 루어의 무게를 손으로 느끼도록 한다. 낚싯줄은 보통 낚싯대가 머리 위를 지나자마자(1시 방향) 놓는다. 줄을 놓아주는 타이밍이 너무 빠르면 루어가 하늘로만 높이 올라간 뒤 착수하고 너무 늦게 놓아주면 루어가 바로 앞에 처박힌다. 위쪽과 뒤쪽에 장애물이 없는 것을 충분히 확인한 후에 실시한다.

스리쿼터 캐스팅(Three quarter casting)

가장 자연스러운 형태의 캐스팅 방법으로 주위에 장애물이 없고 마음껏 원투를 할 경우에 주로 사용되는 방법이다. 오버헤드 캐스팅을 약간 옆으로 기울인 형태를 갖고 있는데, 출발점과 끝나는 점에서의 낚싯대 위치는 오버헤드 캐스팅과 동

원하는 지점에 정확히 던져넣을 수 있는 캐스팅 실력은 배스낚시의 가장 중요한 실전 테크닉이다.

〈그림〉오버헤드 캐스팅의 자세

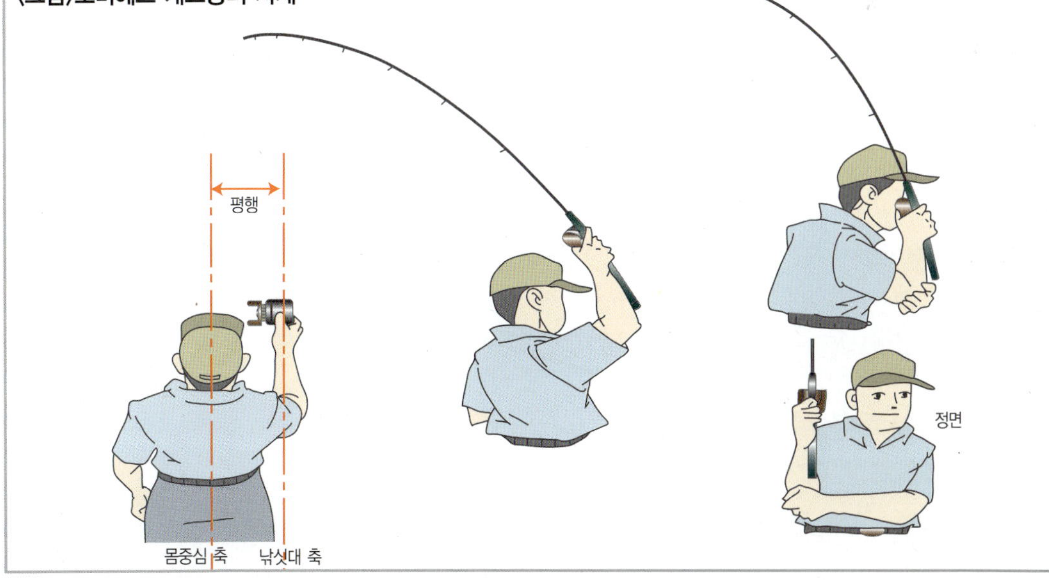

〈그림〉오버헤드 캐스팅

※ 팔을 약간 바깥으로 기울여 하면 스리쿼터 캐스팅이다.

〈그림〉사이드 캐스팅

〈그림〉언더핸드 캐스팅

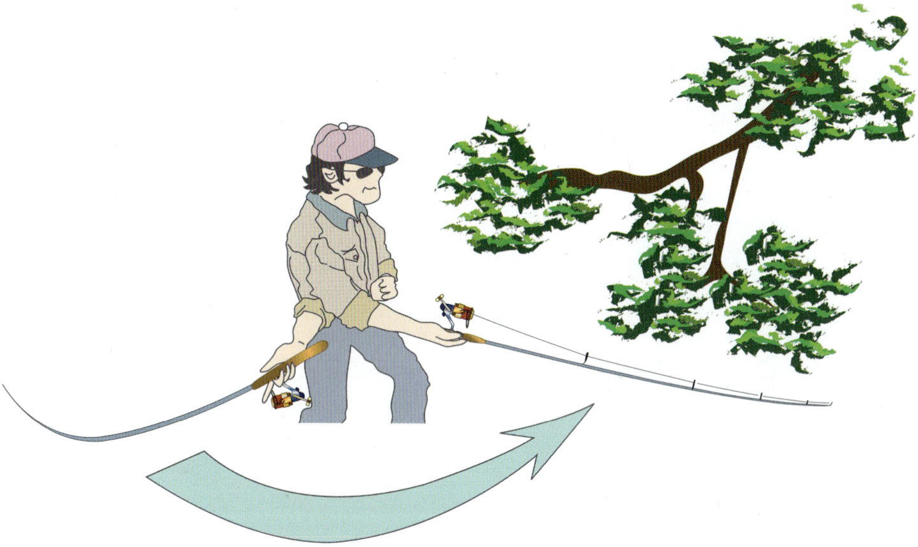

〈그림〉백핸드 캐스팅

일하지만 중간과정이 정면에서 보았을 때 수평에 대해 90°가 아닌 45° 정도의 기울기를 갖고 있을 뿐이다.

사이드 캐스팅(Side casting)

오버헤드 캐스팅 방법을 그대로 옆으로 누인 형태이다. 바람이 많이 부는 경우나 위쪽에 장애물이 있는 경우에 유효한 방법으로 루어의 착수음도 조용한 장점이 있다. 그러나 약간의 실수로 루어가 원하는 포인트를 벗어나 착수할 수 있으므로 낚싯줄을 놓는 시점에 주의해야 한다.

언더핸드 캐스팅(Underhand casting)

사이드 캐스팅의 변형으로 팔이 몸의 중간 수평보다 아래쪽으로 곡선을 그리며 이동하게 되는 방법이다. 목표로 하는 포인트까지 아래로 늘어진 장애물이 많은 곳이나 발판이 보다 높은 곳에서 가까운 포인트를 노릴 때 유효하다. 줄을 놓는 순간 타이밍을 놓치면 루어가 위쪽으로 포물선을 그리며 날기 쉬우므로 주의해야 한다.

백핸드 캐스팅(Backhand casting)

주위의 공간 확보가 어려운 장애물이 많은 곳에서 정상적인 캐스팅이 이루어지지 않을 때 구사하는 방법으로 마치 테니스의 백핸드 스트로크와 비슷한 형태이다.

다른 캐스팅 방법에 비해 원투는 어렵다. 오른손잡이의 경우 왼쪽부터 캐스팅하는데, 낚싯대 액션의 반동을 이용해 가볍게 흩뿌리듯 캐스팅한다. 원하는 곳으로의 캐스팅이 이루어지기 위해서는 낚싯줄을 놓는 타이밍도 주의해야 한다. 장애물이 많은 곳뿐만 아니라 포인트가 가깝거나 수심이 얕은 곳에서도 효과적으로 사용할 수 있다.

응용 캐스팅 방법

플립 캐스팅(Flip casting)

플립 캐스팅(Flip casting)은 낚싯대 끝부분의 탄력만을 사용해 튕기듯 행하는 캐스팅 방법이다.

주위에 장애물이 많은 곳 등 특수한 상황에서 사용되는데 대략 10m 이내의 근거리 캐스팅에 적합하다. 낚싯줄을 놓는 타이밍이 매우 어려워 조금이라도 틀리면 루어가 하늘로 솟는 등 앞으로 나아가지 않아 숙달을 필요로 한다.

플리핑

플리핑(Flipping)은 전용 낚싯대를 사용하여 플리핑 기술(Flipping Technique)

〈그림〉플립 캐스팅

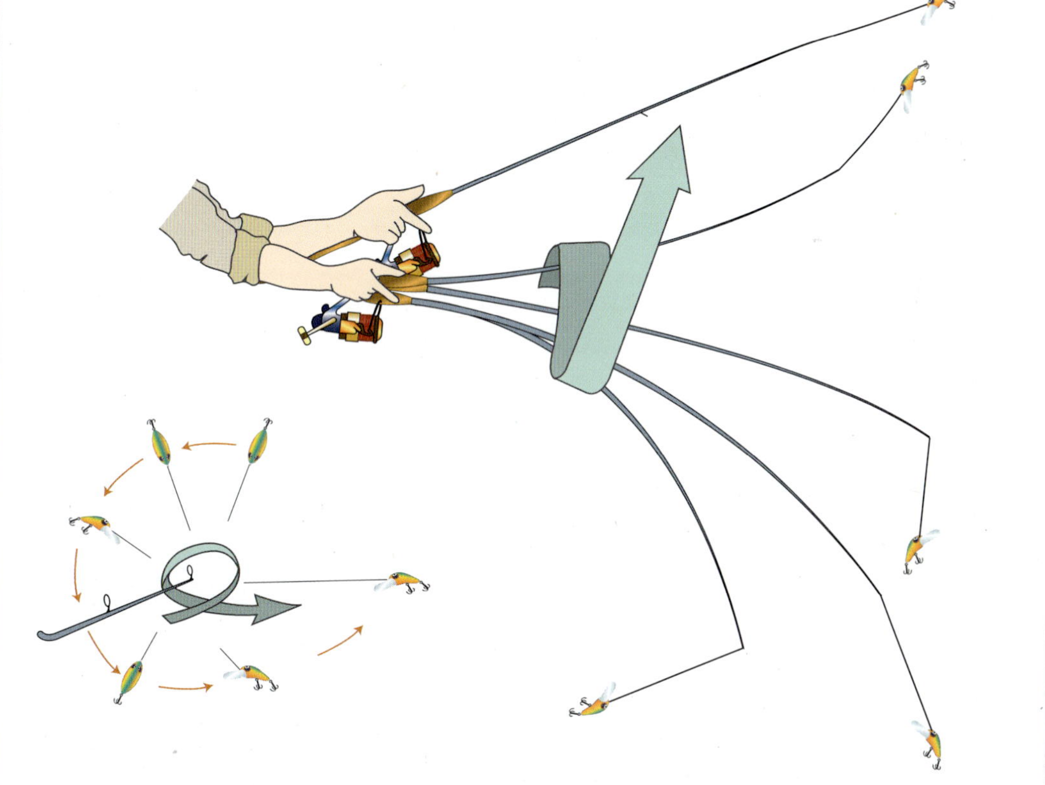

〈그림〉플리핑

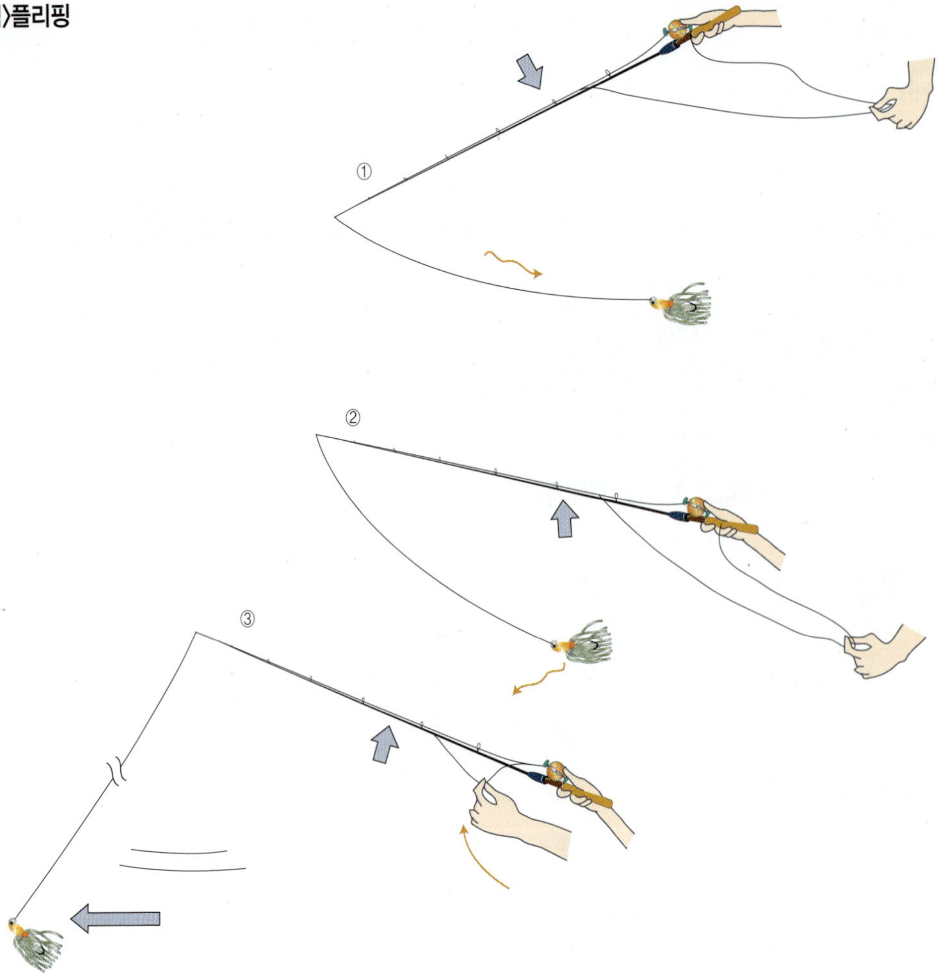

을 구사하는 방법으로서 근거리 수초대에 있는 배스를 노리는, 마치 수초구멍치기와 같은 형식의 캐스팅 방법이다.

긴 낚싯대의 진폭(振幅)을 이용하여 협소한 포인트로 루어를 조용히 수직으로 집어넣는 방법이다. 먼저 낚싯대를 잡은 반대편 손으로 미리 루어를 던질 거리만큼의 낚싯줄을 릴에서 끌어내어 쥐고, 낚싯대를 기울여 루어를 마치 시계추가 흔들리는 것처럼 휘두른다. 이때 낚싯줄을 쥔 손은 이에 동조하며 앞쪽으로 내밀어 루어가 수면으로 이동하도록 하며 최대한 조용히 착수시킨다.

주의할 점은 비교적 가까운 거리에서 이루어지는 캐스팅으로 얼마만큼 조용히 루어를 포인트에 착수시키는가이다. 대부분의 경우 배스의 입질은 루어의 수중낙하 도중에 들어온다. 이 경우 침착하게 쥐고 있던 낚싯줄을 놓고 릴을 감아 늘어진 낚싯줄을 감은 후 낚싯대를 이용해 챔질해도 늦지 않다.

이외에 수심이 깊은 곳에서는 릴에 플리핑 기능이 있는 것을 이용하면 편리하다. 루어의 착수 후 플리핑 스위치를 이용하면 미리 릴에서 끌어 내어놓은 분량 이상의 낚싯줄을 단속적으로 더 풀어주어 가며 루어에 동작을 주기에 편리하도록 되어있다.

〈그림〉피칭

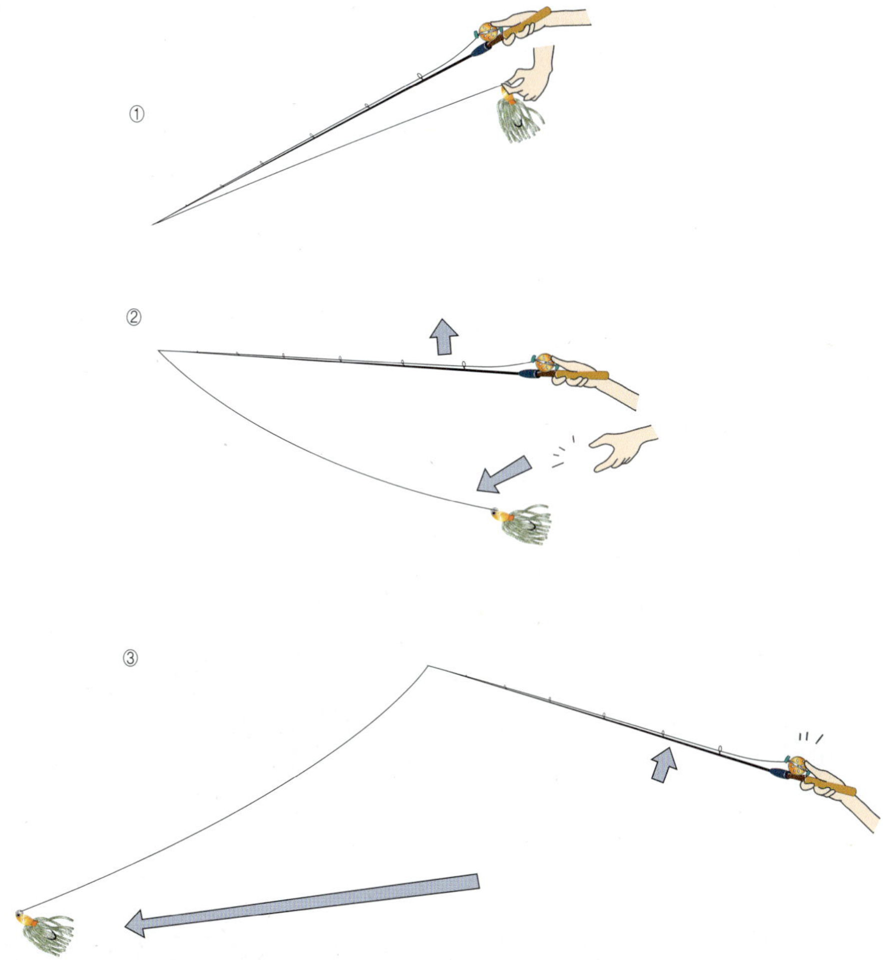

피칭(Pitching)

피칭(Pitching)은 비교적 가까운 거리를 낮은 탄도로 루어를 던져 정확하고 조용히 원하는 곳에 넣는 방법이다.

우선 루어를 낚싯대 길이만큼 늘어뜨려 반대편 손에 잡는다. 낚싯대는 기울여 밀듯 세우면서 루어를 튕기듯 휘두른다. 동시에 루어가 계속 나아가도록 릴의 스풀을 잡고 있던 손가락을 놓아준다. 이때 릴을 옆으로 향하게 하면 편리하고 부드럽게 줄이 빠져 나간다.

민물 붕어낚시의 앞치기 동작과 유사하며 근거리의 포인트에 정확하게 던질 수 방법이다.

피칭 전용 낚싯대를 따로 구분하여 제작 출시하는 회사도 있지만 일반 배스용 낚싯대로도 피칭은 충분히 가능하다.

스키핑(Skipping)

스키핑(Skipping)이란 캐스팅한 루어가 물수제비처럼 수면을 튕기면서 나아가도록 던지는 방법이다.

수면 위로 늘어진 나뭇가지와 같은 장애물, 인공 구조물의 밑으로 생성된 포인트에 루어를 밀어 넣기 위해 개발된 캐스팅 방법으로서 사용에 적절한 루어의 선

〈그림〉스키핑

택(트레블 훅과 같은 돌출된 부분이 적은 루어)은 물론, 낚싯줄을 놓는 타이밍과 적당한 탄도 등이 필요한 어느 정도 연습이 필요한 기술이다.

〈그림〉캐스팅 시 베이트캐스팅 릴 파지법

※ 캐스팅 시 손목 돌리기

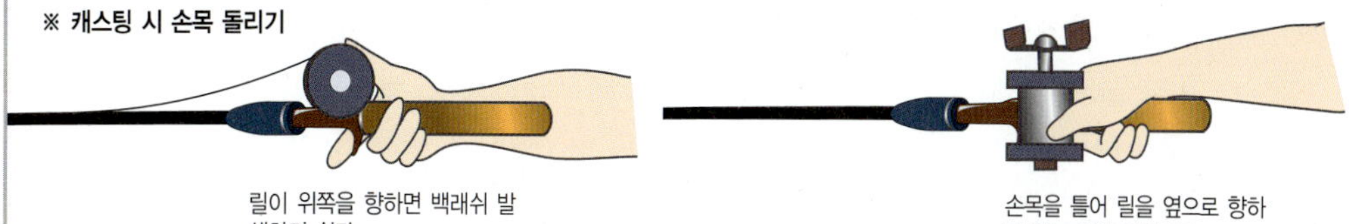

백래쉬(Back Rash)

백래쉬 예방법

백래쉬(Back rash)는 스풀이 직접 회전하는 베이트 캐스팅 릴의 구조적 특성상 발생할 수밖에 없는 현상이다.

루어를 캐스팅함으로 인해 회전하게 된 베이트 캐스팅 릴의 스풀이 루어의 비행속도가 떨어지거나 착수 이후에도 관성으로 인해 멈추지 않고 계속 회전하면서 발생하는 낚싯줄의 역감김 현상이다. 백래쉬를 최소화하기 위한 방법은 다음과 같다.

① 릴의 스풀에 가득 차도록 낚싯줄을 감지 말고 스풀 끝에서 3mm 정도 여유가 남도록 모자라게 감는다.

② 스풀의 중량이 가벼울수록 백래쉬 발생이 적으므로 익숙해지기 전까지는 되도록 스풀의 폭이나 크기가 작은 릴을 사용한다.

③ 릴에 부착되어 있는 브레이크(Brake) 기능을 충분히 이해하고 활용한다. 먼저 기계적 브레이크를 조여 클러치를 끊어도 루어가 흘러내리지 않게 조절한 후, 이를 조금씩 풀어 루어가 미끄러져 내리기 시작하는 지점에서 스풀을 엄지손가락으로 잡아 멈춘다. 다음으로 부속되어 있는 보조 브레이크(마그네틱 브레이크 등)가 있는 경우에는 이 보조 브레이크의 수치를 높여 놓고 캐스팅에 임한다. 캐스팅 거리를 늘리기 위해서는 보조 브레이크의 강도를 차츰 낮춰나가며 사용한다. 그러나 브레이크의 과신은 금물이다.

④ 너무 가벼운 루어의 사용을 피한다. 가벼운 루어는 스피닝 장비를 활용하도록 한다.

⑤ 캐스팅 동작 시에 스풀이 하늘을 향하지 않고 옆쪽을 향하도록 릴을 잡은 손목을 90° 방향으로 틀도록 한다. 이것이 낚싯줄이 원활하게 풀리게끔 한다.

⑥ 스피닝 장비의 캐스팅과 같은 손목의 스냅사용은 피한다. 항상 무리한 힘을 넣지 말고 낚싯대의 탄력만을 이용하는 느낌으로 밀 듯 캐스팅한다.

⑦ 엄지손가락을 이용하여 회전하는 스풀의 속도를 조금씩 제어하는 써밍(Thumbing)기술을 익히도록 한다. 과도하게 회전하는 스풀을 손끝으로 마찰하여 속도를 줄여주는 것이다.

조금만 숙달하면 베이트캐스팅릴의 백래쉬를 방지할 수 있다.

써밍의 시점은 캐스팅 초기 스풀의 최고 회전 시와 루어의 탄도가 낮아지며 속도가 줄어들어 수면에 닿기 직전이다. 숙달되면 릴의 브레이크 조절 없이도 충분히 캐스팅 가능하며 무거운 루어의 경우에 스피닝 장비보다도 오히려 멀리 캐스팅 가능한 경우도 있다.

백래쉬 해결법

백래쉬(Back rash)가 발생한 경우에 무리하게 낚싯줄을 당겨 풀려고 하면 대부분 더욱더 심각한 상태가 되므로 차근차근 해결하도록 한다. 그러나 루어가 뒤편에 걸린 것을 모르고 캐스팅한 결과로 발생한 백래쉬와 같이 심한 경우에는 풀어낼 방법이 없으므로 항상 주의하여 캐스팅하는 습관을 기른다.

심하지 않은 백래쉬는 다음의 방법에 따라 간단히 풀어낼 수 있다.

① 스풀 위로 엉킨 낚싯줄에 엄지손가락을 올려 살짝 누른 후 천천히 핸들을 돌려 줄을 감아 들인다. 이때 엉킨 낚싯줄이 속줄부터 감겨온다. 겉줄까지 감기기

베이트 캐스팅릴은 써밍 기술을 익혀 백래쉬를 예방해야 한다.

시작하면 멈춘다.

② 기계적 브레이크를 조여 주고 클러치를 눌러 스풀을 프리상태로 한다.

③ 스풀이 역회전하지 않도록 주의하면서 레벨 와인더(Level winder)를 통해 줄을 당겨 뽑아낸다. 이 방법으로 헐겁게 감겨있던 부분은 해결이 가능하다.

④ 엉켜서 빠져나오지 않는 부분이 나타나면 드랙을 강하게 조이고 엄지손가락을 낚싯줄 표면에 밀착한 후 엄지손가락 끝으로 엉킨 부분을 밀어내듯 하며 핸들을 돌려 스풀을 회전시킨다.

⑤ 다시 클러치를 눌러 스풀을 프리상태로 하고 ③의 동작을 행한다.

⑥ 엉킨 정도에 따라 ③과 ④를 반복하면 백래쉬를 해결할 수 있다.

베이트 캐스팅 릴의 브레이크 활용

베이트 캐스팅 릴은 캐스팅시 스풀의 과회전을 제어하는 방법이 매우 중요하다. 궁극적으로는 백래쉬(Back Rash)항에 설명한 엄지손가락을 사용하여 회전하는 스풀을 마찰하여 회전속도를 조절하는 써밍(Thumbing)기술의 습득이 중요하지만 백래쉬를 최소화하는 보조역할로서의 브레이크의 역할도 간과할 수 없다.

베이트 캐스팅릴에 장치되어 있는 브레이크는 스풀 회전 원심력(遠心力)으로 인해 작동하는 원심(遠心) 브레이크와, 자석(磁石)의 자기장(磁氣場)을 이용하여 스풀의 회전관성(回轉慣性)을 제어하는 마그네틱(Magnetic) 브레이크의 2종이 대표적이다. 이외에도 두 가지의 기능이 복합되어 있는 형태, 브레이크 강도를 미조정 가능하게 되어 있는 형태 등도 개발되어 있다.

원심(遠心) 브레이크의 특징

베이트 캐스팅 릴에 부착되어 있는 가장 기본적인 브레이크로서 1951년에 스웨덴의 A사에 의해 특허가 획득된 장치로서 그 역사도 깊다.

원심(遠心) 브레이크는 스풀의 원심력(遠心力)을 이용한 브레이크의 마찰로 스풀의 회전을 제어하는 구조를 갖고 있다. 캐스팅 초기 즉, 스풀의 회전이 가속되고 있는 상황에서 강력한 브레이크 힘을 발휘하고 스풀의 회전속도가 최고점을 지나 떨어지기 시작하면 급격히 브레이크 힘도 낮아진다. 또한 저회전(低回轉) 시에는 거의 브레이크가 걸리지 않는 상태가 되는 특성이 있다. 그러므로 캐스팅 초기보다는 캐스팅의 후반 부에 있어서 백래쉬(Back rash)를 방지하는 능력이 떨어지므로 루어의 탄도가 낮아지기 시작하면 주의를 요한다.

이러한 특성으로 인해 주로 근거리를 웜을 이용하여 공략할 경우나 피칭(Pitching) 등의 응용 캐스팅을 활용하는 경우 등에 적당하다. 브레이크 조절 정도의 변경을 위해서는 릴을 분해하여 부착되어 있는 브레이크 마찰용 부속을 교환하여야 하는 등 번거로우며 브레이크 조절 정밀도도 떨어진다.

마그네틱(Magnetic) 브레이크의 특징

마그네틱(Magnetic) 브레이크는 원심(遠心) 브레이크의 단점을 보완하고 보다 사용하기 간편하기 위하여 1980년대 초반에 최초로 등장한 것이다.

마그네틱 브레이크는 스풀 옆에 부착되어 있는 자석의 자기장(磁氣場)을 이용하여 스풀의 회전을 제어하는 구조를 갖고 있다. 스풀의 고회전이나 저회전 각각에 응하여 브레이크의 힘이 걸리기 때문에 공기저항이 큰 루어의 사용, 역풍시의 캐스팅에도 원심 브레이크보다 백래쉬의 발생이 적다.

그러나 루어의 스풀의 저회전 시에도 브레이크가 걸리기 때문에 스풀의 저회전 영역에서는 캐스팅한 루어가 앞으로 나아가지 않는 불리함도 있다. 또한 브레이크 힘을 너무 약하게 설정한 경우에 캐스팅의 초기 즉, 스풀의 고회전 영역에서 백래쉬가 발생할 수 있으므로 주의를 요한다.

이러한 특성으로 인해 주로 공기저항이 큰 크랭크 베이트와 같은 루어의 원거

베이트 캐스팅릴의 경우 캐스팅 전에 브레이크 조정을 해두자. 스풀을 프리 상태에서 루어가 조금씩 흘러내리는 정도로 조정해주면 된다.

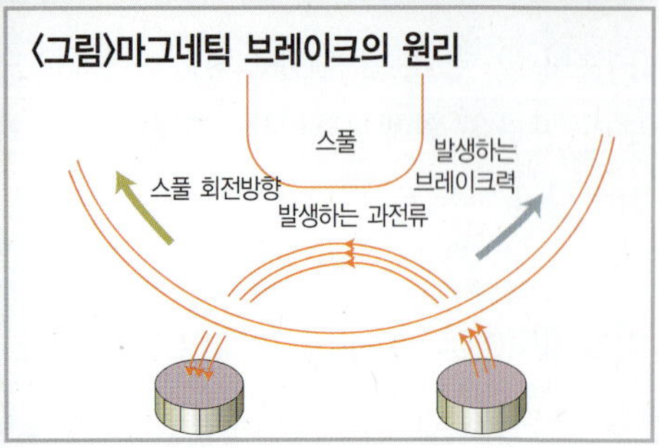

●마그네틱 브레이크
스풀의 저회전시부터 브레이크가 서서히 작동, 후반엔 회전속도가 약해진다. 때문에 피칭 등 저회전 캐스팅엔 부담이 되는 감도 있다.

●원심력 브레이크
스풀 회전속도가 최고에 가깝고, 브레이크가 너무 강하게 걸리므로 비거리는 마크네틱보다 약간 떨어진다. 그러나 캐스팅 후반이나 저회전시엔 미끄러지지 않는다. 회전수가 적은 피칭 등에 사용하기 쉽다.

리 캐스팅이나 넓은 포인트를 광범위하고 빠르게 탐색하는 경우 등에 적당하다. 브레이크의 힘 조절이 릴의 외부에 부착되어 있는 다이얼 등으로 미조정이 가능하지만 써밍에 익숙하여 브레이크의 제어력이 별로 필요치 않은 경우에는 오히려 루어의 비거리가 줄어들 수도 있다.

낚싯대 휴대 대수

배스낚시에 사용되는 낚싯대는 제2장의 설명과 같이 매우 다양한 종류가 있다. 이처럼 다양한 낚싯대 중에서 실제로 배스낚시를 가서 즐기기 위해 어떠한 종류로 몇 대를 휴대해야 하는가를 생각해볼 필요가 있다.

물론 단 하나의 낚싯대만을 사용하여 배스낚시를 즐길 수는 있다. 그러나 실전에서 마주치는 복잡한 낚시환경으로 인한 상황 변화에 제대로 대처하려면 다양한 루어와 기법을 구사해야 하는 경우가 발생하며 이에 적절한 낚싯대의 필요성이 필연적으로 나타난다.

예를 들면 고사목 등의 장애물이 많은 곳에서 배스를 걸었을 때 가는 낚싯줄을 사용하는 연질의 낚싯대를 가지고 있다면 장애물로 돌진하는 배스의 제압이 힘들게 된다. 반대로 물이 맑고 배스가 예민해져 있는 상태라면 가는 줄을 사용하는 섬세한 낚시기법이 필요하며 이에 적합한 연질의 낚싯대가 보다 유용하게 된다. 이와 같이 배스낚시는 현장상황에 유연하게 대처하기 위한 낚싯대가 갖추어지는 것이 바람직하다. 그러나 도보낚시의 경우에는 현실적으로 낚싯대 휴대의 한계가 있으므로 사전에 계획을 수립하고 휴대할 낚싯대 대수를 결정하는 것이 바람직하다. 그럼 도보낚시와 보트낚시의 차이는 어떨까?

도보낚시의 경우

도보낚시의 경우 무엇보다도 중요한 것이 간편함이다. 루어와 소도구를 수납한 태클박스나 배낭 그리고 낚싯대를 모두 자신이 들고 이동해야 하므로 낚싯대를 여러 대 휴대한다는 것은 과다한 짐이 되어 낚시가 불가능해질 수 있다.

일반적으로 도보낚시에서는 한 대나 두 대 정도의 낚싯대를 휴대한다. 먼저, 낚시터의 여건을 미리 파악하고 주로 사용할 루어와 기법을 예상하여 장비를 선택한다. 예를 들면, 러버 지그(Rubber Jig)나 스피너 베이트(Spinner bait)를 활용할 수 있는 미디엄헤비(MH)급의 베이트 캐스팅 낚싯대와 스플릿 샷 리그(Split shot rig)에 작은 웜을 사용할 라이트(L)급의 스피닝 낚싯대 한 대씩 휴대하는 등의 계획을 세워 지참한다.

단 한 대의 낚싯대만을 휴대하는 경우에는 여러 가지 루어를 폭넓게 사용가능한 휨새와 강도의 낚싯대 선택이 바람직한 경우도 있고, 낚시인 자신이 가장 자신을 갖고 주로 활용하는 루어와 기법을 참고하여 이에 가장 적합한 낚싯대를 선택하여 휴대하는 것도 바람직한 방법이다.

보트낚시의 경우

보트낚시의 경우 낚싯대 휴대의 이상적인 환경을 제공한다. 그러므로 휴대의 간편함이 목적이 아닌 배스낚시 자체에 대한 기동성이 주목적이 된다.

보트낚시에서는 시시각각 변화하는 낚시환경에 능동적으로 대처하여 즉각 교체 사용할 수 있도록 각종 루어를 미리 장착하여 낚싯대를 준비해 둘 수 있다. 미리 준비해 둔만큼 낚싯대 휴대수는 많아질 수 있다. 그러나 보트의 크기를 무시한 낚시에 방해가 될 정도의 무리한 휴대는 안전을 위협하는 등 바람직하지 못하다.

제6장

실전장비 운용술 2

바지장화(Wader)의 활용

도보낚시의 한계 극복

보트를 사용하는 경우에는 필요 없지만 도보낚시의 한계를 어느 정도 간단하게 보완할 수 있는 것이 바로 바지장화(Wader)이다.

사람이 직접 들어갈 수 있는 수심의 한계는 있지만 육로든 수중이든 도보낚시와 마찬가지로 빠른 이동이 가능하고 보다 다양한 포인트를 빠르게 공략할 수 있는 장점이 있다. 특히 늪지형의 낚시터에 갈 경우나 갈수기로 낚시터 연안에 펄이 드러난 상황에서는 반드시 필요하다. 또한 연안에 갈대나 수초가 무성히 자라는 시기에는 도보낚시로는 도저히 포인트 접근이 불가능하게 되므로 바지장화를 입어야 공략이 가능해진다. 이외에도 연안에서 루어가 도달하기 어려울 정도로 원거리에 포인트가 형성되는 경우에도 도움이 된다.

바지장화의 종류

① 길이에 따른 구분

■양쪽 다리만 끼워 넣듯 신게 되어 있는 것

■허리까지 오는 것(Waist high)

■가슴까지 오는 것(Chest high)

② 사용하는 소재에 따른 구분

■**고무 제품** - 저렴하지만 무겁고 땀이 차는 등의 불편이 많다. 낚시용이라기보다는 농업이나 어업용으로 사용되는 제품이다.

■방수투습(防水透濕) 소재 제품 - 특수한 섬유제품을 활용한 것으로 가벼우며 착용감이 좋고 오래 착용하여도 습기가 차거나 하는 불편이 없어 낚시 전용으로 주로 사용된다. 반면에 고가인데다 표면에 손상을 입으면 방수효과가 떨어질 수 있어 험한 곳에서는 주의를 요한다.

■네오플랜 제품 - 잠수복의 소재로도 활용되는 소재로 만들어 진 것으로 보온력이 뛰어나 겨울철에도 안심하고 사용할 수 있다. 자체적으로 부력이 있는 것도 장점이다.

③ 부착 신발 형태에 따른 구분

■펠트(Felt)화 타입 - 밑창으로 펠트(Felt)를 사용하여 물이끼 등으로 미끄러지기 쉬운 곳에 적합한 형태이다.

■레이디얼(Radial)화 타입 - 등산화와 같은 일반 블록패턴의 밑창이 부착되어 있는 형태이다.

■신발이 없는 형태 - 부착되어 있는 신발이 없이 따로 전용 계류화를 신을 수 있도록 되어있는 구조이다.

바지장화 착용으로 도보낚시의 한계를 어느 정도 극복할 수 있다.

바지장화(Wader) 활용 방법

바지장화를 입었다고 해서 무작정 물에 들어가는 것은 곤란하다. 배스 포인트는 연안 가까이에 형성되는 경우가 대부분이므로 무작정 입수할 경우 배스를 놀라게 할 수 있다. 우선 포인트에서 멀리 떨어져 서서 연안을 충분히 공략한 이후에 차츰 원거리의 일정한 포인트로 이동해 들어가는 방법이 바지장화를 활용하는 낚시의 기본 원칙이다. 이를 위해서는 바지장화를 사용하기 전에 주변 지형을 유심히 살펴 어느 곳부터 공략하며 범위를 넓혀갈 것인가를 미리 계획하고 실행해야 한다.

특정 포인트를 공략할 때도 치밀한 계산이 바

탕에 깔려 있어야 한다. 수중의 잡목 무더기를 공략하려 한다면 보통 20m 이상 거리를 두어야만 배스에게 경계심을 주지 않는다. 만일 강이라면 물 흐름까지도 고려해야 한다. 배스는 물 흐름을 정면으로 마주보고 장애물의 뒤쪽에 은신하는 경우가 많으므로 〈그림〉에서처럼 물 흐름의 아래쪽에서 장애물 쪽으로 비스듬히 사선으로 접근해야만 한다.

바지장화 활용 시 주의사항

바지장화 사용 시 주의해야 할 사항은 항상 안전 문제이다. 배스낚시터는 펄이나 모래바닥인 경우가 많으므로 확인도 없이 들어간 경우에 잘못하면 발이 빠져 나오지 못할 수도 있으며 또한 물 속에서 넘어지는 경우가 발생할 수 있다. 특히 가슴까지 오는 형태(Chest high)의 바지장화를 입은 체 물속에서 넘어지면 바지

〈그림〉바지장화 착용 시 포인트 공략 순서

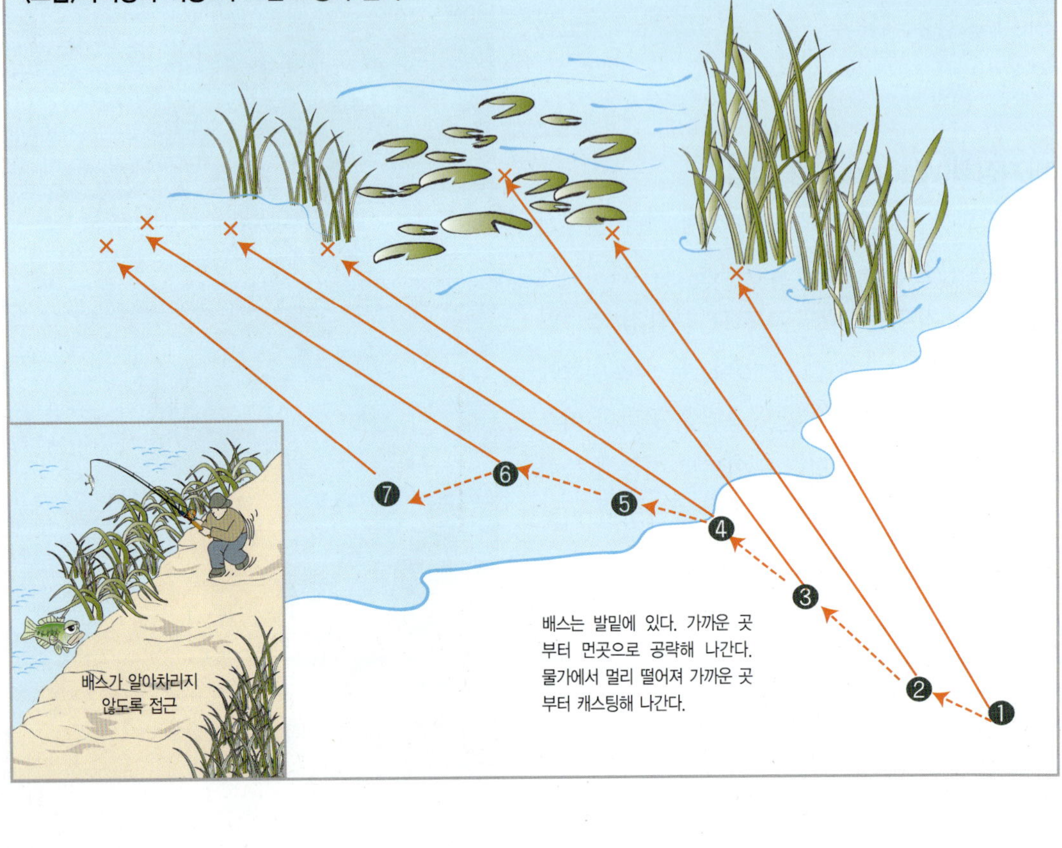

장화 속으로 물이 들어차면서 몸이 수중에서 뒤집어지는 매우 위험한 상태가 될 수도 있다.

바지장화를 착용하였을 경우에는 허리보다 깊은 수심은 절대 들어가지 말도록 하며 허리벨트를 꽉 조여 놓아야 유사시에 바지장화 속으로 물이 들어가는 것을 예방할 수 있다.

벨리보트(Belly boat, Floater)

벨리보트의 개요

벨리보트(Belly boat)는 고무튜브를 이용해 배스낚시를 즐길 수 있도록 고안된

〈그림〉유속이 있는 곳에서 바지장화 착용 후 접근 방향

장비로서 배스낚시에서 도보낚시의 포인트에 대한 제한적 접근 등 불리한 점을 해소하고자 개발된 도구이다.

바지장화(Chest high Wader)를 입은 낚시인이 약간의 부수장치가 부착된 실제 고무튜브를 착용하고 수중에 하체가 잠긴 채 물에 떠서 낚시를 할 수 있는 구조로 되어 있다.

벨리 보트를 사용하면 소규모 저수지나 수로, 작은 연못 등 한정된 포인트로 조용히 접근해 집중 공략하는데 효과적이지만 대규모의 수면에서는 이동속도가 느린 관계로 그 사용가치는 떨어진다.

부피가 작아 운반과 보관 설치가 간편하고 경제성까지 갖춘 밸리보트.

벨리보트 종류

① O형 벨리보트

O형은 가장 기본적인 벨리보트 형태로써 원형의 간단한 구조이다. 상대적으로 승선하기가 불편하며 원형이라 물의 저항을 많이 받아 직진성이 떨어지므로 이동속도가 느리고 제자리에서 몸통이 쉽게 회전해버리는 경향이 있다. 또 방향 전환은 쉽지만 배스를 걸었을 때 자세가 불안정한 것이 단점이다.

② U형 벨리보트

U형은 튜브가 U자 형태로 전면이 틔어 있는 벨리보트다. 승하선이 불편한 O형 보트의 단점을 해결한 형태로서 오리발(Fin)을 신은 채로 보트에 바로 앉을 수 있으며

실용성과 낭만성을 겸비한 밸리보트낚시.

〈그림〉벨리보트는 짧은 대가 유리

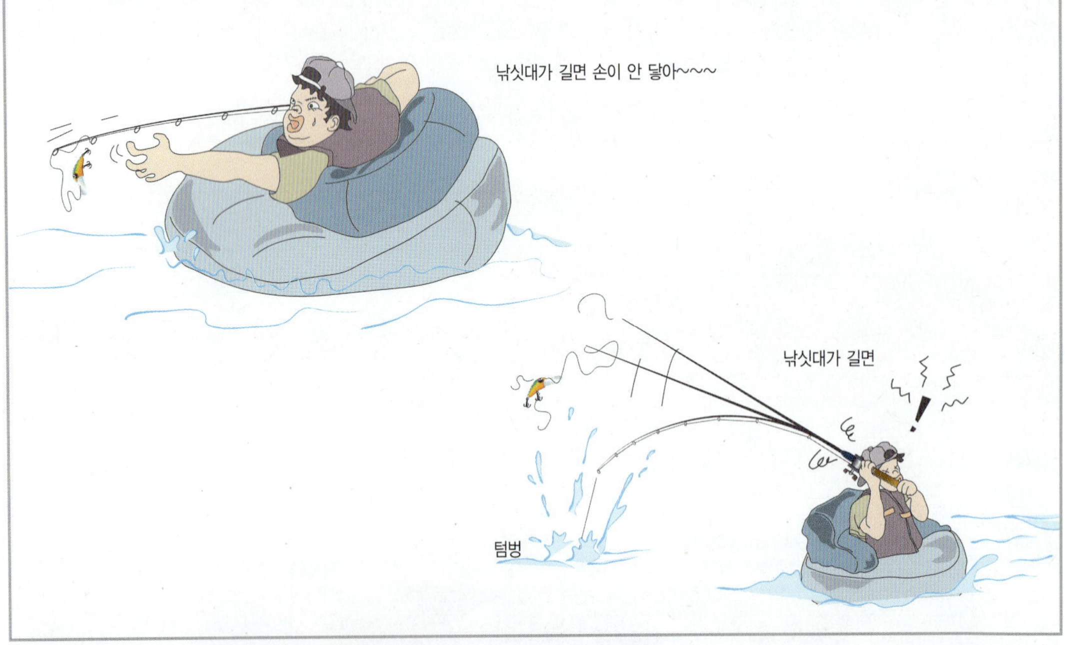

땅콩보트를 타고 배스낚시를 즐기는 꾼들.

앞이 틔어 있어 착용 후의 행동도 비교적 자유로운 장점이 있다.

③ 사용 시 주의사항

벨리보트는 바지장화 다음으로 간편하고 가격도 저렴하다. 그러나 오리발을 이용하여 이동해야 하므로 활동이 자유롭지 못하고, 상체만을 수면 위로 내놓으므로 다양한 낚시 패턴을 구사할 수 없는 제약도 있다.

실제 낚시에 임할 경우 적재량이 적으므로 과도한 루어와 장비는 지참 불가능하므로 소수의 정예 도구만을 준비해야 한다. 벨리보트를 타고 입수한 경우에는 도보낚시나 일반 보트낚시와는 매우 다르다는 것을 인식해야한다.

우선, 자신의 위치가 매우 낮아 수면에 가까움을 기억한다. 일반적인 길이(6~7ft.)의 낚싯대를 사용하는 경우 마음껏 캐스팅을 하기위해 낚싯대를 휘두르면 루어가 뒤쪽 수면에 부딪친다거나 하여 백래쉬(Back rash)가 다발할 수 있다. 또한 낚싯대 초리에 루어가 걸려 엉킨 경우에도 한 손을 뻗어 루어를 풀 수도 없다. 그러므로 지참하는 낚싯대는 두 팔을 벌린 길이보다 길 경우에 사용하기 힘들므로 필히 이보다 짧은 낚싯대 즉, 5.6ft.(약 1.7m)이하의 낚싯대를 선택하도록 한다. 예비 낚싯대를 지참하는 경우에는 원피스의 낚싯대보다는 여러 토막으로 된 제품이나 안테나식의 낚싯대가 유리하다. 특히 무엇보다도 중요한 것은 필히 구명조끼를 착용해야 하는 사실이다.

배스낚시용 보트(Bassing Boat)

보트낚시의 매력

배스낚시는 기법이 다양한 만큼 도보낚시, 연안낚시에서는 구사하기 힘든 테크닉들도 많다. 또한 대단위 인공호수와 같이 포인트가 광범위하게 흩어져 있어 도보로 이동하기에 시간이 많이 걸리는 곳에서의 신속한 포인트 이동은 물론, 도보로 접근하기 불가능한 곳에 대한 포인트 접근의 용이성 등으로 인하여 보트의 필요성은 높아진다. 그러므로 배스낚시를 좋아하는 낚시인이라면 모두가 바라는 것이 보트를 이용하는 방법이라 해도 과언은 아니다.

배스 프로들의 토너먼트에서도 보트는 필수적으로 활용되는데 그만큼 보트를 이용한 방법이 배스낚시에 있어서 많은 비중을 차지하고 있음을 보여주는 좋은 예이다. 배스낚시에 있어서 보트는 중요한 도구 중의 한 가지이다.

배스낚시용 보트의 종류

배스낚시에 사용되는 보트는 초소형의 1인용에서부터 엔진은 물론 유용한 기기가 장착된 전문 배스보트에 이르기까지 여러 종류가 있다. 일반적으로 배스낚시에 주로 사용되는 보트는 다음과 같다.

벨리보트에서 한 단계 진보된 킥 보트.

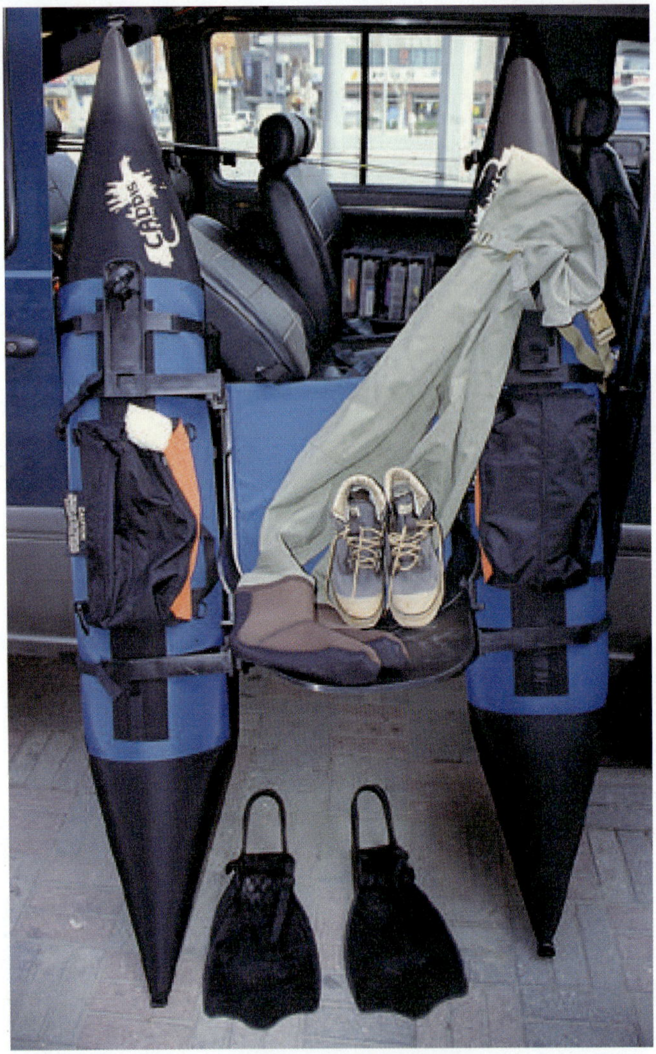

① 킥(Kick) 보트

앞에 설명한 벨리보트(Belly boat)에서 진보된 것으로 유사한 면이 많은 간단한 형태와 기능을 가진다.

길쭉한 튜브 사이에 철제 프레임이 연결되어 있고 그 가운데에 의자가 놓인 형태로 사용자 탑승 시에 의자는 물에 잠기지 않고 탑승자의 무릎 정도까지만 잠기는 구조이다.

벨리보트에 비해 탑승자의 움직임이 편해진 방식으로 수면으로부터의 높이도 충분히 확보되므로 사용하는 루어와 활동의 제약이 적다. 또한 부력이 양쪽으로 길게 위치하므로 안정성과 직진성도 뛰어나다.

이동에 오리발(Fin)만 의존하는 벨리보트와는 달리 노를 저어 이동하거나 가이드 모터(Guide Motor)를 따로 장치하여 사용하므로 속도도 상대적으로 빠르다. 더욱이 수심이 매우 얕은 늪지나 다소 유속이 있는 곳에서도 사용할 수 있고 승하선도 간편하고 쉽다. 반면 순발력이 다소 떨어지고 바람이 불면 쉽게 떠다닌다는 약점이 있으며 철제 프레임 때문에 휴대 시에는 벨리보트보다 부피도 큰 편이다.

② 고무보트

일반적으로 타원형의 고무보트를 말한다. 크기가 다양하고 타 보트에 비하여 상대적으로 저렴하므로 자주 사용되는데 배 바닥에 단단한 용골이 있는 것과 용골이 없는 것이 있다. 주로 2~3인승이상의 형태에 용골이 설치되어 있는 경우가 많다. 크기와 탑승인수에 의해 동력 장치를 설치하여 사용하기도 한다.

초소형의 1인승 고무보트를 '땅콩보트' 라고도 부르는데 배스낚시를 즐기는 낚시인들 사이에서 많은 인기를 모으고 있다. 땅콩보트는 벨리보트에 비해 배스에게 경계심을 덜 주므로 포인트에 안심하고 접근이 용이하다. 또한 수납이 간단하여 일반 승용차를 이용하여 운반할 수 있고 벨리보트와 같이 물속으로 들어갈 염려가 없고 피로도 덜하다. 상대적으로 안정감이 좋지만 역시 바람에 의해 흘러가기 쉬운 점도 있다. 배스낚시용으로는 이를 보강하기 위해 바닥에 스태빌라이저(Stabilizer)를 장치하여 사용하기도 한다.

소형 고무보트의 경우에 일반적으로 엔진보다는 가이드 모터(Guide motor)를 장치하여 사용하므로 대단위 면적의 호수보다는 작은 저수지나 수로 등지에서 유용하게 사용된다.

고무보트는 일어서서 낚시하기에는 불안한 면이 없지 않으나 간이 의자 판을 설치하고 앉아서 낚시하는 것은 자유롭다.

③ 알루미늄 보트

알루미늄 재질로 제작된 보트로 무게가 가볍고 강도가 우수해 간이 스피드 보트(Speed Boat)로 활용되고 있다.

단면이 V자 형태인 알루미늄 보트는 비교적 빠른 속도를 낼 수 있지만 정지 시에 안정성이 떨어지므로 안정성을 향상시킨 형태의 제품도 생산되고 있다.

휴대의 용이함이나 가격 면에서 대중적이지는 않지만 배스낚시에 필요로 하는 여러 가지 개조에 적합하고 가격 대비 성능이 우수하므로 배스낚시 전문가들에게 인기가 있다.

④ 전용 배스 보트(스피드 보트)

배스낚시 전용으로 설계된 스피드 보트(Speed Boat)를 말한다.

일반적인 모터보트와 달리 앞뒤 쪽 갑판을 최대한 넓고 평평하게 설계하고 의자를 부착하는 등 활동성이 높은 배스낚시에 적합하도록 만든 편의 시설이 구비된 전문보트이다. 고 마력(馬力) 엔진과 함께 어군탐지기, 가이드 모터(Guide motor) 등 전문적인 배스낚시를 위한 장비가 기본적으로 탑재되어 있다.

매우 고가이고 프로급의 전문가들이나 배스낚시 토너먼트 등에서 사용된다.

배스낚시용 보트 비품

배스낚시를 위하여 모든 필요한 기기가 구비되어 있는 전문 배스보트를 구입한 경우에는 아무런 문제가 없으나, 이외의 보트를 구입한 경우 특히, 알루미늄 보트 등을 구입한 경우에는 배스낚시에 활용할 수 있도록 보트를 꾸며주어야 한다. 보트에 필요한 비품은 다음과 같다.

① 데크(Deck) 작업

배스낚시를 편하게 할 수 있도록 배의 안쪽에 평평한 판을 설치하고 카펫을 깔아 서있기에 편리하도록 바닥을 만들고 의자를 설치하는 등의 작업이다. 이때 작업 후의 무게를 고려하면서 행하는 것이 중요하며 충분한 설계 후 실행에 옮기도록 한다. 보트의 균형을 생각하여 정확한 무게중심을 잡아주고 일부 재료가 한 곳으로 몰리지 않게 각별히 조심한다.

보트에 대한 지식이 있다면 직접 시공하여도 좋지만 보트 전문점에 의뢰하여 시공하는

배스낚시 붐이 시작되던 당시 북한강 문호리에선 노를 젓는 나룻배를 곧잘 이용하곤 했다.

보트는 동력과 무동력 모두 안전에 주의해야 한다.

것도 바람직하다.

② 선외기(Outboard motor, 엔진)

필히 보유하고 있는 보트의 규격에 맞는 마력(馬力)을 선택하여야 한다. 시동방법, 엔진 길들이는 방법, 기어변경 방법, 트림(Trim)각 변경 방법, 기어오일의 교환방법 및 시기, 간단한 응급조치 방법 등을 필히 숙지해 두고 사후 A/S까지 확실히 알아두도록 한다. 또한 수리나 분실 시에 활용할 수 있도록 엔진의 고유번호도 별도로 기록해 둔다. 이외에도 사고의 원인이 될 수 있는 무리한 엔진 튜닝은 삼가고 정기적으로 점검을 게을리 하지 않는다.

③ 가이드 모터(Guide motor)

가이드 모터(Guide motor)는 보트의 선수나 선미에 부착하는 보조모터를 일컫는 말로 소음 없이 저속으로 움직일 수 있으므로 트롤링 모터(Trolling motor)라고도 부른다.

가이드 모터(Guide motor)는 포인트로의 조용한 접근은 물론 바람이나 파도로 인해 배가 떠밀리는 현상을 방지하고 방향을 바로 잡기 위한 목적으로 사용된다.

전기로 구동되어 소음이 적고 미세 조정이 가능하므로 보트를 이용한 배스낚시에서는 필수품이다.

가이드 모터는 크게 핸드 컨트롤(hand control) 방식과 풋 컨트롤(foot control) 방식이 있다. 핸드 컨트롤 방식은 데크(Deck)를 설치하지 않은 고무보트의 경우에 주로 부착하는데 항시 손으로 조정을 해야 하므로 두 손을 다 사용할 때가 많은 배스낚시에 있어서는 불편함이 없지 않다. 풋 컨트롤 방식은 부속된 페달을 사용해 발로 조정할 수 있도록 되어있어 배스낚시에 매우 편리하다.

구입 시에는 보트의 무게를 고려하여 마력(馬力)을 결정해야 한다.

테크작업과 엔진, 가이드 모터, 뎁스파인더까지 모두 갖춘 알미늄보트.

④ 어군탐지기(Depth Finder)

흔히 '어탐기' 라고 부르기도 하는 어군탐지기는 수중의 물고기만을 찾아 보여 주는 장치가 아니다. 수심(水深)을 파악해 주며 바닥의 형태변화는 물론 바닥의 토질(土質)변화, 수온약층(水溫躍層, thermocline), 수중 생물 등등의 다양한 정보를 제공한다. 수중에서의 물고기의 발견은 그 수많은 기능 중 일부분에 지나지 않는다. 따라서 많은 경험으로 어군탐지기에 나타나는 정보들을 자신의 것으로 만드는 노력이 필요하다.

제조회사마다 화면을 통해 출력되어지는 표시방법에 차이가 있으므로 자신이 소유하고 있는 어군탐지기에 익숙해지고 그 활용도를 높일 줄 아는 것이 중요하다.

⑤ 배터리(Battery)

배터리(Battery)의 선택은 의외로 중요하다. 어군탐지기와 가이드 모터(Guide motor), 그 밖의 여러 기기들에 전원을 공급하기 위한 목적으로 사용된다.

배터리는 사용시간을 고려해 넉넉한 고용량의 배터리를 사용할수록 좋으나 전문 배스보트를 사용하지 않는 이상 배터리 자체의 중량(20kg 이상)으로 인한 보트의 균형문제와 적재 공간문제가 발생한다. 그러므로 이에 알맞은 배터리를 선택하는데 적은 용량의 배터리는 충전이 필수적이므로 낚시 도중 충전할 만한 장소를 찾아야 하는 번거로움을 감수해야만 한다.

배터리는 처음에 구입할 때부터 평소의 낚시 시간을 고려하여 용량 선택을 한다. 가능한 한 거의 방전이 될 때까지도 일정한 출력을 낼 수 있고 수명이 긴 딥 사이클(Deep Cycle) 배터리를 선택하는 것이 바람직하다. 일반 배터리의 경우는 완전 충전을 하더라도 장시간 사용하지 말고 절반이 소모되기 이전에 다시 충전을 해주어야 표시된 수명대로 사용할 수 있으므로 구입에 신중할 필요가 있다.

일반적으로 사용하는 배터리의 용량은 80A 12V인데, 여유를 갖고 사용하기 위해서는 100~110A정도의 용량을 구입하는 것도 바람직하다. 또한 용량이 큰 배터리는 가이드 모터용으로 사용하고 15~20A정도의 소형을 별도 구입하여 어군탐지기(Depth finder)용으로 사용하면 무게도 크게 지장을 받지 않고 용이하게 사

넓고 평평한 갑판에 의자를 비롯, 다양한 편의시설을 갖춘 배스 전용 보트.

용할 수 있다.

배터리의 충전은 수명을 고려하여 필히 검증된 충전기를 사용하도록 한다.

보트 구입 시 유의점

최초로 보트를 구입하기로 결정한 경우, 다음과 같은 사항을 미리 검토하여야 한다.

① 자신의 배스낚시 스타일과 경제성을 고려한 가격대를 정하고 이에 해당하는 보트를 찾는다.

② 보트의 형태와 구조, 성능은 각 제작회사마다 조금씩 다르므로 낚시용, 수상스포츠용, 물놀이용인지를 충분히 판단해 선택한다. 또한 속도를 중요시한다면 수면을 잘 가를 수 있는 V형 바닥 구조를 선택하고 편안한 승선감을 우선한다면 안정성이 좋은 플랫(Flat)형 바닥 구조를 선택한다.

③ 도록에 표시되어있는 승선인원 표기는 엔진과 연료통만을 부착했을 경우 앉아서 주행할 수 있는 인원을 의미하므로 배스낚시용으로 꾸밀 것을 염두에 두고 충분한 공간 확보를 고려해 약간의 여유가 있는 제품을 선택한다.

④ 구입한 보트의 육상 운송을 위해 보유하고 있는 차량에 맞는 제품을 선택한다. 너무 큰 보트를 선택하면 육상 이동이 불가능할 수 있다.

⑤ 구입한 보트에는 반드시 적정 마력(馬力)수의 엔진만을 사용한다. 남보다 느리다고 보트의 무리한 개조나 엔진의 업그레이드는 사고를 초래할 수 있다.

보트 사용 시 유의사항

① 어떠한 경우라도 필히 구명조끼를 착용한다.

② 킥 보트(Kick boat)나 땅콩보트가 아닌 가솔린 엔진을 부착하는 본격적인 보트를 구입하려면 먼저 해양경찰청에 실시하는 조종면허를 취득해야 한다.

③ 고무보트 사용 시 기온이 24℃ 이상일 경우 보트를 물에 띄워 놓는 것은 상관없으나 물 밖에 보관할 시는 필히 주입된 공기량을 70%이하로 해 두어야 한다. 강한 직사광선으로 인하여 보트 내부의 공기가 팽창하고 고무보트의 이음새가 파손되어 공기가 샐 우려가 있다.

④ 고무보트는 수시로 점검하여 공기의 유출 유무를 확인하도록 한다. 응급수리

에 사용할 도구를 항시 지참하도록 한다. 다만, 고무보트용 접착제는 시중의 일반 접착제와는 다르므로 주의해서 준비한다.

⑤ 승선 전에 승선인원의 초과 유무를 확인한다.

⑥ 선외기가 설치된 보트의 경우, 안전핀을 엔진에 연결한 후에는 필히 구명조끼에도 핀을 꽂고 운전한다.

⑦ 선외기가 중앙부에 견고하게 부착 되었는지를 항시 확인하고, 출발 전 연료는 충분히 있는지 엔진에서 새지 않는지도 확인한다.

⑧ 포인트 이동시 과속은 금물이며 회전 시에는 속도를 줄이고 전후좌우를 잘 살피고 다른 보트와 진로가 엇갈리지 않도록 주의하며 완만하게 회전한다. 진로변경은 가능한 한 일찍 분명하게 한다.

어군탐지기는 어군뿐 아니라 수심, 바닥지형과 수온약층까지 감지해 준다.

⑨ 연안 근처는 수심이 불안정하므로 가급적 속도를 줄이고 운행한다. 또한 부유물, 나무, 밧줄, 비닐봉지 등이 엔진의 스크루에 걸리지 않도록 주의한다.

⑩ 선외기를 부착한 고무보트의 경우에 공기가 부족하면 급회전 시 전복될 수 있으므로 주의한다.

⑪ 유원지 부근 등 사람이 수영을 할 수 있는 곳을 완전히 벗어난 후에 엔진을 작동하도록 한다.

⑫ 다른 보트 뒤를 바짝 따라 가면서 주행하거나 가까이 접근하는 것은 피한다.

⑬ 일몰 이후의 운행은 위험하므로 피한다.

⑭ 운행 중 안개로 앞이 안보일 때에는 정지하거나 닻을 내려 안개가 걷히기를 기

배스낚시대회에서 출발을 기다리는 보트들. 모터보트는 더욱 안전에 만전을 기해야 한다.

다리고 다른 보트에서는 멀리 떨어지도록 한다.

⑮ 출항 전에 목적지, 탑승인 명단, 예상 귀항시간 등을 육상에 있는 연락처에 반드시 알려둔다.

제7장

배스낚시 포인트

에지(Edge)란 무엇인가

배스낚시에서 에지(Edge)의 의미

배스낚시에서 말하는 '에지(edge)' 라는 뜻은 단순한 '가장자리, 언저리, 경계면' 이라는 의미만을 갖고 있는 것이 아니다.

배스낚시의 '에지(Edge)' 개념은 장애물이나 바닥 재질 등과 같은 유형적 경계면을 나타내는 좁은 의미의 개념과 수온, 물 흐름 등과 같은 무형적인 상황적 경계면을 의미하는 넓은 의미의 개념까지 함께 포함한다.

이러한 에지(Edge)는 배스낚시에서는 물론 대부분의 낚시 장르의 포인트 찾기에서 매우 중요한 개념이다.

에지의 종류들

일반적으로 배스는 '에지(Edge)' 를 좋아하여 그곳이 배스낚시의 포인트가 된다. 구체적인 에지(Edge)의 예를 들면 다음과 같다.

① 수초 에지

수초지대에서 에지(Edge)는 크게 두 가지로 나뉘어 설명할 수 있다. 하나는 수초의 종류별 경계 지역, 또 하나는 수면내의 수초 서식지 경계면이다.

두 가지 모두 배스가 즐겨 찾는 훌륭한 배스의 서식처다. 예를 들면 부들과 수련의 경계지역, 부들과 붕어말의 경계지역 등이 첫째에 해당한다. 부들에 의해 생기는 그늘과 붕어말에 의해 생기는 그늘과 같이 전혀 다른 형상의 그늘을 제공하는 수초의 경계지역이 가장 뛰어난 포인트가 된다. 둘째 수초의 서식지 경계면

수초는 배스가 가장 좋아하는 곳의 하나다.

은 수초대의 안쪽과 바깥쪽, 그리고 일반적으로 수초구멍으로 불리는 곳을 들 수 있다.

수초대의 에지(Edge)가 중요한 포인트가 되는 것은 배스의 먹잇감들이 수초대의 가장자리를 따라서 회유하기 때문이다. 수초지대 중에서도 모퉁이와 파여 들어간 곳, 수초구멍이 가장 유력한 곳이다.

② 장애물 에지

수중에 생성된 장애물 지역에 에지(Edge)가 형성된다. 이러한 곳은 배스가 몸을 숨기기 쉽고 먹이를 쉽게 구할 수 있는 장소이다. 대표적으로는 수중의 물골, 급심지역, 암반 및 고사목 주위, 수중섬 등이다.

이중에서 물골은 배스 포인트의 대표적 장소인데, 다른 지역에 비해 상대적으로 지표가 낮은 곳(깊은 곳)이다. 물골에 붙어 있는 배스는 항상 위를 보면서 먹잇감을 공격하기가 용이한 상태가 되는 환경이다. 이와 같이 물골은 배스에게 사냥

터인 동시에 휴식처로도 이용되는 중요한 포인트가 될 수 있다.

대단위 인공호수 등에서 토너먼트를 하는 전문 배스낚시인들은 전체 지형을 파악하고 가장먼저 호수의 담수 이전 물이 흘렀던 자리인 물골을 찾는 이유가 여기에 있다.

③ 물 흐름 에지

기본적으로 배스는 흐르는 물보다는 정체된 물을 선호한다. 그렇기 때문에 같은 조건 하에서는 정체된 물이나 조금이라도 흐름이 약한 지역에 배스가 머물고 있을 확률이 높다.

이러한 물 흐름의 정체는 크게 지역적인 정체와 장애물에 의한 정체로 구분될 수 있다. 지역적인 정체 현상은 강폭이 바뀌는 곳, 굴곡진 곳, 만곡 되어 후미진 곳이 대표적이라 할 수 있다. 장애물에 의한 정체 현상은 바위나 구조물 또는 수몰된 나무와 수초 등이 있는 곳에 나타난다. 즉, 이 경우 물의 흐름을 방해하는 요소들과의 경계면이 에지(Edge)로 해석된다.

④ 물색(濁度) 에지

배스는 너무 맑은 물도 아니고 흐린 물도 아닌 적당한 색의 물을 선호한다. 배스는 먹이 사냥을 할 때 시각을 많이 활용하기 때문에 물이 심하게 흐린 곳에서는 그만큼 먹이활동도 방해를 받아 약해질 수밖에 없다. 갑작스러운 비는 흙탕물을 만들고 이 경우 당연히 배스낚시는 어려워진다.

이와 같이 연안에 흙탕물이 졌을 때 맑은 물과 흙탕물의 경계가 되는 부분이 에지(Edge)가 된다. 이곳에 배스가 머물고 입질 확률도 높다.

흙탕물은 얕은 곳에서 깊은 곳으로, 상류에서 하류로 점차 퍼져 나가므로 그 경계면인 에지(Edge) 역시 서서히 깊은 곳과 하류로 형성되는 것이 일반적이다. 흙탕물이 일면 배스의 먹이고기들은 맑은 물을 따라서 이동하게 되고 이에 따른 배스의 이동도 필연적으로 나타난다.

⑤ 수온 에지

배스가 머무는 곳은 수온이 낮은 이른 봄철에는 보다 수온이 높은 지역을 찾아야 하며, 수온이 높은 한여름에는 상대적으로 수온이 낮은 찬물이 유입되는 새물 유입 장소를 찾아야 한다.

변온 동물인 배스에게 수온은 중요한 의미를 갖는다. 배스의 산란과 먹이활동은 물론 휴식에 이르는 생활전반이 수온의 영향 아래 있다고 해도 과언이 아니다. 그러므로 배스의 서식에 상대적으로 적절한 수온을 갖는 곳에서 배스를 낚을 확률이 높아진다.

〈그림〉에지의 이해

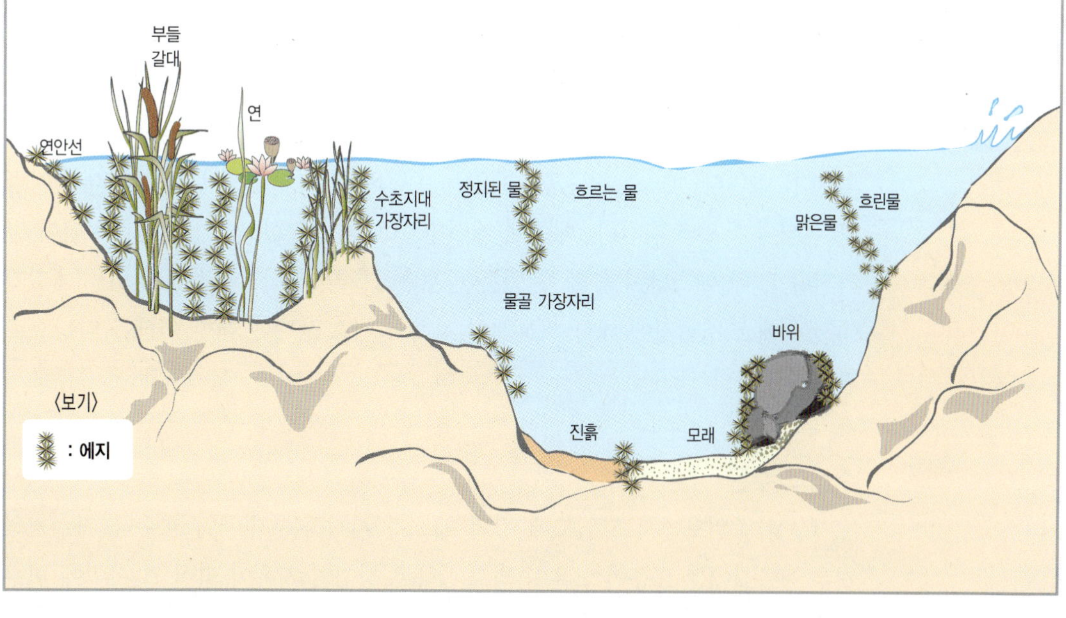

여름철 호수에서는 표층수와 심층수의 온도차에 의한 수온약층이 형성되곤 한다.

배스낚시와 수심의 상관관계

배스낚시의 한계수심

배스낚시를 할 수 있는 한계수심(限界水深)은 한 마디로 정의내릴 수 있는 성질의 것은 아니다. 배스는 적응할 수 있는 수심의 범위가 넓어서 계절에 따라 다양한 수심에 분포되어 산다. 때문에 계절별로도 낚시를 할 수 있는 한계수심이 달라진다. 결국 배스낚시를 할 수 있는 한계수심은 몇 미터까지라고 정의를 내리기 이전에 배스 서식지에 대한 기본적인 지식과 배스 생태에 대한 이해를 바탕으로 판단해야 한다.

수심과 수온

지구상 중위도에서 고위도에 걸쳐 배스가 서식하는 대단위 호수나 저수지의 경우 여름철에는 표층이 고온이 되고 심층은 갑자기 저온이 되어 그 사이에 변수층(變水層)이 생긴다. 그 온도차는 클 경우에 1m 깊어짐에 따라 10℃에 미치기도 한다.

일반적으로 상대적으로 고온이며 대류가 일어나 항온(恒溫)을 유지하는 곳을 '표수층(表水層)', 표수층의 흐트러짐이 미치는 한계이며 등온(等溫)의 표층수(表層水)와는 수질과 온도가 크게 다른 심층수와의 불연속면을 '수온약층(水溫躍層, Thermocline)', 그 아래로 저온으로 온도가 일정한 깊은 곳을 '심수층(深水層)'이라 한다.

표수층은 지속적인 대류현상으로 따뜻하고 용존산소량이 풍부하여 생물들이 서식하기에 좋은 환경이다. 그러나 심수층은 차가운 수온과 더불어 과도한 수압과 산소 부족 등의 좋지 못한 서식 여건을 갖게 된다. 따라서 대부분의 수중 생물들은 표수층과 수온약층을 벗어나지 않는 범위에서 생활을 영위하게 된다. 그러므로 배스도 표수층과 수온약층에 머무르는 것이 일반적이다. 그러므로 수온약층이 배스낚시의 한계수심이라고 생각해도 무리가 없다.

수온약층의 확인

수온약층은 수심, 수면적, 날씨, 장소 등 환경적 요인에 의해 변하는 동시에 지역별로 모두 다르게 나타난다. 그러나 보트를 이용한 배스낚시의 경우 어군탐지기를 활용함으로써 수온약층을 찾아낼 수 있다.

어군탐지기의 감도를 최고치로 설정한 후 감도를 조금씩 내려주면서 비교적 수심이 깊은 중심부로 보트를 몰고 나가보면 어군탐지기의 화면상에 띠 형태의 뿌연 공간으로 나타나는 수온약층을 확인할 수 있다. 여러 곳에서 확인해 본 후 공통적인 수심에서 수온약층이 나타난다면 그 수심대가 그날 배스낚시의 한계수심이라 생각해도 무방하다.

〈그림〉 호소의 수온성층 그래프

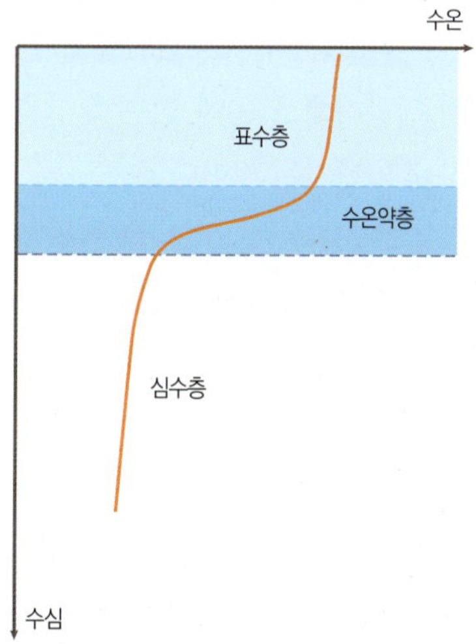

턴 오버(Turn over) 현상이란

턴 오버 현상의 정의

턴 오버(Turn over) 현상이란 표층수와 심층수가 서로 뒤섞여 전체의 수질과 수온이 일정해져 버리는 현상이다.

연중 몇 차례에 걸쳐서 나타날 수 있으나 일반적으로 가을의 턴 오버 현상이 대표적이다. 물은 온도가 높을수록 가벼워지고 온도가 낮아질수록 무거워져 가라앉는 성질(4℃의 물이 가장 무겁다)이 있는데 이로 인하여 발생하는 대류현상이 턴 오버 현상을 부른다.

턴 오버현상의 구조

열대지방과 같이 일정한 기온이 유지되는 곳에서는 수온약층의 형성이나 턴 오버 현상과 같은 일은 발생하지 않지만, 계절이 뚜렷하여 기온차가 큰 지역에서는 계절에 따라 발생하는 것이 턴 오버 현상이다.

일반적인 호소에서 여름철은 높은 대기온과 태양열로 인하여 표수층, 수온약층, 심수층의 구분이 확실하여 안정되어 있으나, 가을철로 들어서 기온이 떨어지면 수면이 냉각되어 가면서 수온약층의 수온보다 표층수의 온도가 낮아지는 현상이 발생하게 되고 점차 낮아지던 수온이 결국 심층수보다도 낮아지게 되면 그 호소 전체에서 대류가 일어나 심수층과 표수층이 뒤섞이게 된다.

이때 호소 바닥의 침전물도 같이 대류되기 때문에 턴 오버 현상이 발생한 곳에서 일반적으로 눈에 띄는 현상은 호소 전체적으로 물이 탁해지고 물비린내가 심하게 느껴지는 것이다.

턴 오버 현상과 배스낚시

턴 오버 현상이 발생하면 낚시에 매우 불리한 조건을 만든다.

표층과 심층의 물이 서로 섞이게 되면 수온과 용존산소량에 커다란 변화가 온다. 산소가 풍부했던 상층의 물은 산소가 부족한 하층의 물과 섞이면서 상층에서 주로 생활하던 물고기들에게는 결과적으로 산소가 부족한 상황이 연출된다. 반면 하층에도 어느 정도 산소가 공급되므로 생물들의 활동영역이 그만큼 넓어지는 결

가을 호수에는 턴 오버 현상이 자주 발생한다.

과도 부른다.

물고기에게는 물의 탁도, 수온, 용존산소량, 산성 농도(ph) 등 모든 생활환경이 갑자기 변화되는 것이므로 일시적인 혼란을 가져다주게 되기 때문에 이런 변화된 환경에 적응할 때까지는 활성도가 떨어진다.

배스도 먹이활동보다는 상황이 안정되기를 기다리며 적당한 장소를 찾아 이동하게 된다.

이와 같은 시기에 배스를 낚기 위해서는 턴 오버 현상의 영향을 적게 받는 지역을 찾는 것이다. 같은 형태의 지형이라도 물의 흐름이 좋은 곳, 용존산소량이 풍부한 곳을 주목한다. 수심이 얕은 지역, 새물이 들어오는 곳, 콧부리 등이 대표적이다.

얕은 연안은 턴 오버 현상의 영향을 덜 받으면서도 바람 등의 영향으로 수면에서 용해된 산소량이 상대적으로 높은 곳이다. 또한 새물이 유입되는 곳 역시 풍부한 산소가 흘러들어올 뿐만 아니라 늘 작은 먹이고기들이 머무는 장소이기도 하

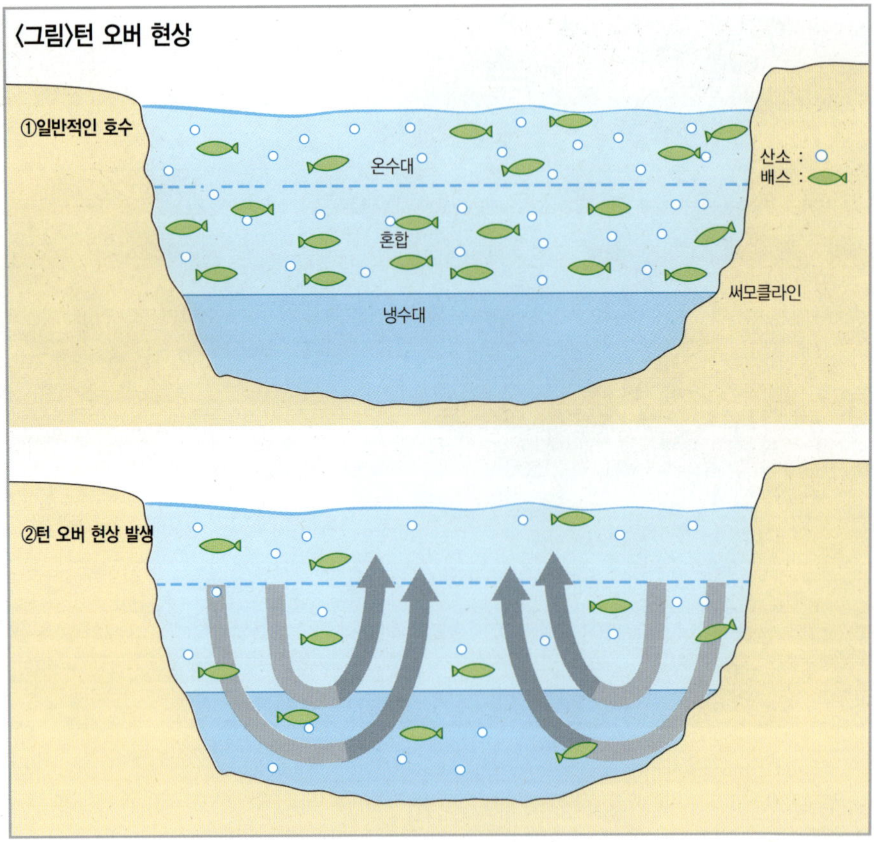

다. 곶부리 역시 비슷한 경우로 본류대에 연결된 곶부리는 물의 흐름이 좋아 턴 오버 현상의 영향을 덜 받으면서 바람에 의한 산소공급이 좋으므로 작은 물고기들이 몰려들게 된다.

스트럭처와 장애물의 역할

스트럭처, 장애물과 배스 포인트

제1장에서 배스가 좋아하는 장소로서 스트럭처(Structure)를 살펴보았다. 스트럭처는 배스가 일시적으로 또는 정기적으로 머무르거나 이용하는 모든 것을 의미하는데, 단순히 생각하면 수중의 지형지물, 바닥구조이다. 이외에 수초, 고사목,

무너진 돌더미와 같은 여러 가지 장애물(Cover)도 이의 연장선상으로 포함시킨다.

배스낚시에서는 '장애물 = 배스 포인트' 로 통할 정도로 배스낚시의 포인트로서 장애물은 유용한 표적이 된다.

배스낚시에서 스트럭처를 올바르게 이해하는 것은 매우 중요한 일이다. 그것은 배스의 생존에 필요한 여건들과 무관하지 않기 때문이다.

전체 자연생태계의 모든 생물들도 마찬가지이지만 자신을 보호해줄 수 있는 안식처, 이동 중에 휴식할 곳, 또한 먹이사냥에서도 들키지 않고 숨을 수 있는 곳 등이 필요한데 이러한 환경을 제공하여 주는 것이 바로 각종 장애물을 포함하는 스트럭처이다. 그렇기 때문에 스트럭처나 장애물 주위에는 배스가 머물며 바로 그 곳이 배스낚시의 중요한 포인트가 된다.

배스가 선호하는 스트럭처와 장애물

배스가 좋아하는 스트럭처와 장애물을 낚시방법과 함께 살펴보면 다음과 같다.

풍부한 산소량과 은신처, 먹잇감을 제공해주는 수초지대.

① 수초

수초지대는 배스가 서식하기에 이상적인 환경을 제공하므로 배스가 가장 선호하는 장소이다. 수초의 광합성에 의한 산소공급과 직사광선을 피할 수 있는 최적이 장소이기 때문이다. 수초지대 중에서도 가장자리, 길게 돌출된 곳과 같은 경계면은 배스에게 최고의 사냥터가 된다. 이밖에도 수초 한가운데의 구멍은 배스의 아늑한 휴식공간 역할도 한다. 수초는 종류가 다양하고 구조적으로도 차이가 있는 환경을 만들므로 이에 따라 사용하는 루어와 기법이 달라질 수 있다. 상세한 내용은 다음 항목에서 설명하기로 한다.

② 나무(수몰나무와 수중 고사목)

물속에 가라앉거나 쓰러져 있는 나무도 배스가 좋아하는 장소다. 수온이 낮은 시기에는 햇빛에 의해 나무가 물보다 먼저 따뜻해지므로 나무 주위가 상대적으로 수온이 상승한다. 따라서 수몰나무 주위에 배스가 모여든다. 또한 수온이 높은 시기에도 그림자 지역이 형성되므로 배스가 모여들게 된다.

수몰나무는 배스에게 은신처 역할은 물론 보다 쾌적한 수온을 제공한다.

배스는 이러한 장소에서 대부분 나무에 의지해 중층에 떠 있다가 수면을 의식하며 사냥을 하게 된다. 따라서 수면에서 낙하하는 동작을 연출할 수 있는 스피너

바위가 무너진 곳이나 암반지대는 사철 배스가 모여드는 장소이다.

베이트, 지그 헤드 리그, 다운 샷 리그 등이 효과적이다.

③ 바위 지대

계절에 상관없이 바위가 무너진 장소나 암반지형은 배스가 모여드는 장소이다. 바위도 햇빛에 의해 물보다 빠르게 따뜻해지므로 수온이 낮은 시기에도 배스가 모이고 수온이 높은 시기에는 바위의 그늘로 배스가 모인다. 일반적으로 바위의 크기가 클수록 그늘도 크게 형성되므로 모여드는 배스의 크기도 큰 경향을 보인다.

다만 바닥이 거칠어 밑걸림 확률이 높을 수 있으므로 이에 대비하는 루어의 사용이 바람직하다. 주로, 러버 지그, 무거운 봉돌을 부착한 웜을 이용한 각종 채비가 효과적이다.

④ 제방

제방 주위는 비교적 수심이 깊고 계절별로도 안정된 환경을 보이는 장소이다. 바닥은 밋밋한 지형이지만 불규칙한 돌무더기나 여러 가지 장애물이 쌓여있는 경우가 많아 배스의 좋은 포인트가 된다.

수면에서부터 바닥까지 전부 배스를 낚을 수 있는 장소이므로 이에 알맞도록 크랭크 베이트, 스피너 베이트, 바이브레이션 등을 사용하는 것이 바람직하다. 이외에도 지그헤드 리그 등 다양한 웜을 이용한 채비가 효과적이다. 그러나 밑걸림이 심한 장소이므로 끝까지 릴링하지 말고 루어가 가까이 회수되면 낚싯대를 들어올려 밑걸림을 예방하도록 한다.

⑤ 새물 유입구

산소가 풍부한 새물이 흘러드는 장소는 연중 배스가 모이는 훌륭한 포인트의 하나이다. 용존 산소가 많으므로 플랑크톤과 작은 수중 생물이 항상 모여들기 때문에 배스에게 좋은 사냥터가 된다. 흘러드는 장소에 낙차가 있어 물속으로 파인 장소는 배스가 몸을 숨기기에도 적합한 환경을 만들어 준다.

이와 같은 장소에 모여 있는 작은 물고기를 사냥하는 배스를 낚는 데는 미노우와 각종 소프트 베이트를 이용한 채비가 효과적이다.

⑥ 콧부리 지역

계곡형 저수지에서 흔히 만날 수 있는 지형으로 산자락이 물속으로까지 이어져있는 장소이다. 수류 이동이 좋고 상대적으로 산소공급이 양호하며 작은 물고기들이 모이는 장소이다. 이러한 장소에 수중 바위나 고사목과 같은 장애물이 있다면 더욱 좋은 포인트가 된다.

새물 유입구는 산소량이 풍부하고 작은 수중 생물이 항상 모여들어 연중 배스가 몰린다.

급경사 지형은 배스의 이동 길목이 되는 경우가 많다.

이와 같은 장소는 중층에서부터 바닥까지를 공략 가능한 루어가 바람직한데 스피너 베이트, 러버지그, 각종 소프트 베이트를 이용한 채비가 효과적이다.

⑦ 급심 지역

연안의 얕은 수심이 갑자기 깊어지는 급경사진 지형으로 배스가 이동시에 주로 사용하는 길목이 되는 장소이다. 물론 이와 같은 지형이 전부 배스의 포인트가 되는 것은 아니며 동일한 급경사면에서도 변화가 있는 장소나 배스가 의지할 만한 장애물이 있는 장소가 더 좋은 조건을 만든다.

이와 같은 장소에서는 스피너 베이트, 크랭크 베이트, 러버지그, 각종 소프트 베이트를 이용한 채비를 수심에 따라 활용하는 것이 효과적이다.

배스낚시와 수초의 관계는

배스와 수초

수초지대 안에는 수초가 생성해 내는 풍부한 산소와 이를 필요로 하는 온갖 종류의 플랑크톤, 그들을 먹고 사는 작은 먹이고기들이 상주하는 배스에게는 최적의 장소이다.

여름철에는 그늘을 제공해주고 높은 수온으로 용존산소량이 저하되어도 수초가 광합성을 하며 생성하는 산소가 배스에게 활력을 불어넣어 주기에 충분하다.

또한 수초 자체는 이미 배스의 몸을 보호해주는 훌륭한 은신처이기도 하다. 배스의 체색만 보더라도 본래 배스가 수초 속에서 사는 물고기란 생각이 절로 들만큼 수초와 잘 어울린다는 것을 알 수 있다.

물론 수초지대라고 해서 어느 곳에나 배스낚시의 1급 포인트가 되는 것은 아니다. 오히려 수초가 많으면 루어의 바늘 걸림이나 보트 사용 시에 가이드 모터 스크루의 걸림 등으로애로사항이 많아지는 경우도 있음을 기억해 둘 필요가 있다.

수초의 역할

배스낚시 포인트로서 수초대의 역할은 다음과 같다.

① **배스에게 살기 좋은 환경을 제공한다.** 수초는 일종의 정화작용을 함으로써 더러운 물을 맑은 물로 만들어 준다. 그리고 광합성을 통해 물 속의 이산화탄소를

〈그림〉수초의 역할

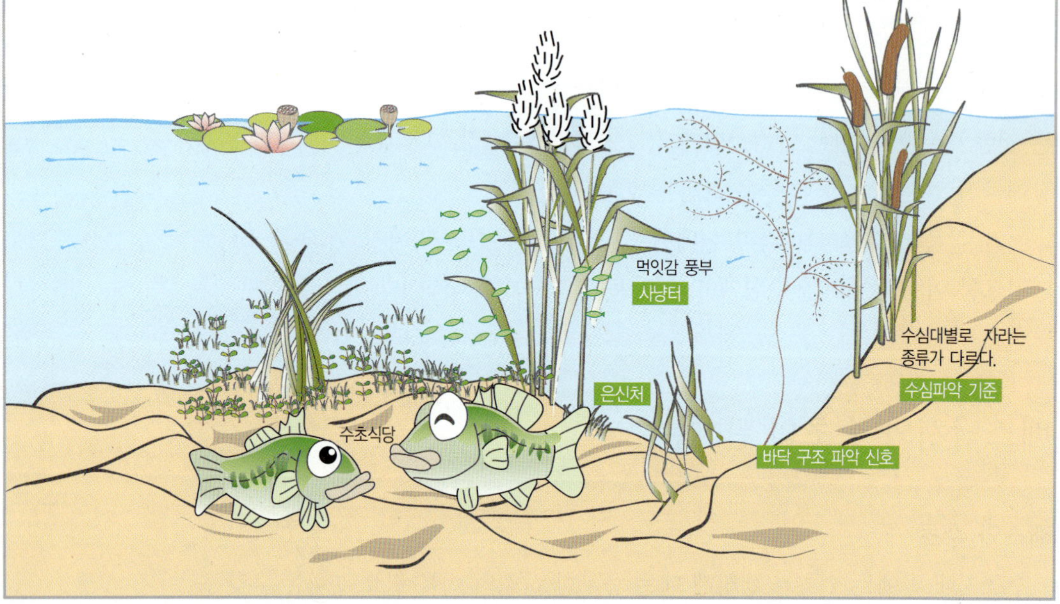

빨아들이고 산소를 배출해 수중 용존산소를 풍부하게 해준다. 또한 밀집된 수초에는 배스의 먹잇감이 되는 작은 물고기들의 은신처 노릇을 하는 것은 물론, 각종 플랑크톤을 번식하게 하므로 이상적인 수중 생태계를 만들어 준다.

② **수심 파악의 기준이 된다.** 즉, 몇 미터는 얕은 지역이고 몇 미터는 깊은 지역이라는 수치적인 개념보다는 햇빛이 투과되어 수초가 살 수 있는 지역을 얕은 곳(shallow), 햇빛 투과량이 적어 수초가 없는 지역을 깊은 곳(deep)이라고 구분할 수도 있다.

③ **바닥 구조를 알리는 신호가 된다.** 수초지대의 가장자리(Edge)는 바닥의 변화를 암시하는 신호이다. 수초지대가 시작되거나 없어졌다면 그것은 분명히 바닥지형이나 지질의 변화가 있음을 의미하며 또한 급격한 수심의 변화를 예측할 수 있다.

④ **배스의 은신처이며 사냥터이다.** 수초는 그늘을 만들어 배스에게 휴식의 공간을 제공하고 먹잇감을 끌어들이므로 숨어서 먹이사냥을 할 수 있는 장소를 제공한다.

수초 구분과 낚시방법

① 침수(沈水)수초

뿌리와 줄기, 잎이 모두 물속에 잠겨있는 식물로서 물수세미, 검정말, 말즘, 나사말 등이 이에 속한다. 대부분 물속은 이들로 빽빽이 채워져 숲을 이루고 있기 때문에 수초의 걸림에 대비한 루어의 사용이 바람직하다. 주로 스피너 베이트와 사우스캐롤라이나 리그가 효과적이다. 봄철과 같이 수초가 아직 덜 자라 수면에까지 나와 있지 않은 상황에서는 수중의 수초 바로 위를 지날 수 있는 루어 즉, 잠수심도가 얕은 쉘로우 크랭크 베이트, 플로팅 기능의 미노우 등도 효과적이다.

② 부엽(浮葉)수초

뿌리는 물속에 있고 잎은 수면위로 나온 식물로서 수련, 가래, 마름 등이 대표적이다. 일반적으로 수면에 넓은 잎을 갖고 있는 식물들이므로 수중으로 그림자를 많이 드리워 배스에게 좋은 은신처를 제공한다. 주로 걸림을 피하면서 수면을 공략할 수 있는 루어가 바람직한데 위드레스(Weedress) 기능이 있는 탑 워터 루어나 각종 웜을 사용한 노 싱커 리그, 소프트 저크베이트 등이 효과적이다.

●주요 수초 종류

부들.

연.

어리연꽃.

말즘.

검정말.

마름.

물달개비.

뗏장수초.

〈그림〉수초별 루어 활용

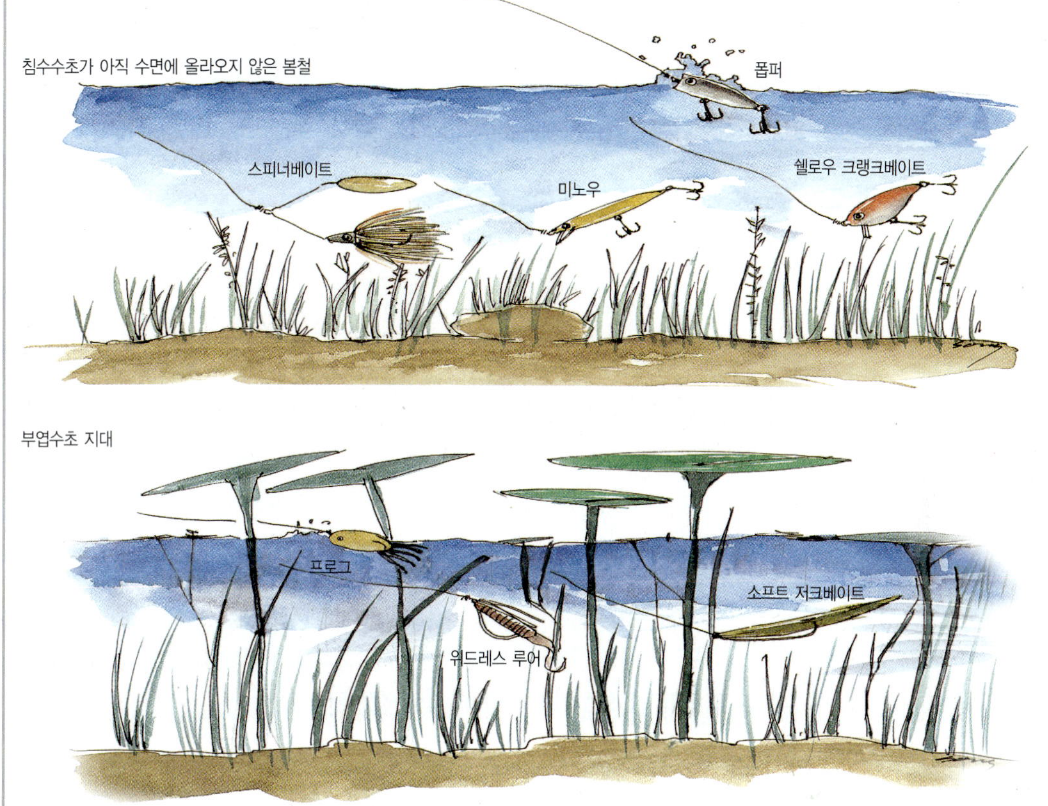
침수수초가 아직 수면에 올라오지 않은 봄철
폽퍼
스피너베이트
미노우
쉘로우 크랭크베이트
부엽수초 지대
프로그
소프트 저크베이트
위드레스 루어
추수수초 지대
노싱커리그
스피너베이트
플로리다 리그

③ 추수(抽水)수초

줄기나 잎의 일부는 물속에 있고 나머지 잎이나 줄기는 수면위로 나온 식물로서 갈대, 부들, 줄풀, 연꽃 등이 대표적이다. 정수수초(挺水植物)라고도 부른다. 일반적으로 수초의 옆쪽 그늘진 부위에 배스는 머물고 있다. 이와 같은 장소에서는 장애물에 구애받지 않는 루어가 바람직 한데 스피너 베이트, 소프트 저크 베이트, 플로리다 리그 등이 효과적이다.

④ 부표(浮漂)수초

잎이나 줄기를 수면 위에 띄우고 뿌리는 고정되지 않아 물위를 떠다니는 식물로서 부레옥잠, 개구리밥 등이 대표적이다. 수중으로 그림자를 많이 드리우는 수초로서 몰려있는 장소는 마치 부엽식물 지대의 성격과도 유사하다. 수중에 줄기가 없어 바늘의 걸림은 덜하지만 루어에 수초가 부착되지 않도록 주의할 필요가 있다. 위드레스 기능이 있는 탑 워터 루어나 각종 웜을 사용한 노 싱커 리그, 소프트 저크베이트 등은 물론 스피너베이트도 효과적이다.

기상변화가 배스낚시에 미치는 영향

배스낚시에서 날씨는 상당히 중요한 변수로 작용한다. 낚시인에게도 직접적인 영향을 주지만 배스에게도 환경의 변화를 가져오는 중요한 요소이다.

대표적인 기상 현상과 배스낚시와의 관계는 다음과 같다.

비(雨)

비가 물고기에게 직접적인 영향을 주기보다는 비로 인해 발생하는 효과들이 물고기에게 간접적으로 영향을 주게 되는 경우가 많다. 즉, 상류로부터 좋지 않은 수질의 물이 유입되게 하든가 봄철의 경우 차가운 비가 수온을 떨어뜨리는 경우 등이 배스낚시에는 좋지 않은 결과를 부를 수 있다.

그러나 곤충이 부화할 때쯤 조용한 표층에 떨어지는 빗방울은 배스낚시에는 긍정적으로 작용하기도 한다. 곤충들은 비로 인해 날개를 말릴 수 없어 수면 위에 떨어지고 이로 인하여 배스의 먹이활동을 자극할 수도 있다. 또한 가을철의 경우,

비가 와서 흐르게 되는 지류의 물은 본류대의 물보다 수온이 높고 산소가 풍부해 배스에게는 좋은 환경을 만들어 주기도 한다.

이와는 달리 바람과 번개를 동반한 폭풍우의 경우는 일반적인 비의 영향과는 다소 다른 결과를 가져온다. 거센 바람과 높은 물결에서는 배스를 찾기조차 힘든 환경이 조성된다. 번개와 천둥이 발생하면 배스도 비바람을 피하는 육지의 동물들처럼 보다 안전한 은신처에 몸을 숨기게 된다. 더욱이 낚싯대는 전류가 잘 통하는 카본 재질이 대부분으로 자칫 낙뢰사고를 유발할 수도 있으므로 폭풍우 속의 무리한 낚시행위는 절대 금물이다.

바람

거세지 않은 바람에 의한 생기는 수면 위의 작은 파도는 햇빛을 난반사시켜 마치 그늘을 만드는 것과 같은 효과와 함께 물고기들에게 수면 밖의 인식을 못하게 하여 경계심을 낮춰주는 효과가 있다. 또한 공기와의 접촉면이 늘어남에 의해 산소공급이 원활해지므로 작은 물고기의 군집을 유도한다. 대규모 군집을 이룬 작은 물고기 무리는 깊은 곳에 머물고 있던 배스를 얕은 곳으로 나오게 하는 원동력이 된다.

이밖에도 바람은 표층의 물을 일정한 방향으로 흐르게 할 뿐 아니라 조용하고 강하게 플랑크톤을 이동시킨다. 만약 일정한 방향으로 지속적으로 바람이 분다면 플랑크톤의 이동을 따라 작은 물고기나 배스 또한 함께 움직이게 된다. 이 경우

〈그림〉바람의 효과

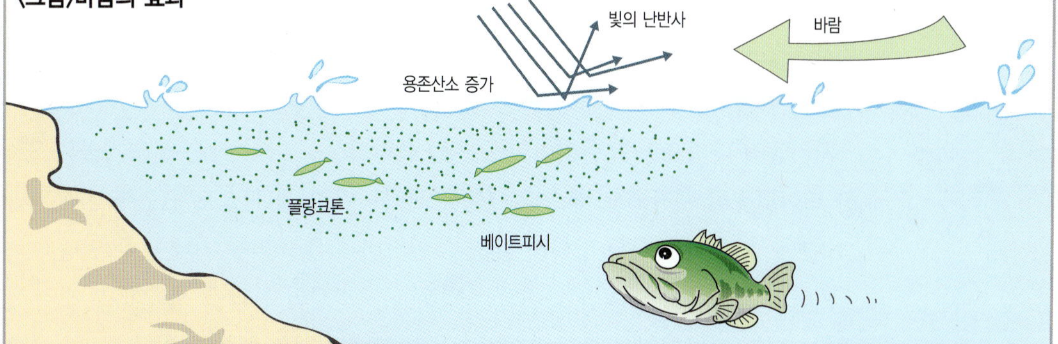

〈표6〉 전선 통과지점별 기상 변화

	요소	진행 전면	통과 중	진행 후면
한랭전선	기압	하강	급상승	상승
	바람	풍속 증가, 돌풍	풍향 급변, 강한 돌풍	정상화 후 다시 돌풍
	기온	변동 없음	급강하	적음
	비	보통	강한 비, 뇌우, 우박	맑은 후 가끔 소나기
온난전선	기압	점차 하강	하강 정지	완만한 하강
	바람	풍속 증가	풍향 급변, 풍속 저하	변동 없음
	기온	정상적	상승	변화 적음
	비	연속적 비	거의 그침	맑음, 소나기

어느 쪽에 가서 낚시를 해야 할지가 명확해지는데 바람을 받는 쪽에 플랑크톤이 쌓이기 때문이다.

바람이 부는 상황에서 배스의 포인트라고 여겨지는 곳 인근에 약한 소용돌이가 형성되었다면 그 곳 또한 플랑크톤이 모여 있는 자리라고 할 수 있다.

이외에도 '동풍이 불면 낚시가 어렵다'는 말과 같이 풍향(風向)도 낚시에 밀접한 관계를 갖고 있다. 이는 기압의 변화와 전선의 통과에 관련된 것으로 일반적으로 서풍과 남풍이 낚시에 유리한 것으로 여겨지고 있다.

기압과 전선

날씨의 변화는 기압의 변화에서 생겨나는 것으로 생태계 내의 모든 생물은 기압의 영향을 받고 있다.

기압의 변화는 물속 바닥이나 수초 주위에 살고 있는 가볍고 작은 플랑크톤을 위로 떠오르게도 가라앉게도 함으로 이들을 먹이로 취하는 물고기도 이를 따라 영향을 받는다.

저기압이 다가오면 분산되어 떠오르는 플랑크톤을 따라 작은 물고기들의 왕성한 먹이활동이 시작되고 배스도 이들을 잡아먹기 위해 활성도가 높아지게 된다. 그러므로 기압의 변화를 정확히 읽을 수 있다면 좋은 조과를 기대할 수 있다.

기압이 돌변하고 날씨가 급변하는 경우에는 전선의 통과를 생각할 수 있는데, 한랭전선과 온난전선의 통과에 따른 기상변화에는 서로 차이가 있다. 〈표6〉은 각 전선 통과전후의 기상변화를 나타낸 것이다.

배스낚시와 달의 관계

달과 물때

지구는 태양 주위를 공전하고 있고 달은 지구 주위를 공전하고 있다. 거대하지만 멀리 떨어져 있는 태양의 인력과, 작지만 가까운 곳에 위치한 달의 인력은 지구에 각각 영향을 주고 있는 데, 태양이 워낙 멀리 떨어져 있는 관계로 달의 인력이 더욱 강하게 지구에 영향을 주고 있다.

바다낚시에서 가장 중요한 요소의 하나가 좋은 물때이다. 물때란 달의 공전과 태양 및 달의 인력에 의해 발생하는 조수의 들고 나는 움직임과 세기를 의미한다. 지구, 달, 태양이 나란하게 일직선이 되는 보름과 그믐을 전후한 사리때는 조류의 세기가 가장 빠르고 조석이 가장 크게 들고 난다. 이와 반대로 지구에 대해 달과 태양이 직각으로 위치하는 상현(上弦)과 하현(下弦)을 전후한 조금 때는 흐름이 가장 느리고 들고 나는 간만차도 가장 적다.

배스도 바다 물고기 못지않게 음력 그믐과 보름을 전후한 사리에 활성도가 높아지는 경향을 주목할 필요가 있다.

조금을 지나면 조류의 속도는 점차 빨라지고 사리를 정점으로 다시 속도가 느려진다. 이런 식의 사이클이 약 보름을 간격으로 반복되며 나타난다.

한편 매일 두 차례씩 발생하는 밀물과 썰물 즉, 조수간만 현상도 바다에 사는 물고기들의 활성에 막대한 영향을 준다.

배스는 봄철 음력 보름경 집중적인 산란을 보일 때가 많다.

내수면 어류와 달의 영향

바다가 아닌 강, 호소의 내수면에서도 물때 즉, 달의 인력이 낚시에 영향을 미칠까? 많은 낚시인들이 가지는 궁금증의 하나이다. 의구심을 갖는 사람도 많지만, 수많은 배스낚시 전문가들의 경험에 의한 기록과 의견에 의하면 적지 않게 영향을 미치는 것으로 나타나고 있다.

일반적으로 생명체는 보름과 그믐을 전후한 사리에 활성이 높아지는 것으로 알려져 있다. 예를 들어 배스의 경우에도 보름을 전후하여 산란이 집중적으로 이뤄진다는 게 낚시인들의 설명이다. 물론 물때를 비롯한 달의 영향력은 바다에 비하면 미미할 수 있다. 하지만 필드에서 볼 때 그 비중은 결코 적지 않다는 주장이 상당한 설득력을 얻어가고 있다.

배스의 최고 활성시기

자연적인 상황 즉, 인위적인 스트레스가 없는 상황에서 배스의 활성이 좋은 시기를 생각한다면 저수온기 보다는 고수온기 즉, 겨울철보다는 여름철다. 또한 고수온기에는 일출과 일몰을 전후한 시간이 가장 좋고, 상대적으로 수온이 낮은 시기에는 수온이 가장 높아지는 오후 시간대가 배스의 활성이 높아지는 시기가 된다.

이와 같은 시기에 달에 의한 영향 즉, 보름과 같은 호조건이 겹치고, 더욱이 만조나 간조시간마저 겹친다면 배스의 활성이 약간이나마 더 올라간다고 생각할 수도 있다.

출조 전 조과를 올리기 위해서라면 음력 날짜를 확인하고 가까운 바닷가의 만조와 간조 시간을 확인해보는 것도 나쁘지 않을 것이다.

처음 출조한 낚시터 포인트 분석

경험과 배스낚시

배스낚시의 경험이 풍부한 베테랑은 마주치는 어떠한 낚시환경에 대해서도 노련한 임기응변으로 대처하곤 한다. 이는 오랜 경험에서 오는 것으로 초보 배스낚시인과 확연히 구분되는 부분이기도 하다.

자주 출조한 동일한 장소라도 계절에 따라서는 물론이고 시간에 따라서도 시시각각 낚시환경은 변화해 간다. 어제 활발한 입질을 보여 잘 낚였던 장소라도 다음날에는 동일한 낚시방법을 구사하여도 전혀 낚이지 않는 경우가 허다하다. 이런 경우에도 노련한 낚시인은 포인트의 상황을 적절히 읽어내어 이에 적합한 루어, 기법을 구사하여 좋은 조과를 올릴 수 있다.

하지만 경험이 많지 않은 낚시인에게 처음 출조한 낚시터는 쉽지 않다. 그러나 이러한 경우에도 자신의 경험을 되살려 최대한의 조과를 올리기 위해 노력하는 자세가 필요하다.

초행길 대처 방법

초행 장소로 출조를 계획한다면 다음과 같은 사항을 미리 검토하도록 한다.

① 사전 정보의 수집

출조 전 정보 수집은 훌륭한 조과를 거두기 위한 필수조건이다. 우선 출조하고자 하는 지역의 낚시인이나 낚시잡지 등을 통하여 정보를 모은다. 그리고 이를 뒷받

처음 찾는 곳이라면 낚시잡지, 현지문의 등을 통해 충분한 사전 정보를 입수하자.

침할 지도를 구입하는데 가능한 세밀한 척도의 지도를 입수하는 것이 효과적이다.

출조하고자 하는 장소가 인공호수인 경우에는 생성 이전의 지형들 중에서 수중섬, 수몰건물, 집, 길, 과거에 흘렀던 지류 등을 확인하여 두는 것이 배스낚시에 좋은 도움자료가 된다.

② 먼저 익숙한 포인트 유형을 찾는다

낯선 곳에서 가장 먼저 할 수 있는 일 중의 하나는 본인에게 비교적 익숙한 지형을 찾는 것이다. 예를 들어 자주 가는 낚시터에서 수중에 돌이 많은 장소의 공략을 자주하여 이에 익숙하다면 초행 장소에서도 수중에 돌이 많은 지역을 찾는다. 누구나 자신에게 익숙한 포인트 유형이 있게 마련이므로 낯선 곳일지라도 비교적 익숙한 낚시 환경을 찾아내면 현장에 적응하기가 한결 수월해진다.

③ 수온 측정

항상 수온계를 이용해 수온을 측정하는 습관을 들이도록 하자. 같은 낚시터에서도 배스에게 보다 적합하다고 생각되는 수온 지역을 찾아보도록 하자. 봄철의 경우에는 조금이라도 수온이 빨리 상승하는 지역을 찾고, 여름철의 경우에는 상대적으로 수온이 낮은 곳을 찾는게 요령이다.

④ 다양한 루어의 지참

지참하고 있는 루어에 맞춰 공략 수심을 정하는 것이 아니라 배스가 있는 수심에 루어를 맞추어야 한다. 수심 2미터에 있는 배스를 수심 5미터의 바닥에서 움직이는 루어로는 낚을 수 없다. 따라서 배스들이 유영하는 수심을 최대한 빠르고 정확하게 파악하고 이에 대응하는 루어를 사용하는 것이 기본이다. 결과적으로 바닥 공략의 웜에서부터 탑 워터 플러그까지 고루 지참하는 것이 좋다.

배스가 머무는 수심을 파악하기 위해서는 먼저 전 수심을 빠르게 탐색하는 데에 용이한 스피너 베이트나 바이브레이션을 활용하는 게 좋다. 배스 입질이 있는 수심을 확인한 이후에는 최적의 루어와 최적의 동작 연출방법을 찾아 나간다.

⑤ 낚시터의 분할

처음 출조한 낚시터라 해도 면적이 좁으면 일단 탐색이 용이해진다. 정해진 짧은 시간 안에 탐색한 범위를 분석할 수 있고 충분히 여유 있게 전체의 파악도 가능하다. 하지만 면적이 넓은 경우라면 지형지물을 기준으로 하여 나름대로 지역을 구분하고 구역별로 탐색하는 요령이 필요하다.

⑥ 연안의 공략

도보낚시는 물론이고 보트낚시의 경우에도 무작정 깊은 곳을 노리는 것이 아니라 활성도가 높은 배스가 머물 확률이 높은 곳, 배스의 사냥터가 되는 곳 즉, 수심이 얕은 연안을 우선적으로 탐색한다. 초행 장소라도 수심 얕은 연안의 생김새는 거의 유사하므로 배스가 좋아하는 장소라고 알려져 있는 급심지역, 곶부리, 지질의 변화가 있는 곳, 수초지대, 수중 고사목 주변 등을 우선적으로 탐색한다

제8장

계절별 배스낚시(Seasonal Bassing)

봄 & 산란기

봄이 되면 겨우내 깊은 수심에 움츠렸던 배스도 기지개를 켜며 슬슬 얕은 연안으로 올라 붙게 된다.

만물이 소생하는 봄철은 서서히 상승하는 수온을 따라 겨울 동안 깊은 곳에서 월동을 한 배스도 얕은 연안으로 모습을 나타내기 시작하는 계절이다.

봄철에는 한낮의 기온이 오를 때 배스가 수심 얕은 곳까지 나타난다. 기온은 올

8

라가지만 아직 상대적으로 차가운 수온으로 인해 일조량이 가장 많은 지형에 배스가 몰리는 경향을 보인다. 따라서 찬바람을 직접 받지 않는 곳이나 바닥지형이 암반인 곳 등 태양 복사열에 의해 수온이 상대적으로 높은 지역이 주된 포인트가 된다.

봄철은 배스에게 가장 중요한 행사라고 할 수 있는 산란을 위하여 분주한 준비를 하는 기간이기도 하다. 일반적으로 4월경 수온이 16℃를 유지하면서부터 산란에 들어간다. 이처럼 산란 시기가 되면 배스는 매우 예민해진다. 또 산란을 위한 체력보강을 하므로 활성이 높아진 배스를 낚는 좋은 시기가 되기도 한다.

봄철은 산란을 전후하여 배스의 생활방식, 활성도가 변화를 보이므로 낚시방법도 다양하게 적용해야 한다.

산란 전기(Pre spawning)

① 개요

봄철 수온이 상승하면서 배스는 겨우 내내 머물던 깊은 곳과 수온이 상승하는 얕은 곳을 왕복하며 활발히 움직이게 된다. 또한 산란을 준비하기 위해 왕성한 식욕을 보이는 시기이다.

② 산란 전기 낚시 환경

어떠한 루어에도 반응이 좋으므로 포인트 선정만 잘 하면 좋은 조과를 얻을 수 있다. 배스가 있는 포인트는 첫째, 햇빛이 잘 들어 수온이 높고 산소량이 높은 곳이다. 즉, 새순이 돋아나는 수초지대나 장애물지역을 들 수 있다. 둘째, '배스의 안식처(생추어리, Sanctuary)' 에 가까운 물골이나 급심 지역처럼 이동 중 환경 순응을 위해 잠시 들리는 '중간거점(컨택트 포인트, Contact point)' 이라 생각되는 곳을 탐색한다.

③ 주요 루어와 기법

이 시기의 배스는 대부분의 루어에 쉽사리 반응을 나타내는데 특히 가능한 한 낚시 속도가 빠른 루어 즉, 포인트를 빠르게 탐색 가능한 루어가 효과적이다. 햇빛이 잘 드는 얕은 곳에서는 스피너 베이트(Spinner bait), 미노우(Minnow) 등이 바람직하다. 그러나 배스가 물골 등과 같이 수심이 있는 곳에 머물고 있다면 러버 지그(Rubber Jig), 텍사스 리그(Texas rig) 등을 사용하는 것이 바람직하다.

산란 중

① 개요

배스는 마치 둥지와 같은 산란장을 수컷이 자신의 몸을 이용해 만들고 이후 암컷이 여기에 산란한다.

산란을 마친 암컷은 산란장을 떠나지만 수컷은 알을 보호하며 산란장 주위를 떠나지 않는 데 알이 부화가 된 이후에도 일정 기간 치어를 보호한다.

물론 암컷의 산란은 일회성이 아니다. 영양상태와 크기 등 개체별 차이는 있으나 몇 차례에 걸쳐 다른 산란장에서 산란을 한다. 이처럼 암컷은 산란과 휴식을 되풀이 하는 것으로 알려져 있다.

② 산란 중 낚시 환경

이 시기에 수컷 배스는 거의 먹이를 먹지 않으며 산란을 마친 암컷도 집으로 돌아가 산란으로 지친 몸을 쉬게 된다. 그러나 수컷의 경우에는 산란장 부근에 머물면서 산란장으로 침입하는 외적으로부터 알을 보호하기 위해 주위에 접근하는 침입자에 공격적이 된다. 그러므로 이 시기의 포인트는 배스의 산란장이라고 여겨지는 곳이 된다.

일반적으로 산란장은 수심 1~2m 정도에 수초가 광범위하게 밀생해 있는 후미진 만입부 지역이 최우선이다. 이와 같은 장소 인근에서 새물이 유입되어 수중 산소가 풍부한 곳이라면 최상의 산란장 조건이 된다. 또한 잔자갈이 넓게 깔린 지형이나 수중 고사목 주변도 배스의 산란장으로 주목할 필요가 있다.

③ 주요 사용루어와 기법

이 시기의 루어 선택과 루어 기법은 마치 배스의 알을 먹으려는 작은 물고기나 수중동물을 연출하는 것이다. 루어가 산란장 주변에서 멈칫거리는 동작을 유발하거나 머리를 알자리로 처박고 알을 먹으려는 움직임을 연출하면, 알이나 치어를 지키고 있는 수컷 배스의 공격을 유도할 수 있다. 루어를 먹기 위해서가 아닌 침입자를 쫓기 위한 과정에서 루어의 바늘에 낚이게 되는 것이다.

자주 사용되는 루어는 서스펜드(Suspend) 기능의 미노우(Minnow)로서 수중에서의 정지동작을 연출하도록 저킹(Jerking)이나 스톱 앤 고(Stop & Go) 등의 동작으로 활용한다. 이외에도 러버 지그(Rubber Jig)나 지그헤드 리그(Jig head hook rig)를 사용하여 알자리를 침입한 침입자의 행동을 연출하는 것이 효과적이다.

〈그림〉봄철 산란기 배스의 생태

봄 배스는 햇볕이 잘 들고 산소량이 풍부한 곳을 선호한다.

산란 후기(Post spawning)

① 개요

산란이 완전히 끝나게 되면 배스의 입질이 끊겨 낚시가 어려워진다. 배스는 산란으로 인해 체력이 소진되어 대부분 깊은 곳에 위치한 자신들의 안식처(Sanctuary)나 어느 정도 수심이 있는 평탄한 수초지대 등에서 꼼작하지 않고 휴식을 취하게 된다.

② 산란 후기 낚시 환경

산란의 피로가 회복되기까지 거의 움직이지 않던 배스는 체력이 어느 정도 회복되면 다시 먹이섭취를 위해 얕은 곳으로 나오기 시작한다. 그러나 집에서 멀리 떨어지지 않은 곳에서 소극적인 활동을 할 뿐 적극적인 움직임이 아니므로 눈앞으로 지나가는 먹이에게만 공격하는 모습을 보인다.

③ 주요 사용 루어와 기법

이 시기에는 눈으로 확인되는 배스도 입질을 거의 하지 않는 등 활성이 매우 약한 현상을 보인다. 그러므로 한 자리에서 오랜 시간 동작을 연출할 수 있는 다운샷 리그(Down shot rig), 텍사스 리그(Texas rig) 등을 사용하여 배스의 눈앞에서 오랜 시간 자극을 지속해 주어 공격본능을 유발시키는 것이 바람직하다.

여름철

초여름

① 개요

초여름이 되면 산란 후유증에서 벗어난 배스는 활발하게 루어를 쫓는다. 배스낚시가 배우 잘되는 시기인 것이다. 그러나 지역에 따라 산란시기에 차이가 있기 때문에 상대적으로 산란이 늦은 곳은 배스가 아직 산란의 후유증에서 벗어나지 못해 낚시가 매우 힘든 장소도 있을 수 있다. 즉, 이 시기의 배스낚시는 장소에 따라 조과의 차이가 클 수 있다.

② 초여름 낚시 환경

이 시기에는 배스가 한 곳에 몰려있지 않고 먹이활동을 위해 호소의 전역에 퍼져 있으므로 광범위하게 포인트를 탐색하는 것이 중요하다.

③ 주요 사용루어와 기법

배스 활성도가 높은 지역에서는 대부분의 루어에 좋은 반응을 나타내므로 해당하는 수심과 상황에 맞도록 다양한 루어로 공략이 가능하다. 하지만 아직 산란의 후유증에서 벗어나지 못한 장소의 배스는 역시 이에 적합한 루어와 기법을 활용하도록 한다.

한여름

① 개요

여름이 깊어갈수록 기온이 올라가고 수온도 매우 상승함에 따라 용존산소량이 저하되면서 배스의 활성도는 다시 약해진다. 강렬한 직사광선도 배스에게는 악영향을 주므로 한여름철의 호소는 배스의 움직임을 둔하게 하고 낚시도 어려워지게 만든다.

② 한여름 낚시 환경

한여름 배스는 상대적으로 시원한 그늘을 좋아한다. 봄철에 머물던 수심보다는 상대적으로 수온이 낮은 다소 깊은 곳에 머물다가 시원한 아침이나 저녁이 되어야 얕은 곳으로 나타난다.

이 시기에는 상대적으로 시원하고 산소가 풍부한 곳이 배스낚시의 포인트가 되며 적절한 시간대의 선택도 중요해진다. 구체적으로는 새물 유입구, 흐름이 있는 교각 주위, 장애물 주위, 수초지대 등이다. 여기에 그늘이 많은 곳은 더욱 좋은 조건이 된다. 또한 바람이 불거나 비가 내리는 조건이 수온을 떨어뜨려 좋은 결과를 부르기도 한다.

또한 한여름은 배스 밤낚시도 잘되는 시기이므로 도전할 가치가 있다.

③ 주요 사용루어와 기법

한여름은 다양한 루어를 사용할 수 있는 계절로서 상황에 적절한 루어의 선택이 중요하다. 배스가 머물고 있는 수심과 활성도를 정확히 파악하고 이에 적합한 루어를 알맞은 기법으로 활용하는 것이 배스의 입질로 이어진다.

〈그림〉여름철 배스 포인트

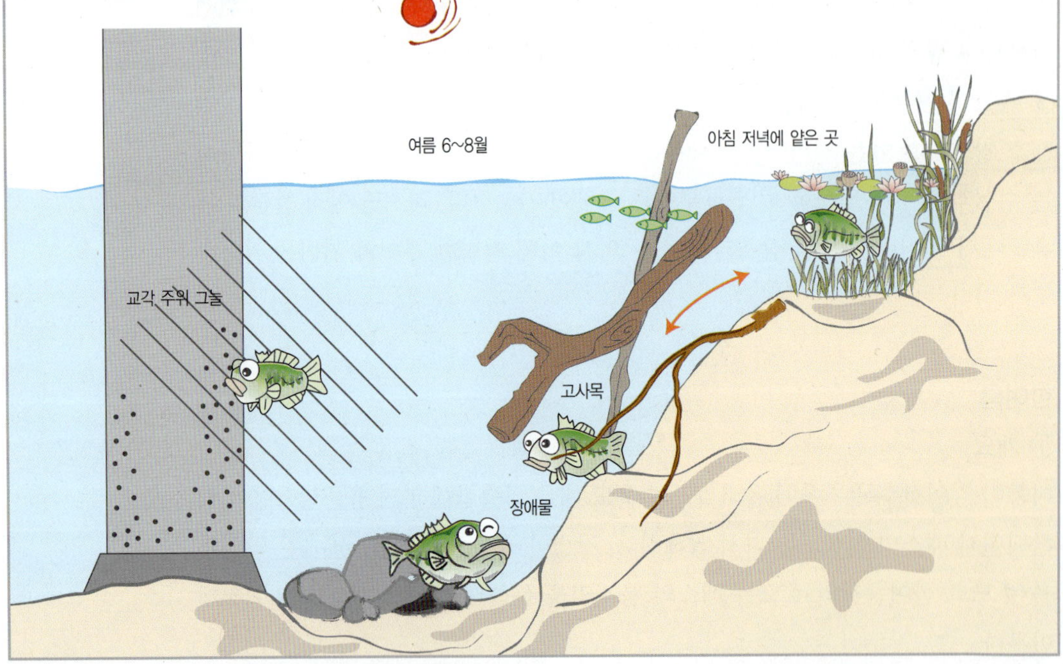

여름 배스는 햇살을 피할 수 있는 아침이나 저녁시간에 주로 연안으로 출몰한다.

여름철은 탑 워터 플러그(Top water Plug)와 같은 수면에서 동작되는 루어를 사용할 적기이기도 하다. 상대적으로 시원한 이른 아침과 저녁에 탑 워터 루어에 배스를 낚을 확률이 높다. 이외에 수온이 높아 배스가 깊은 곳에 머물고 있는 경우에는 수로 수직적인 움직임이 있는 러버 지그(Rubber Jig)나 지그헤드 리그(Jig head hook rig) 등의 활용이 바람직하다.

가을철

일반적인 가을철 배스낚시

① 개요

가을철이 되면 기온은 하강한다. 여름철 내내 뜨거운 태양으로 달구어졌던 호소(湖沼)도 배스에게 적합한 수온이 되어가며 다시금 활성도가 높아지는 시기를 맞는다. 또한 배스가 겨울을 대비하여 영양분을 비축하기 위해 활발히 먹이를 찾는 시기이기도 하다.

② 낚시 환경

이 시기에는 먹이가 되는 작은 물고기들이 무리를 지어 움직이는 시기로 이 무리들의 회유로를 찾아내는 것이 배스낚시의 열쇠가 된다.

배스는 서식지 안에서 가장 개체수가 많고 사냥하기 쉬운 물고기를 주된 먹잇감으로 삼게 되는데 피라미나 빙어 등이 이에 해당한다.

피라미는 주로 얕은 연안을 소규모 무리를 지어 회유하고, 빙어는 어느 정도 일정한 수심에서 대단위 무리를 지어 움직이는 등 행동방식에 차이를 보이므로 이를 파악하는 것이 중요하다. 그러므로 배스를 낚기 위해서는 먹잇감 무리가 머무는 곳과 이동경로 즉, 물골, 급심지역, 수중섬 주위를 공략하는 것이 좋다. 바람의 방향도 참고하여 플랑크톤의 이동과 이를 따라가는 작은 물고기 무리의 회유도 놓치지 않도록 한다.

이밖에 수초지대나 인공구조물의 그림자 지역도 좋은 포인트이다. 가을철이기는 해도 아직 한낮의 따가운 햇살을 피해 배스는 이와 같은 장소에 머물고 있는 경우도 많기 때문이다. 이처럼 배스는 먹잇감을 따라다니며 사냥하는 형태와 장애물에 숨어서 먹이를 기다리는 형태도 보이기도 한다.

③ 주요 사용루어와 기법

가을철에는 배스가 넓은 지역, 다양한 수심층에 분포하므로 작은 물고기를 쫓아다니는 배스를 우선적으로 빠르게 공략해 나가는 것이 유리하다. 사용하는 루어는 먹잇감을 본뜬 미노우(Minnow)나 큰 블레이드(Blade)가 달린 스피너 베이트(Spinner bait) 등이 다용된다. 이 시기에는 '매치 더 베이트(Match the Bait)' 이론이 들어맞는 시기이기도 하다. 먹잇감과 비슷하지 않은 루어에는 관심을 보이지 않으므로 가능한 한 현지의 먹잇감과 유사한 형태와 크기의 루어를 선택하는 것이 바람직하다.

턴 오버(Turn over) 현상 발생시기

① 개요

가을철은 배스낚시의 최적기이지만 기온의 하강에 따라 호소의 표층수온도 점차 하강하여 심수층(深水層)과 표수층(表水層)의 물이 뒤섞이는 턴 오버(Turn over) 현상이 발생하는 시기이기도 하다. 이때의 배스낚시는 매우 힘들어 진다.

가을 배스는 겨울을 대비하며 활발한 먹이 활동을 보인다.

턴 오버(Turn over) 현상이 발생하면 호소(湖沼) 내의 물 전체가 뒤섞이므로 용존산소량이 희박해짐은 물론 수질은 탁해지고 물비린내가 심해지기도 하며 휘저어보면 거품이 잘 가시지 않는 등 일시적으로 죽은 물이 되어 버린다. 이러한 현상은 짧게는 수 일, 길게는 수 주일간 계속되기도하므로 출조 전에 해당하는 곳의 상황을 미리 정확히 파악하는 것이 중요하다.

② 턴오버 발생기 낚시 환경

같은 호소에서도 턴 오버(Turn over) 현상은 전체적으로 일시에 일어나는 현상이 아니므로 이 시기에는 턴 오버 현상이 나타나지 않은 장소(포인트)를 찾는 것이 중요하다. 즉, 상대적으로 용존산소량에 더욱 예민하게 반응하는 작은 물고기들이 모이는 곳을 찾아내는 것이 이들을 사냥하는 배스를 찾는 열쇠가 된다.

기온이 더 하강하여 턴 오버(Turn over) 현상도 가라앉으면 서서히 겨울철이 찾아오고 호소는 배스의 활동에 적합한 수온보다 낮아지게 되는데 배스는 이에 따라 활동이 위축되고 겨울나기를 위해 깊은 곳으로 이동하기 시작한다.

③ 주요 사용루어와 기법

턴 오버 현상이 발생한 장소에서의 배스낚시는 무의미하다. 배스는 이미 그 장소를 떠났거나 남아있더라도 환경이 급변하고 용존산소량이 떨어진 물속에서 가사상태에 빠져 있기 때문이다.

가을 배스는 넓은 지역, 다양한 수심층에 분포한다.

〈그림〉가을 배스 탐색

〈그림〉가을철 턴 오버 시기의 배스 포인트

턴 오버 현상이 나타나지 않은 장소에서는 역시 이곳에 모여 있는 배스의 먹잇감을 확인하고 이에 상응하는 루어를 선택하여 사용하는 것이 바람직하다.

겨울철

가) 일반적인 겨울철 배스낚시

① 개요

겨울철이 되어 호소의 수온이 떨어지면 배스는 신진대사가 적어지므로 큰 움직임을 보이지 않고 일정 장소에 머물게 된다. 특히 어느 한 장소에 모여 군집 현상을 보이는 경우가 많다. 전체적인 서식 환경이 열악해짐에 따라 환경 요소가 가장 최적화된 몇 안 되는 장소로 몰려 소극적인 활동만을 하게 된다.

② 겨울철 낚시 환경

이 시기의 배스는 주로 깊은 곳에 머물고 있으므로 어군탐지기(Depth Finder)를 활용하여 깊은 수심에 있는 배스의 군집 장소를 찾는 것이 기본이다. 아울러 먹이고기 움직임도 주의하여야 한다. 특히 빙어는 낮은 수온에서도 활발히 활동하므로 이를 노리는 배스가 있음을 인식하고 깊은 곳과 인접하여 빙어의 회유로를 발견하면 배스를 낚을 확률이 높아진다.

겨울철에는 다른 어느 계절보다도 대물 배스가 자주 낚이는 계절이다. 이는 상대적으로 많은 에너지가 필요한 큰 개체가 작은 개체보다는 먹이를 더 많이 필요로 하고 추위에도 강하기 때문이다. 조과를 보더라도 마리수는 적어도 씨알로 승부를 할 수 있는 것이 겨울철이다.

겨울 배스는 아무래도 깊은 수심에 머물고 있는 경우가 많다.

③ 주요 사용루어와 기법

깊은 수심에 머무는 배스에게는 갑작스럽고 불규칙한 동작을 연출하는 지깅스푼(Jigging spoon)이나 현란한 블레이드의 회전으로 배스를 유혹하는 지그스피너(Jig spinner) 등과 같은 메탈지그(Metal Jig)가 효과적이다. 또한 무거운 봉돌을 부착한 사우스캐롤라이나 리그(South Carolina rig)도 효과적이다.

겨울철 보트를 이용하여 깊은 수심(10m 이상)에서 낚인 배스를 다룰 때 주의할 사항이 한 가지 있다. 그것은 급격한 수압의 변화에 의하여 배스가 상처를 입고 죽어버리는 경우다. 갑작스럽게 압력이 떨어진 곳으로 나온 배스는 눈이 돌출되거나 기타 장기가 입으로 튀어나와 버린다거나 온몸의 혈관이 터져 여기저기 반점이 생기는 등 크게 상처를 입는다. 이와 같은 일은 다른 어종과 달리 배스에게 흔히 일어나는 현상으로서 심하면 배스가 죽어버리는 경우도 있다. 낚아 올린 배스에게 이러한 현상이 나타나면 부푼 부레의 공기를 빼주고 놓아주도록 한다.

공기를 빼는 방법은 주사바늘을 사용하는데 배스의 항문과 제1, 제2 등지느러

부레의 바람빼기.

미의 경계를 잇는 선상에서 측선과 만나는 점 아래 3~5번째 비늘 부위에 바늘을 배스의 머리를 향해 비스듬하게 꽂는다. 불룩해진 배스의 배를 서서히 압박하여 공기를 충분히 빼낸다. 이후 물속에 넣고 흐르는 물을 향하게 한 뒤 자신의 추진력으로 나아갈 때까지 기다려 놓아준다.

얕은 수심의 겨울철 배스낚시

① 개요

한 겨울철이라도 배스는 가끔 먹이를 찾아 또는 따뜻한 햇살로 수온이 올라간 곳을 찾아서 얕은 곳으로 나오기도 한다. 실제적으로는 며칠간 따뜻한 기온이 이어진 날, 종일 햇살이 퍼진 오후 등에 자주 출몰한다.

수온으로 본다면 배스의 주 먹잇감인 빙어의 적정 수온에 이르러, 연안까지 빙어의 회유가 이어지게 되면 배스는 겨울철임에도 얕은 곳으로 접근하곤 한다.

② 겨울철 낚시 환경

겨울철 배스낚시를 즐기고 있는 배서.

깊은 겨울을 지나 봄이 가까워질수록 배스가 얕은 곳에 출몰하는 현상은 두드러

지게 된다. 특히 남쪽으로 트여 해가 잘 들고 북서쪽이 막혀 차가운 북서풍을 막아주는 곳이 좋은 장소이다. 그러나 배스의 이동거리가 매우 짧은 것을 고려해 깊은 수심과 인접한 장소, 본류대로 뻗은 긴 곶부리 옆으로 깊은 내만이 있고, 내만 안쪽에는 얕은 수심의 삭은 수초지대를 갖는 지형 등이 가장 좋은 포인트라고 할 수 있다.

〈그림〉겨울철 배스

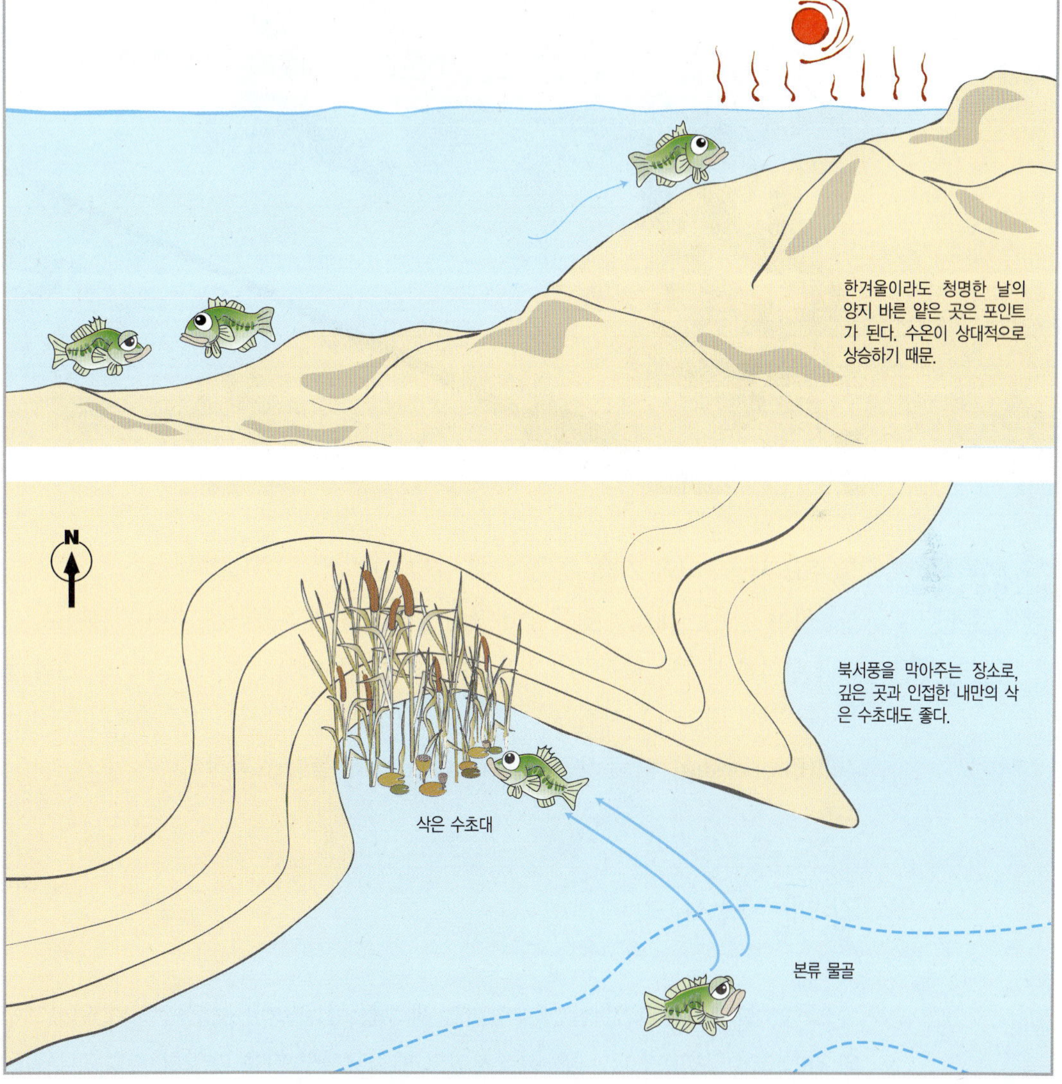

겨울 배스는 활동량이 작은 만큼 느린 루어 운용이 기본이다. 다만 배스 생태를 감안, 겨울 배스낚시를 자제하자는 의견도 많다.

③ 주요 사용루어와 기법

사용하는 루어는 배스의 활동량이 작은 만큼 느리게 운용하는 것이 기본이다. 그러나 루어를 보고도 공격하지 않을 수 있으므로 루어의 운용에 급작스런 변화 등을 연출하여 배스의 반사적 공격(Reaction bite)을 유도하는 것도 중요하다. 러버지그(Rubber Jig), 다운 샷 리그(Down shot rig) 등이 효과적이다.

8

강 배스낚시

흐르는 물보다는 고인 물을 좋아하는 배스는 강(江)보다는 저수지나 인공호수와 같은 호소(湖沼)가 더 나은 서식지이고 배스낚시도 더욱 다양한 기법으로 접근

가능하다. 그러나 대한민국의 배스낚시는 '한강'(구체적으로 경기도 양평군 양수리 부근 수역)에서 출발했다고 하여도 과언이 아니다.

호소에서의 배스낚시가 기본편이라면 강에서 배스낚시는 그 응용편이라 할 수 있다. 우리나라 강은 다양한 지형적 특성은 물론 수많은 인공 구조물을 보유하고 있어서 전 지역이 배스낚시의 포인트가 될 가능성을 갖고 있다.

강에 서식하는 배스는 호소의 배스와 달리 회유경로가 길고 넓어 이동이 많다. 또한 몸체도 강한 근육질로 힘센 손맛을 보여주는 등 색다른 재미가 있다.

강의 봄철 배스낚시

① 개요

강에서의 배스 산란기는 일반 호소보다는 늦게 시작된다. 물흐름 때문에 상대적으로 수온이 낮기 때문이다.

② 낚시 환경

산란장은 주로 샛강의 수심 얕은 곳, 물이 마르지 않는 만입부의 수초지대, 연안의 자갈밭 등이다. 봄철의 강은 강수량으로 인해 수위가 변동되기도 하므로 이러한 수위변동에 그다지 구애 받지 않는 장소가 배스의 산란장이 되고 배스낚시의 포인트가 된다.

배스는 산란장 부근에서 그리 멀리 떨어지지 않은 곳에 머물며 수온에 따라 얕은 곳과 깊은 곳 오르내린다.

호소 배스낚시가 기본편이라면 강 배스낚시는 응용편이다.

③ 주요 사용 루어와 기법

이 시기의 강 배스의 먹잇감을 모방한 루어를 사용해 강바닥을 두드리는 듯한 움직임을 연출하면 효과가 좋다. 주로 스피너 베이트(Spinner bait), 지그헤드 리그(Jig head hook rig), 러버 지그(Rubber Jig) 등의 루어들을 활용한다.

산란이 끝난 후에는 호소와 마찬가지로 수컷만이 남아 산란장을 지키는데 이때는 서스펜드미노우(Suspend Minnow), 스피너 베이트), 러버 지그(Rubber Jig), 지그헤드 리그(Jig head hook rig) 등이 효과적이다.

강 여름 배스낚시

① 개요

강에서의 배스낚시가 가장 잘되는 시기가 바로 여름철이다. 배스가 있는 곳은 바로 먹잇감이 있는 장소이므로 시간별로 이동하는 작은 물고기들의 이동을 추적하도록 한다.

② 낚시 환경

배스가 있는 포인트는 주로 작은 물고기의 이동경로를 따라 생성된다. 아침과 저녁으로는 물 흐름이 완만한 깊은 곳, 수초지대, 자갈밭 등이 좋은 조건을 갖는다. 한낮에는 배스의 먹이가 되는 작은 물고기들이 물 흐름이 없는 곳이나 그늘진 곳에 몰려있는데 배스 역시 이들을 따라 이동하며 사냥을 한다.

호소의 배스는 장애물에 은신하고 먹이를 기다리는 데에 비해 강에서는 장애물과 떨어져 있는 경우도 빈번하다.

③ 주요 사용루어 및 기법

배스의 활성도가 가장 높은 시기이므로 여러 가지 플러그와 같은 움직임이 빠른 루어의 사용이 적합하다. 또한 탑 워터(Top water) 루어를 사용할 기회도 많아진다.

배스의 행동 범위가 넓으므로 미노우(Minnow), 크랭크 베이트(Crank bait), 바이브레이션(Vibration) 등을 활용하는 것이 바람직하다. 즉, 다양한 수심을 다양한 루어로 탐색해 나가면서 반응이 좋은 루어와 연출 동작을 찾아간다.

강 가을 배스낚시

① 개요

배스가 강 전체적으로 넓은 지역으로 분포하는 시기다. 또한 작은 환경의 변화에도 민감하게 반응하는 시기로 여름철보다는 조금 낚시가 어려운 때이기도 하다.

② 낚시 환경

강에서 배스낚시가 가장 잘 되는 시기는 여름이다.

이 시기에는 한 곳을 집중적으로 공략하는 방법보다는 주로 넓은 지역을 신속히 이동하며 광범위하게 탐색하는 방법이 보다 나은 조과를 보인다. 얕은 지역에서부터 점차 깊은 지역에 걸쳐 탐색범위를 넓혀나간다.

가을이 깊어 차츰 수온이 낮아지면 배스는 또래끼리 무리를 이루기 시작하고 강의 본류 물골로 이동을 시작한다.

③ 주요 사용루어와 기법

넓은 지역, 다양한 수심을 신속하게 탐색하는 방법이 유리하므로 루어도 이에 적합하게 스피너 베이트, 크랭크 베이트, 바이브레이션 등을 적절히 활용한다. 수온이 낮아 배스가 깊은 곳에 머물고 있는 경우에는 원투가 가능하고 바닥 공략이 우수한 사우스캐롤라이나 리그(South Carolina rig), 스피너 베이트 등의 루어를 활용하는 것이 바람직하다.

동절기 동안 강 배스 낚시는 사실상 휴식기를 맞는다. 그러나 햇살이 내려쬐는 한낮에 종종 입질을 확인할 수 있다.

강 겨울 배스낚시

① 개요

겨울이 되면 일반적으로 강(江)에서의 배스낚시는 휴식기에 접어든다. 그러나 배스가 전혀 낚이지 않는 것은 아니다. 수온이 낮으므로 대부분의 배스는 역시 깊은 곳에 머물지만 수온이 상승하는 오후시간에는 루어에의 공격이 이어진다.

② 낚시 환경

겨울철 강 배스낚시는 일반적으로 물 흐름의 영향이 적은 곳, 수심이 어느 정도 되는 곳이 좋은 조건이다. 즉, 교각 주위, 물골, 급심지역 등이 좋은 포인트가 된다.

겨울철에도 기온이 오르는 상태에서는 수로나 샛강이 좋은 포인트가 되는 여건을 갖추고 있다. 수로는 보통 폭이 좁고 수심이 얕으며 유속도 거의 없기 때문에 기온 상승에 따른 수온 변화가 빠르기 때문이다. 반면 날씨가 추워진다면 본류의 일반적 포인트의 공략이 유리하다.

8

〈그림〉가을배스와 겨울배스의 비교

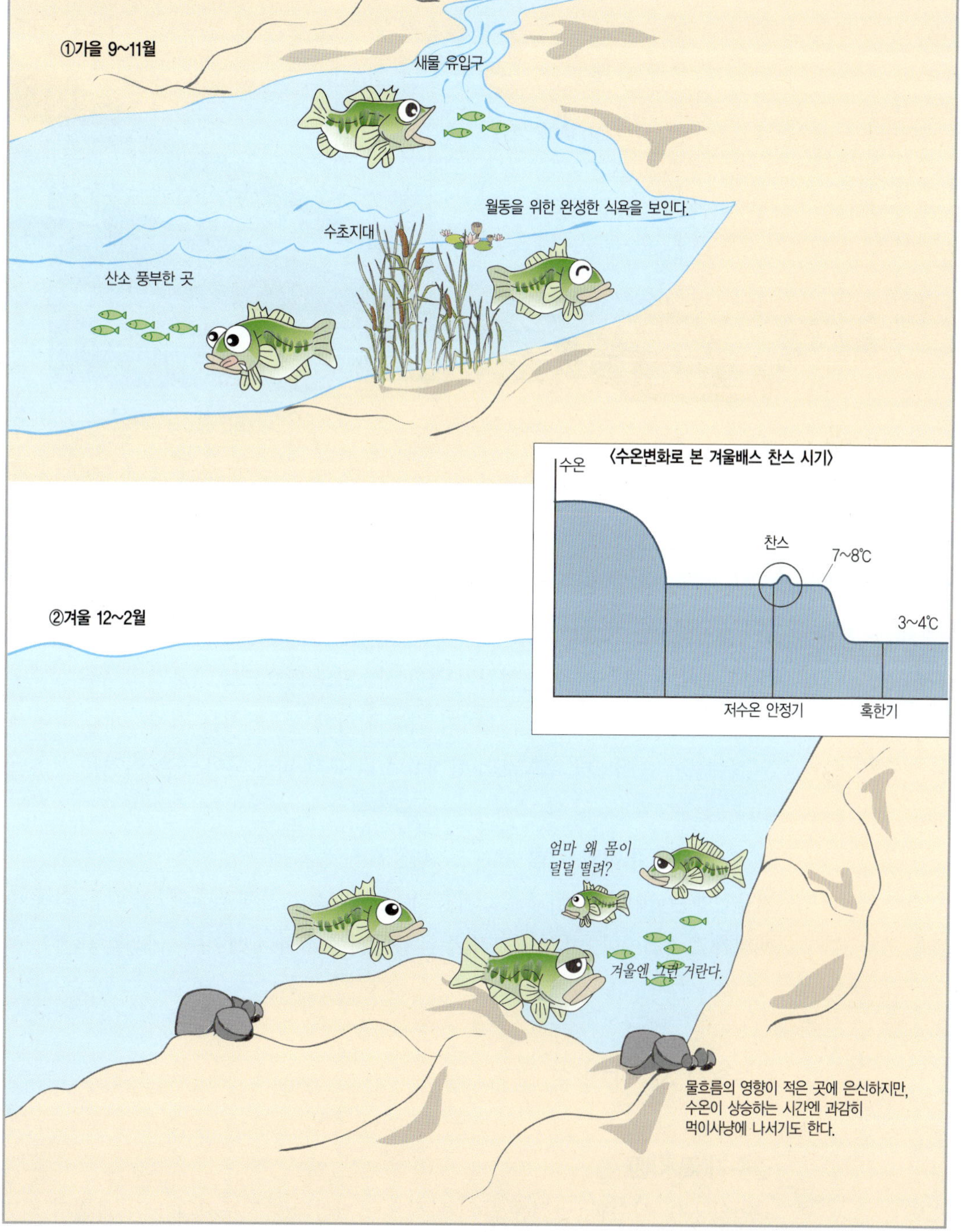

교각 뒤편이나 보 밑은 겨울 배스의 유력한 포인트다.

겨울철에 배스를 낚기 위해 지나치면 안 되는 장소로 유속이 센 곳도 들 수 있다. 유속이 센 장소는 수온 변화가 적고 산소량도 많으므로 겨울철의 좋은 포인트가 된다. 배스는 체력소모를 줄이기 위해 이러한 장소에서는 철저하게 유속이 작은 장애물에 숨어있다. 즉, 보의 아래쪽 소나 교각 뒤편 등이 좋은 여건을 갖춘 곳이다.

③ 주요 사용 루어와 기법

겨울철에는 러버 지그와 사우스캐롤라이나 리그, 스플릿 샷 리그와 같은 각종 웜 채비가 효과적이다. 이외에 교각 주위 등에서는 스피너 베이트 등도 활용한다.

8

갈수기 & 장마철

갈수기(渴水期)

농업용수, 식수원, 발전용 등의 목적으로 저장되는 저수지의 물은 봄철이 되면

〈그림〉강의 배스 포인트

사용이 빈번하므로 대부분 저수위를 보이는 갈수기가 된다.

갑작스러운 수위의 저하는 물의 탁도를 높이고 바닥 침전물의 부영양화를 불러 수질 악화를 유발시키는 경우가 많다. 그러므로 갈수기에는 수중 생태계 내의 물고기들에게는 좋지 않은 환경을 만들고 배스낚시에도 악영향을 미친다.

이 시기 배스는 얕은 장소의 장애물 주위보다는 물골과 같은 안전한 수심에 집착하는 경향이 많아 깊이 머물게 된다.

장마철

지속적으로 비가 내리는 장마철이 되면 호소와 강은 급격히 수량이 불어난다.

수위의 상승이나 유속의 증가 등은 배스낚시에 많은 영향을 끼친다. 대체적으로 이러한 급작스런 현상들은 갈수기의 경우와 마찬가지로 배스낚시에 부정적으로 작용하는 경우가 많다.

그러나 장마는 기본적으로 수위를 높여 마른 바닥에 서식하던 육초들을 물에

갈수가 되면 배스는 물골과 같은 보다 안전한 수심에 머물게 된다.

잠기게 한다. 이러한 환경은 차츰 늘어나는 수위로 인하여 서서히 활성도가 높아지는 배스들을 연안으로 끌어들이는 최상의 조건을 제공해 준다. 즉, 수위가 상승하면 깊은 곳에 머물던 배스를 얕은 수심의 장애물 지대로 이동시키는 것이다. 또한 수위가 상승하면서 연안의 가장자리만이 흙탕물로 변하는 경우가 많은데 이와 같은 상태는 그림자를 만들어 얕은 수심이라도 배스들에게 경계심을 낮춰주는 배스낚시에 좋은 조건으로 작용한다.

물론 수위가 너무 높아지면 면적이 넓어짐에 따라 탐색 범위도 그만큼 확대되므로 배스를 만날 확률이 그만큼 다시 하락한다.

제9장

배스낚시 최전선

배스 밤낚시(Night Bassing)

야행성인 배스

산란이 끝나는 5월 중순 이후가 되면 본격 밤배스낚시 시즌이 시작된다.

배스를 비롯한 루어낚시 대상어들은 주로 시각에 의존해 먹이를 공격한다. 때문에 이처럼 시각이 발달된 대상어들을 밤낚시로 낚아내고자 하면 쉽게 이해가

가지 못하는 것도 사실이다. 하지만 타고난 사냥꾼인 배스는 햇빛이 강한 한 낮보다는 오히려 밤에 먹이활동이 더욱 활발하다.

물론 계절에 따라 그 습성은 판이하게 달라져 수온이 급격히 떨어지는 겨울철에는 밤중 활동이 둔화되지만, 기본적으로 배스는 밤낚시가 매우 유리하다.

배스는 특히 먹이사냥에 관한 감각기관이 발달해 있어 밤에는 시각 대신 청각에 의존해 먹이사냥을 하게 된다. 제1부에서 설명한 바와 같이 배스는 측선이 매우 발달해 있어 수중에서 발생하는 미세한 진동도 곧바로 감지해 그 진원의 종류나 크기, 성질 등을 파악할 수 있다. 따라서 한밤중이라도 배스는 수중에서 활동하는 먹잇감을 정확하게 공격한다.

배스 밤낚시 시기와 포인트 여건

① 밤낚시 시기

배스 밤낚시는 실질적으로 5월부터 제철이라 할 수 있다. 특히 산란이 끝나는 5월 중순이 지나면서부터 수온이 오르기 시작하면 배스가 낮보다 밤에 활동하기를 좋아한다. 즉, 배스 활동에 적합한 수온이 한낮보다는 아침과 저녁, 그리고 밤에 얕은 곳에서부터 형성되기 때문이다. 또한 강렬한 태양빛을 싫어하는 배스는 한낮에는 장애물에 숨어 먹이를 기다리는 사냥을 하는 반면, 어둠이 깔리면 직접 먹이를 찾아 행동을 시작한다.

밤낚시 시즌은 늦봄에 시작되어 여름에 전성기를 맞고 늦가을 수온이 낮아질 때까지 이어진다.

② 밤낚시 포인트 여건

■ 배스는 햇빛이 강한 한낮 동안 깊은 곳에 웅크리고 있다가 해가 지기 시작하고 밤이 되면 연안으로 사냥을 나선다. 그러므로 밤의 포인트는 연안의 수심 얕은 곳이다.

■ 보름과 그믐을 전후하여서는 배스가 활성이 높아지는 것으로 알려져 있다. 달이 밝은 보름 전후는 사물이 뚜렷이 보이므로 일반적인 배스낚시의 경우와 동일하게 시각적인 요소가 많이 작용하므로 루어의 동작이 빠를 때 입질이 좋다. 반대로 달빛이 없는 어두운 그믐을 전후하여서는 상대적으로 느린 속도로 루어를 동작시키는 것이 유리하다.

■밝은 달빛이나 가로등과 같은 인공조명 빛이 비춰지는 장소에서는 장애물 주위의 빛이 가려지는 곳이나 장애물이 없더라도 그림자가 드리워져 있는 장소에 배스가 있다.

■어느 정도 부는 바람은 배스의 활성을 높여주지만, 바람도 없이 고요한 밤에는 배스가 예민해져 있기 쉽다.

배스 밤낚시 루어의 선택

밤낚시에 사용하는 루어는 주간에 사용하는 어느 것이나 다 활용가능하다. 그렇지만 무엇보다도 탑워터 플러그(Top water Plug)가 배스 밤낚시의 대표 루어라고 할 수 있다.

밤낚시에는 탑워터 플러그, 특히 스위셔와 노이지 플러그에 빠른 반응을 받아낼 때가 많다.

탑 워터 플러그 중에서 스위셔(Swisher)와 노이지 플러그(Noisy Plug)는 배스의 밤낚시에서 주로 사용되는 루어이다. 제4장에 설명한 바와 같이 동작 연출이 간편하고 루어의 규칙적인 소음으로 루어의 위치는 물론 제대로 된 동작의 여부도 확인 가능한 이점이 있기 때문이다.

배스의 활성이 높은 경우 이와 같은 탑 워터 루어는 놀라운 효과를 보인다. 다만 선행자가 있는 장소라든가 환경적 요인으로 인해 배스가 예민해져 있는 경우에는 스위셔(Swisher)와 같이 지나치게 강한 소음을 발하는 루어는 오히려 역효과가 일어날 수 있음에 유의한다. 환경과 어울리지 않는 강한 빛이나 지나친 소음은 배스의 경계심을 더욱 유발시킬 수 있으므로 상황에 따라 적절히 루어를 선택하도록 한다. 수면에 잔물결이 살그머니 일어날 정도만으로도 배스는 충분히 루

9

〈그림〉배스 밤낚시

어의 존재를 알아내므로 경계심을 갖고 입질이 저조해진 배스에게는 수면에서 조용히 움직일 수 있는 이미테이션 웜(Imitation Worm)을 활용한 노 싱커 리그(No sinker rig)가 바람직하다.

루어의 색상 선택에 있어서도 한밤중과 같이 빛이 거의 없는 상황에서는 밝은 색상보다는 오히려 어두운 계통이 확실한 윤곽선을 돋보이게 하는 효과가 있다. 또한 루어의 음향 효과에서와 마찬가지로 배스가 예민해져 있는 경우에는 빛을 발하는 야광(夜光)이나 축광(蓄光) 도료가 발라져 있어 너무 눈에 띄는 루어는 오히려 역효과를 보일 수 있다.

밤낚시 유의 사항

포인트에 접근하여서는 무엇보다도 정숙이 중요하다. 인기척에 놀란 배스는 그 자리를 뜨고 만다.

안전에 만전을 기하도록 한다. 주간에 충분히 지형을 익혀두고 낚시할 장소의 수중 사정도 알아두도록 하며 최소한의 장비만을 휴대하여 불의의 사고를 미연에 방지한다. 또한 단독 조행은 유사시에 도움을 받을 수 없으므로 피하는 것이 좋다.

채비를 다시하거나 루어를 교체하는 경우에도 되도록이면 수면으로 불빛을 비추지 않는 편이 유리하므로 빛이 없는 장소에서 활용 가능한 매듭 즉, 눈을 감고도 할 수 있는 매듭방법을 손끝에 익혀 두는 것도 바람직하다.

서스펜딩 배스(Suspending Bass)

서스펜딩 배스(Suspending Bass)란

배스가 바닥으로부터 일정한 수심에 떠서 중층에 머무르는 것을 '서스펜딩(Suspending) 하고 있다' 고 부른다.

배스가 이처럼 서스펜딩 하는 이유에 대해서는 아직까지 명확히 밝혀지지 않았으나 대부분의 경우 이런 상태의 배스느 활성도가 그다지 좋지 않아 낚아내기가 어렵다.

서스펜딩의 이유

배스가 서스펜딩 하는 이유는 첫째, 신진대사의 저하를 들 수 있다. 급격한 수온 변화로 인한 신진대사의 저하는 서스펜딩의 가장 큰 원인으로서 예를 들어 갑자기 물의 상태가 변하면 적정수온, 용존산소 등의 조건을 찾아 이동하여 변화된 환경에 적응하기까지 활동을 멈추게 된다.

둘째, 수위변화가 서스펜딩의 원인일 수 있다. 농번기를 맞아 농업용수 사용의 급증 등으로 수위가 급격히 내려가면 수압의 변화 등에 의해 배스도 다른 물고기들과 마찬가지로 심한 스트레스를 받게 되어 적응하기까지 활동을 멈추게 된다.

셋째, 낚시로 인한 과다한 스트레스(Fishing Pressure)가 원인이 될 수 있다. 지속적인 연안의 인기척과 루어에 의한 수면의 소음, 보트의 엔진 소음 등은 배스에게 스트레스를 주고 깊은 곳으로 내모는 결과를 가져온다. 배스는 소음이 심할수록 더욱 깊은 곳으로 내려가 머문다.

넷째, 먹이고기를 따라 이동하는 경우로서 여타 이유와는 다른 유형의 서스펜딩이다. 특히 겨울철 빙어무리를 따라 이동하는 배스를 발견할 수 있는데, 여러

급격한 수위 변화나 인기척, 엔진 소음 등의 스트레스는 배스를 서스펜딩하게 만든다.

여건으로 인해 빙어무리가 깊은 곳으로 들어가면 배스도 이를 따라 호소 중심 깊은 곳까지 멀리 나가는 경우가 있다. 이 경우에도 배스는 바닥에서 떨어진 중층에 서스펜딩하며 머무르게 되는데 통상적으로 먹이고기 무리의 아래쪽이나 옆에 위치하는 경우가 많다. 이 경우는 스트레스로 인한 저활성이 아니므로 어군탐지기를 활용하여 빙어무리를 찾아내면 지깅 스푼(Jigging spoon) 등으로 쉽게 낚을 수 있다.

서스펜딩 배스의 낚시방법

일반적으로 서스펜딩하고 있는 배스는 낚기가 어렵다. 위에 설명한 바와 같이 대부분 환경적 영향으로 인해 활성이 극히 저조한 상태이기 때문이다. 이러한 경우 눈앞에서 루어가 움직이더라도 배스는 관심을 보이지 않는 상황이 벌어진다. 이러한 배스를 낚기 위해서는 보다 섬세하고 가벼운 장비를 활용하여 배스의 눈

앞에 지속적으로 루어를 보여주는 것이 효과적이다. 또한 이동거리 보다는 같은 장소에서 불규칙한 동작을 나타내는 방법이 효과적인데 다운 샷 리그(Down shot rig), 와키 리그(Wacky rig)나 네꼬 리그(根こ rig) 등을 데드 워밍(Dead worming)하는 것이 바람직하다.

피네스 피싱(Finesse Fishing)

배스낚시가 발전함에 따라 보다 작고 가는 루어와 낚싯줄을 이용하는 피네스 피싱으로 나아가고 있다.

피네스 피싱(Finesse Fishing)의 개요

피네스 피싱(Finesse Fishing)이란 극히 섬세한 기술로 운용하는 배스낚시 기술을 지칭한다. 그 시초는 1960년대 초 미국의 바비 가런드(Bobby Garland)가

튜브(Tube)를 개발한 것을 시초로 한다고 전해지고 있다. 이후 수많은 배스낚시인을 통하여 발전을 거듭하고 토너먼트 등에서도 이를 활용하여 우수한 성적을 거두는 등 활성이 적은 배스에게도 효과가 좋은 기술이다.

피네스 피싱의 채비

주로 작은 루어와 가는 낚싯줄을 많이 쓰기 때문에 스피닝 장비를 활용하는 것이 효과적이다. 낚싯대는 패스트(F) 휨새의 라이트(L)나 미디엄라이트(ML)를 사용하고 낚싯줄은 4~8Lb를 사용하되 마찰에 강한 내마모성이 우수하도록 후처리된 제품이 바람직하다. 웜의 선택은 상대적으로 작고 가는 크기 즉, 4인치 이하의 스트레이트 웜(Strait Worm)이나 튜브(Tube) 등을 선택한다. 이를 스플릿 샷 리그(Split shot rig), 다운 샷 리그(Down shot rig), 텍사스 리그(Texas rig) 등으로 활용한다.

피네스 피싱의 의미

피네스 피싱은 위에서도 설명한 바와 같이 가볍고 작은 루어와 가는 낚싯줄을 사용하여 섬세한 기술을 구사함한다. 주로 과다한 피싱 프레셔(Fishing Pressure)로 인해 일반 루어에 약아진 배스를 낚는 방법으로 발전되어 왔다. 그러므로 가벼운 장비를 활용하는 배스낚시의 기법을 피네스 피싱이라고 일반적으로 부르고 있다. 그러나 기술 축적이 거듭됨으로 인하여 현재에는 모든 루어, 모든 장비를 가리지 않고 섬세한 기법을 활용하기에 이르렀으므로 가벼운 장비에 대한 의미보다는 섬세한 기법 자체만을 단순히 피네스 피싱이라고 정의하기도 한다.

렁커 배스(Lunker Bass), 빅 배스(Big bass)

렁커 배스의 개요

대물로 성장한 배스를 렁커 배스(Lunker Bass) 또는 빅 배스(Big Bass)라고 부르는데 간단히 '렁커(Lunker)' 라고 칭하기도 한다. 렁커는 배스낚시를 좋아하

1998년 12월 1일 양평 전수리 남한강에서 낚인 61.5cm(3,350g)빅 배스.

는 낚시인이라면 누구나 꿈을 꾸는 그런 크기와 중량의 배스이다.

미국에서는 이러한 렁커 배스의 기준을 10Lb(약 4.5kg) 이상으로 정하기도 하고 있지만, 우리나라의 상황에서는 길이 50cm이상, 무게 3kg이상이라면 대물이라고 부를 만 하다.

배스도 많은 치어 중에서 극히 일부분만이 살아남아 성어로 자라게 되며 그중 대물로의 성장은 결코 흔치 않다. 그러므로 빅 배스와 만남은 확률적으로도 매우 희박하다. 참고로 렁커 배스의 90% 이상은 암컷이다.

배스의 세계 기록(World Record)

현재까지 세계 최대 배스(Largemouth Bass) 기록은 1932년에 미국에서 '조지 페리(George Perry)'가 잡은 무게 22Lb. 4oz.(10.15kg)에 길이가 32.5인치(82.55cm)인 초대형 배스이다.

흔히 배스의 크기가 50cm 정도면 대물이라고들 말하지만 배스에게 무게를 간과한 대물 개념은 이치에 맞지 않는다. 왜냐하면 배스는 체장과 함께 무게의 증가가 성장의 주요 단서로서 배스낚시의 본고장인 미국에서는 체장에 상관없이 무게만으로 빅 배스를 규정하고 있다.

렁커 배스낚시

① 렁커 배스 낚시 방법

보통 크기의 배스에 대하여 렁커 배스는 종자, 감각, 생태적 측면에서 많은 차이가 있고 그에 따른 접근 방식도 달라 이들을 이해하고 준비하는 측면에서 낚시에 접근할 필요가 있다. 즉, 작은 배스는 경계심이 적어 초보자의 루어에도 잘 낚이는 반면 렁커 배스는 특별한 경우를 제외하고는 좀처럼 낚이지 않는다. 이는 렁커 배스는 먹이 활동에 있어서 오랜 동안 살아오면서 축척한 여러 가지 신호들을 몸안에 저장하고 이를 충분히 활용하고 있기 때문이다.

렁커 배스를 낚기 위해서는 다음과 같은 사항을 주의하도록 한다. 첫째, 대물은 대형 먹이를 섭취한다. 그러므로 렁커 배스를 낚기 위해서 활용하는 루어는 대형을 사용하도록 한다. 둘째, 이에 알맞는 낚싯대, 낚싯줄, 채비에 주의를 기울여야 한다. 셋째, 렁커 배스는 일반적인 루어의 동작을 거의 간파한다고 생각하고 루어의 동작에 신중을 기한다. 기본적으로 사실적인 형태의 루어를 사용하여 매우 느리게 동작을 구사한다.

② 렁커 배스낚시의 최적기

렁커 배스는 운이 좋다면 사철을 통해 언제든지 만날 수도 있겠으나 시기에 따라 분명한 확률의 차이가 있다.

확률이 높은 순으로 렁커 배스 시즌을 살피면 첫째, 얼음이 풀리는 이른 봄철이다. 겨우내 충분한 먹이를 먹지 못한 배스가 먹이를 구하기 위해, 또는 산란장의 여건을 살피기 위해 얕은 곳으로 오르는 시기이다. 이때는 상대적으로 에너지 소비가 많았던 렁커 배스가 제일 먼저 얕은 곳으로 올라온다.

둘째, 늦은 봄 표층 수온이 16~20℃ 정도 올라 산란에 최적의 요건이 형성되는 시기이다. 배스는 산란을 위해 얕은 곳으로 이동하므로 렁커 배스와도 접할 수 있는 기회가 있다.

셋째, 한여름 무더위를 지나 표층 수온이 20℃ 이하로 낮아지기 시작하는 초가을이다. 이시기에도 렁커 배스의 출몰이 잦아진다.

넷째, 겨울로 접어드는 시기 중 표층 수온이 4~5℃로 낮아지며 한랭전선이 오는 시점 즉, 첫추위가 닥치는 시기이다.

렁커 배스가 되기 위한 조건

일반적인 배스가 렁커 배스로 성장하기 위한 요건은 다음과 같다.

대형 배스를 낚은 꾼. 렁커배스는 모든 배스 낚시인의 바램일 것이다.

① 유전인자와 영양 섭취

우선은 유전인자 우량종으로 종자 자체가 커야 한다. 기본적으로 부모로부터 우량의 종자를 물려받아야 대물로 성장할 수 있다. 물론 후천적인 섭취 음식에 따라 성장의 속도와 몸무게가 달라지는 것 역시 당연한 일이므로 선천적으로 유전 인자를 지니고 먹이를 충분히 섭취한다면 대물로의 성장이 가능해진다.

② 먹이 경쟁

심한 경쟁 없이도 먹이를 확보할 수 있고 충분히 섭취할 수 있는 여건이어야 한다. 이것은 사계절 모두에 해당하나 특히 겨울철 수온이 낮아 먹이사냥이 어려울 때 그 영향력이 더욱 크다고 할 수 있다. 먹이 사냥에 경쟁자 수가 너무 많은 것 또한 배스 성장에는 마이너스로 작용하는 요소이다.

③ 수심과 면적

배스가 서식하는 장소의 수심, 면적 등이 충분히 깊고 넓어야 여러 가지 스트레스로부터 보호받을 수 있다. 특히 수심이 깊어야 겨울나기에 무리가 없다.

④ 먹이 형태와 수중 지형

먹잇감이 섭취하기 알맞은 크기로서 사냥하기가 쉬워야 하며 이러한 행위가 쉽게 이루어지기 위해 장애물과 수중 구조물의 발달 상태도 좋아야 한다.

먹이의 질은 물론이고 그 생김새 또한 중요하다. 즉 몸통의 모양으로 넓적한 형태보다는 흡입하기 쉬운 기다란 형태의 먹이가 많아야 한다.

⑤ 서식지의 지령

배스가 서식하는 호소의 지령은 그 호소의 영양 상태와 직접적으로 연관되는 경우가 많다. 너무 오래되어 부영양 상태라거나 신설되어 빈영양 상태 모두 낚시에 좋지 않다. 일반적으로 지령(池齡)이 11~15년 정도가 적당하다.

빅 베이트(Big Bait) 배스낚시

빅 베이트란

대물 배스만을 골라서 낚는다는 새로운 루어의 카테고리를 만든 '빅 베이트(Big Bait)' 는 '스윔 베이트(Swim Bait)' 라고도 불리는 초대형 루어이다.

미국의 렁커 배스(Lunker Bass) 전문 낚시인들 사이에서 활용되어 오다가 세계적으로는 20세기 말경부터 조용히 붐을 일으키기 시작하였고 21세기에 들어서는 그 효과에 대해 공식적으로 알려지기 시작했다.

일반적인 형태로는 연질 플라스틱(Soft Plastic)이나 목제(木製)의 물고기 형상을 하고 있는 거대한 실루엣의 루어이다. 매우 크며 무겁기 때문에 처음 보아서는 배스가 낚일 것 같지 않고 사용하기 어려울 것 같은 느낌을 받을 수 있다. 그러나 실제로 이러한 루어가 보유한 실력은 강력하여 40cm 이상의 대형 배스에 한정했을 경우 발군의 확률을 보이는 것으로 알려져 있다.

빅 베이트 형태

빅 베이트(Big Bait)는 일반적으로 그 길이가 6~8인치(약 15~20cm), 무게는 1~6oz(약30~180g)로 담수에서 사용하는 루어라고는 생각하기 어려운 크기와 중

빅 베이트의 하나인 플로팅 스윔 베이트에 유혹된 배스.

량을 갖고 있다. 크게 두 가지 형태로 분류 가능한데 다음과 같다.

① 소프트 바디형

몸체가 웜(Worm)과 같이 연질 플라스틱(Soft Plastic) 재질로 되어 있는 것으로서 물고기의 형태를 본뜬 몸체를 갖고 있는데 대부분 섀드 테일 그럽(Shad tail Grub)의 꼬리를 거대화한 것 같은 섀드 테일형의 꼬리를 갖고 있다. 소프트 바디(Soft Body)형은 아래와 같이 다시 몇 가지로 세분할 수 있다.

■전체가 물고기를 본뜬 형태의 연질 플라스틱(Soft Plastic) 재질로만 되어 있는 것.

■머리부분이 잘려져 나간 형상을 갖고서 몸체에 직접 전용 지그헤드(Jig head Hook)를 부착하여 사용하는 것.

■마치 미노우(Minnow)와 같은 립(Lip)이 부착된 경질 플라스틱(Hard Plastic) 머리가 연질 플라스틱(Soft Plastic) 몸체에 부착되어있는 것.

② 하드 베이트형

거대한 목재의 플로팅 조인트 미노우(Flouting Joint Minnow) 형태이다. 아래와 같이 꼬리 부분의 형태에 따라 두 가지 형태가 있다.

■연질 플라스틱(Soft Plastic) 재질의 길쭉한 섀드 테일(Shad tail)이 부착된 것.
■경질 플라스틱(Hard Plastic)재질의 실제 물고기 꼬리지느러미 형태의 꼬리가 부착된 것.

빅 베이트에 대한 배스의 공격

거대한 루어인 빅 베이트를 사용하는 배스낚시에서 중요한 요소는 몸체의 크기 선정이다. 제1장에서 기술한 바와 같이 배스가 루어를 공격하는 이유 중에서 빅 베이트의 경우는, 역시 먹이사냥의 관점과 영역보존이나 산란장 보호와 같은 위협행동의 관점이 가장 중요한 요소라는 것을 이해해야 한다. 이를 자세하게 알아보면 다음과 같다.

① 먹이사냥

배스의 먹이사냥 관점으로 빅 베이트를 사용하는 경우는 상대적으로 작은 크기를 선택하도록 한다.

배스는 자신에게 필요한 먹이의 양을 완전하게 파악하고 있다. 만복(滿腹)의 경우에는 눈앞에 먹이가 지나가도 공격하지 않는다. 따라서 사용하는 빅 베이트의 크기가 너무 크면 배스의 먹이섭취를 위한 공격은 희박해진다. 이 경우에 빅 베이트의 크기는 배스 체장의 1/3정도가 가장 적합하고 크더라도 1/2이 한계이다.

② 위협행동

배스의 위협행동 관점으로 빅 베이트를 사용하는 경우는 상대적으로 큰 크기를 선택하도록 한다.

배스는 전술한 바와 같이 자신의 산란장, 안식처, 사냥터에 머무는 동안 자신의 영역권(Territory)을 지나는 모든 생물에 위협을 가한다. 그러나 작은 물체에 대해서는 그러한 행동을 보이지 않고 어느 정도의 크기 이상에 대해 극단적으로 위협을 가한다. 이 경우에 빅 베이트는 대형을 사용하여 먹이사냥이 아닌 영역 의식을 자극하여 공격을 유발하도록 만들어 배스를 낚을 수 있다.

③ 기타

배스는 호기심이 매우 강하기 때문에 생소한 물체에 대해 강한 호기심을 보인다. 그러므로 빅 베이트와 같이 커다란 파동을 일으키는 루어에는 일단 가까이 접근한다. 빅 베이트의 집어능력이 우수하다는 이야기는 이에 비롯된다. 그러나 대부

배스는 생소한 물체에 강한 호기심을 보이곤 한다.

분의 경우 입질로 이어지지는 않으므로 이러한 경우에는 먼저 빅 베이트를 캐스팅해 호기심으로 따라오는 배스를 확인한 후, 바로 소형 웜을 장착한 노 싱커 리그(No sinker rig) 등을 투입함으로써 배스의 입질을 유도할 수 있다.

빅 베이트의 사용법

① 빅베이트의 표층 슬로우 리트리브

가장 기본적인 빅 베이트의 사용법이다. 가라앉지 않을 정도의 속도로 천천히 감아 들이는 것으로서 느린 속도에도 확실히 움직이는 빅 베이트를 사용한다. 표층을 천천히 헤엄치는 빅 베이트에는 바닥에 붙어있던 배스도 수면으로 올라와 공격하는 경우가 많다. 중요한 것은 빅 베이트 자체의 동작 이외에 일절 다른 동작을 부여하지 말아야 한다는 점이다.

② 빅베이트의 카운트다운 & 슬로우 리트리브

배스의 활성이 낮아 반응이 적을 경우에 사용하는 방법으로 중층이나 저층을 느린 속도로 일정하게 끌어 들이는 방법이다. 일반적으로 싱글 훅(Single hook)의 지그헤드(Jighead) 스타일을 사용하며 밑걸림을 방지하기 위하여 아래쪽에 장치되어 있는 트레블 훅(Treble hook)은 떼고 사용하도록 한다.

③ 빅베이트의 데드 스티킹(Dead Sticking)

플로팅(Flouting) 기능의 빅 베이트를 활용하는 탑 워터(Top water)적인 사용방법이다. 낚싯대를 극히 가볍게만 움직여 주는 동작방법으로 먼저 빅 베이트 착수음으로 배스의 주목을 끌어낸다. 그리곤 늘어진 낚싯줄을 조금 흔들어주는 정도로 미묘하게 빅 베이트를 움직여 주는 기술이다. 바람이나 물결에도 영향이 있으

〈그림〉빅 베이트 작동법

표층 연속 끌기
아쭈 ?
카운트다운+연속끌기
Big Bass
데드 스티킹
어라?
Big Bass
테이블 턴
요건 뭐야?
Big Bass

실제의 물고기를 정교하게 본딴 빅 베이트인 하드 스윔베이트.

므로 예민하고 탁월한 낚싯줄의 제어는 물론 바람을 읽을 줄 알아야 하는 고도의 기술을 요한다.

④ 빅베이트의 테이블 턴(Table Turn)

역시 플로팅(Flouting) 기능의 빅 베이트를 활용하는 탑 워터적인 사용방법이다. 빅 베이트가 일정한 장소에서 느린 속도로 구불구불하게 움직이도록 하는 방법으로 낚싯대를 가볍게 단속적으로 움직여 마치 워킹 더 독(Walking the Dog)동작을 한자리에서 더욱 크게 연출하는 것과 유사한데 수면에서 몸체를 완전히 돌리는 것과 같이 움직이도록 한다.

빅 베이트용 장비

① 낚싯대의 선택

거대한 빅 베이트(Big Bait)를 사용할 때 플리핑 용이나 크랭크베이트 용 낚싯대

다양한 빅 베이트들.

도 사용가능하지만 몇몇 브랜드에서 빅 베이트 전용 낚싯대를 출시하고 있으므로 이를 사용하는 것도 효과적이다.

빅 베이트 전용 낚싯대라면, 일반적인 배스낚시용 낚싯대와는 달리 3oz(100g)를 훨씬 넘는 중량의 루어를 캐스팅하고 또한 동작시키는 것이 가능한 빅 베이트의 능력을 최대한으로 끌어내기 위한 낚싯대가 필요하다. 빅 베이트의 캐스팅 시 루어의 무게가 블랭크에 충분히 실리도록 휨새와 힘이 적절히 겸비되어야 하며, 또한 반발력이 뛰어나 루어의 원투도 가능해야 한다. 더욱이 배스의 약한 입질에도 바늘에 잘 걸릴 수 있도록 배스가 이물감을 느끼기 어려운 유연함도 갖추어야 하는 모순된 요소가 필요하다.

종합적으로 빅 베이트 전용 낚싯대는 길이 7~7.6ft.(약 2.1~2.3m) 전후, 레귤러(R) 휨새, 사용가능한 낚싯줄은 최대 25~30Lb 정도까지, 그리고 루어의 중량이 20~150g 정도로 폭넓게 사용 가능한 낚싯대가 바람직하다. 더욱이 빅 베이트

〈그림〉소프트 바디형 빅베이트 덧바늘 다는 방법

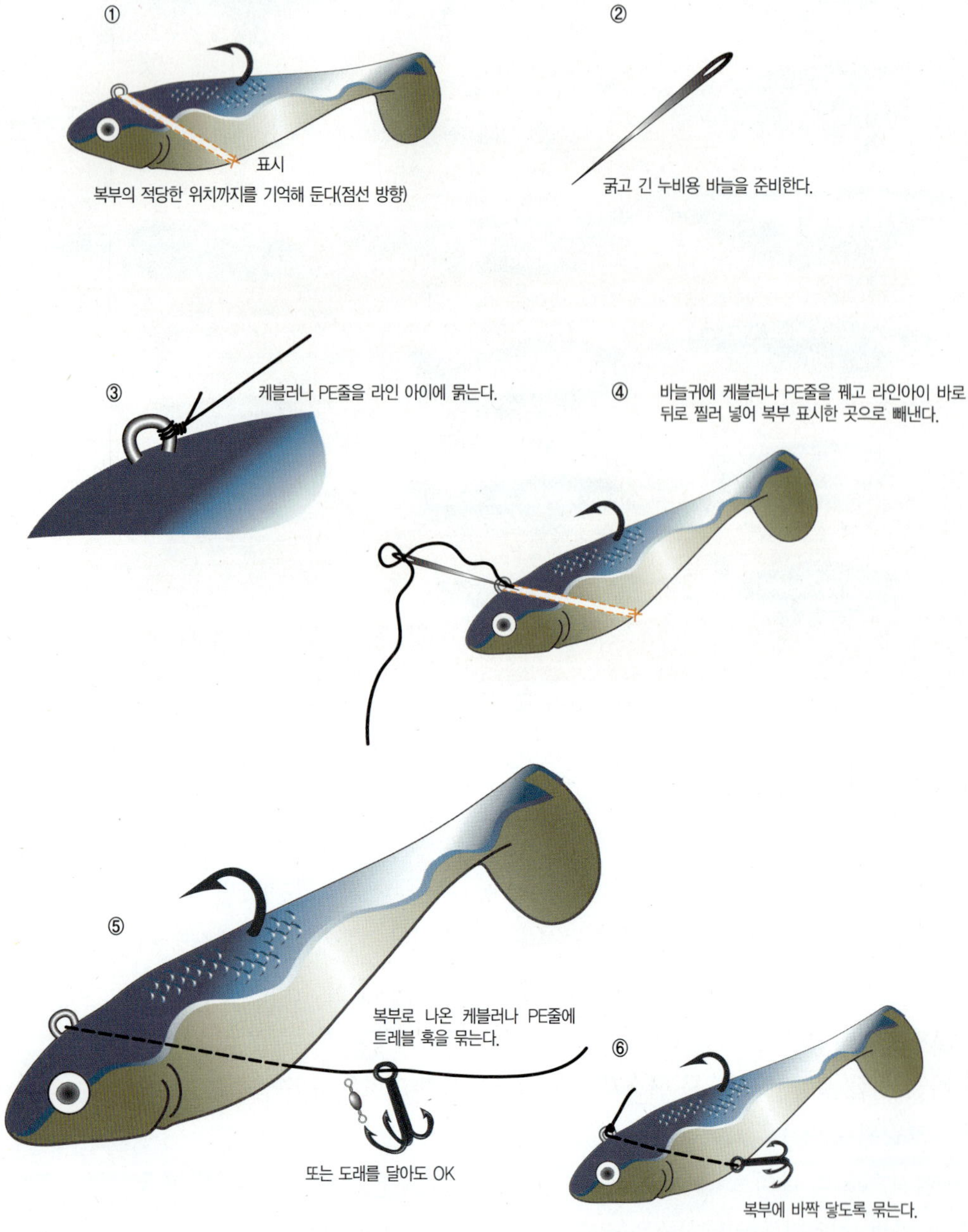

9

자체는 물론 이를 사용하는 장비의 중량이 일반적이지 않으므로 장시간의 사용에도 낚시인에게 피로감을 주지 않도록 완전한 장비를 갖추었을 때 낚싯대의 밸런스도 매우 중요하다.

그러나 1~2oz(30~60g) 정도 중량의 빅 베이트를 사용하는 경우라면 굳이 전용 낚싯대를 사용할 필요가 없으므로 주로 사용하고자 하는 빅 베이트의 무게와 낚싯줄을 고려하여 적합한 일반 배스낚시용 낚싯대를 이용한다.

② 빅베이트용 릴의 선택

거대한 빅 베이트(Big Bait)를 사용할 경우에는 릴도 역시 일반적인 배스낚시에 사용하는 릴보다는 권사량이 좀더 많은 릴을 사용하는 것이 바람직하다. 장비가 전체적으로 중량급이 되므로 스피닝 릴보다는 베이트 캐스팅 릴이 유리하며 빅 베이트의 크기와 무게를 고려해 기어비가 낮아 감아 들이는 힘이 강한 릴을 사용하도록 한다. 물론 소형의 빅 베이트를 사용하는 경우라면 일반적인 배스낚시용 릴의 사용에 문제가 없다.

③ 빅베이트용 낚싯줄의 선택

낚싯줄은 사용하는 빅 베이트(Big Bait)의 무게를 고려하여 선택한다. 2oz(60g) 이상의 빅 베이트를 사용하는 경우의 낚싯줄은 25~30Lb를 사용하고, 2oz(60g) 이하의 소형 빅 베이트를 사용하는 경우에는 16Lb 정도를 기준으로 사용하도록 한다.

소프트 바디형 빅 베이트 바늘

트레블 훅(Treble hook)이 복부에 부착되어 있는 하드 베이트(Hard bait)형 빅 베이트와 달리 소프트 바디(Soft Body)형 빅 베이트는 싱글 훅(Single hook)을 위쪽으로 향하도록 부착하므로 배스의 입질 시에 챔질이 안되는 단점이 있다. 이를 보강하기 위해 트레블 훅을 아래쪽으로 덧붙여 챔질이 잘 되도록 유도한다.

제품에 따라서는 낚싯줄 고리에서 빅 베이트 내부로 철사가 이어져 아래쪽에 바늘을 덧달 고리를 만들어 놓은 제품도 있다. 하지만 그렇지 않은 경우에는 〈그림〉과 같이 싱글 훅의 바늘귀 고리에서부터 케블러 줄이나 PE 낚싯줄을 봉제용 바늘을 이용해 스윔 베이트의 복부 중간쯤으로 통과시키고 덧바늘을 묶어 사용하도록 한다.

■빅배스용 스피너 베이트(Spinner bait)

사계절 널리 쓰이는 루어 가운데 하나며, 씨알 선별력에 있어서도 우수한 기능을 발휘하는 스피너베이트 경우 기존 제품에 비해 블레이드(blade)가 두 배 가량 크다. 일반적으로 스피너베이트의 블레이드는 4~5호 정도를 많이 사용하는데, 빅 베이트용은 10~11호 정도의 대형 블레이드가 채택된다.

블레이드는 빛의 반사 측면에서 효과가 있는 버드나무 잎 형상의 윌로우리프(willowleaf) 타입이 주류를 이룬다. 이외에 스커트(skirt)를 대신해 고무 재질의 소프트 베이트를 장착한 기능성 스피너베이트도 있다.

(상)텐덤 타입(좌측)과 소프트 베이트가 장착된 스피너베이트(우측). (하) 블레이드가 기존 제품에 비해 두 배 가량 크다.

■빅배스용 버즈 베이트(Buzz bait)

탑워터 루어에 속하는 버즈베이트의 경우 블레이드 형태에선 커다란 변화가 없었다. 버즈베이트는 프로펠러 모양으로 생긴 블레이드의 재질과 회전 방향에 의해 조과가 결정된다.

블레이드는 보통 플라스틱 또는 알루미늄 재질로 제작된다. 금속성 고음을 내는 알루미늄 재질의 블레이드는 활성도가 좋을 때 사용하며, 중저음의 플라스틱 블레이드는 활성도가 좋지 못할 때 효과적이다. 버즈베이트 가운데는 회전 방향이 서로 다른 블레이드를 장착해 기능성을 높인 텐덤(tandem) 타입도 있다.

기존 버즈베이트(아래)에 비해 상당히 긴 암(arm)을 장착한 버즈베이트.

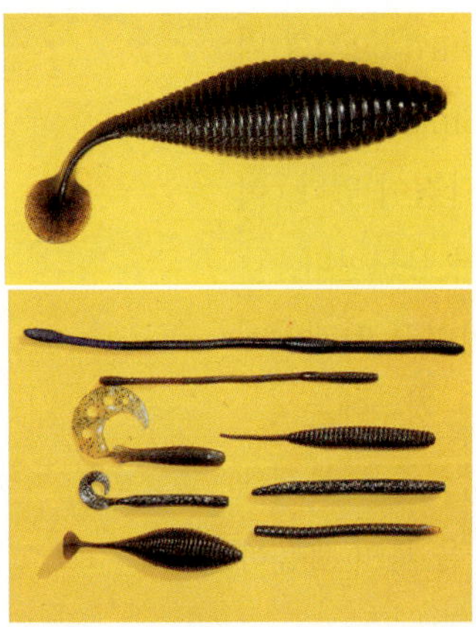

■빅배스용 웜(Worm)

웜의 길이가 보통 7인치에서 10인치까지 긴 제품들이 주류를 이룬다. 이들 제품 가운데 '뱀장어를 형상화한 10인치 토너먼트 크롤라 웜과 13인치 데롱 웜은 텍사스 리그에 적합하며, 몸통이 굵고 무게가 나가는 스테거(sttagger) 웜은 노싱커 채비에 효과적'이다.

이외에도 8인치 그럽웜, 꼬리 부분에 돌기가 있는 7인치 킹쿠 웜, 꼬리와 몸통 모두에 돌기가 있는 8인치 데쓰아더 웜 등도 있다. 이처럼 사이즈 면에서 크고 긴 웜 타입은 미국뿐 아니라 이미 오래 전부터 국내에서도 유행했으나 근래 더한층 다양한 제품들이 출시되고 있다.

웜 역시 사이즈가 대폭 커지고 기능성도 함께 고려됐다.

빅 베이트 사용 유의사항

① 소프트 바디형 선택 요령

■연질 플라스틱 재질은 유연할수록 수중에서의 움직임이 좋다.

■유영자세는 꼬리 목부분의 두께의 의해 차이가 나는데, 빅 베이트에서 가장 중요한 부분으로 꼬리 목부분이 두꺼우면 어느 정도 이상의 릴링 속도가 아닌 이상, 빅 베이트가 움직이지 않는다. 또한 너무 가늘면 꼬리의 움직임이 몸통으로 전달되지 않아 파동이 발생하지 않게 된다.

■꼬리 자체가 작을수록 유영이 좋고 크면 존재감은 좋지만 둔해진다.

■몸통과 꼬리의 관계에서 몸통은 크기와 중량이 있어야 한다. 그렇지 않으면 꼬리 움직임에 밀려 움직이지 않아 파동발생이 적어진다.

배스는 너무 맑거나 지나치게(탁하지 않은) 적당히 흐린 물색을 선호한다.

② 배스의 입질 형태

■빅 베이트를 배스가 반전하면서 무는 형태 : 확실한 느낌이 전달되므로 챔질하기 쉬운 형태의 입질이다.

■배스가 빅 베이트를 동일한 속도로 따라오면서 꼬리를 무는 형태 : 입질이 낚싯대까지 전달되지 않는 경우가 많다. 이 경우 덧바늘이 없다면 낚기 어려울 수도 있다.

③ 실제 사용상 유의점

■빅 베이트는 배스의 입질에서 챔질에 이르는데 상당한 이동거리가 필요하다. 배스가 루어와 동일한 속도로 따라오면서 계속 꼬리를 무는 형태의 경우에 배스를 확실한 입질로 이어지도록 하기 위해 상당한 거리가 필요하다. 그러므로 그날의 상황이 뒤를 따라오며 무는 형태라면 원투 공략이 기본이 된다.

■일반 루어는 루어의 몸통에 배스의 입질이 집중되는 반면 빅 베이트에는 꼬리로 입질이 집중된다. 그러므로 덧바늘을 필히 부착하여 챔질 성공률을 올릴 필요가 있다

■빅 베이트를 따라오는 배스는 확인되지만 물지 않는 경우는 빅 베이트의 교체 속도가 중요하다. 즉, 빅 베이트의 종류(색상, 크기 등)를 빠르게 교체 사용하여 그중 배스가 전혀 다르게 반응하는 그날의 효과적인 빅 베이트를 찾도록 한다.

■빅 베이트의 속도가 빨라 입질이 정확치 않아도 다시 공격하는 경우가 많으므로 서둘러 챔질하지 않도록 한다.

빅 베이트의 장단점

① 장점

■압도적인 몸체 면적에서 발생되는 수류로 일반 루어에 익숙해진 배스를 유혹하고 거대한 실루엣으로 소형의 배스를 피해 대형만을 골라 입질을 유도하는 장점이 있다.

■호기심이 왕성한 배스에 대한 집어 효과가 좋다.

② 단점

■일반 루어에 비해 매우 고가이다.

■보관과 휴대가 용이하지 않다.

■소프트 바디 형태의 경우 매우 약하여, 배스를 5~6마리를 낚으면 몸체가 쉽게 망가진다. 전용 접착제를 사용하면 보수가 가능하지만 현장에서는 불가능하다.

■일반적인 배스낚시용 장비로는 사용하기가 곤란하다.

제10장

장비 관리

낚시장비는 세 번 태어난다. 제조 공장에서 한 번 태어나고, 낚시인의 손에서 다시 한 번 태어난다. 똑같은 장비라도 사용하는 사람에 따라 장비는 능력을 최대로 발휘하기도 하고, 아쉽게도 부실을 면치 못하기도 한다. 장비 관리에도 나름대로의 요령이 있다.

낚싯대 관리

가) 낚싯대에 표기된 낚싯줄의 강도와 루어의 무게를 준수한다. 정해진 규격을 초과하여 사용하는 것은 낚싯대 파손의 원인이 된다.

나) 해결할 수 없는 밑걸림이 발생하여 줄을 끊어야 할 경우는 무리하게 낚싯대를 사용하여 당기지 말고 낚싯줄과 일직선이 되도록 하여 당긴다.

다) 포인트 이동 시 루어를 톱 가이드(Top Guide) 끝까지 감아 들여 매달고 다니면 가이드에 손상을 줄 수 있다. 훅 키퍼(Hook keeper)가 있는 낚싯대라면 바늘을 훅 키퍼에 고정시키되 그것이 없다면 손잡이의 코르크에 꽂거나 첫 번째 가이드 발에 고정시켜 이동하는 습관을 들인다.

라) 자동차를 이용한 이동에는 자동차 실내에 거치대를 설치하여 활용하면 불의의 손상 예방은 물론 탑승자에게도 쾌적하다.

마) 여름철 자동차 실내 특히 고온이 되는 트렁크에서의 장기보관은 낚싯대의 손상을 줄 수 있다.

바) 두 토막 이상의 낚싯대인 경우 접합부분이 분리되지 않는 경우가 발생하면

〈그림〉밑걸림 시 낚싯줄 끊는 법

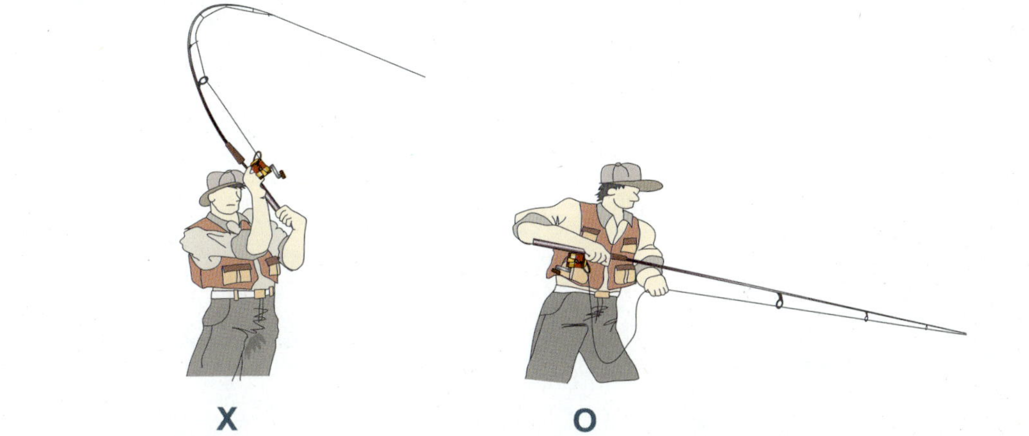

〈그림〉이동 시 루어 고정법

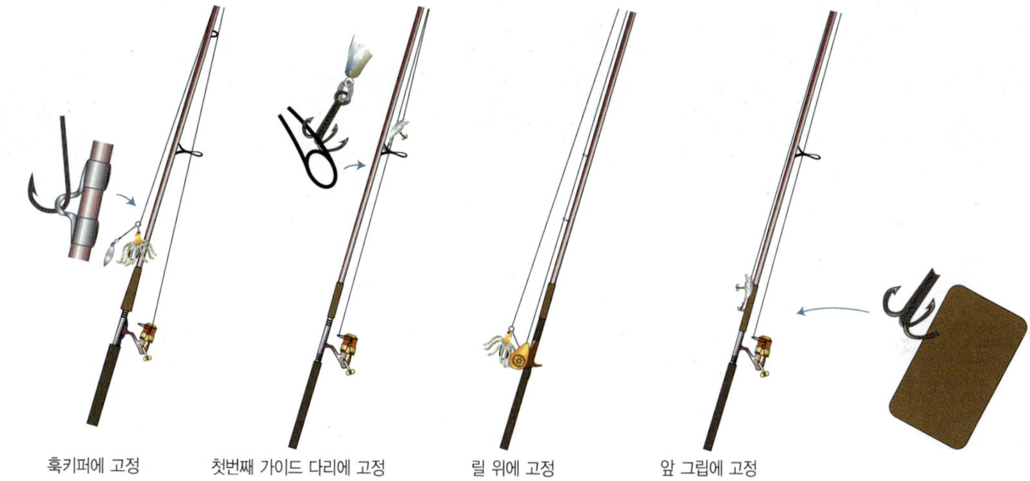

가이드를 잡고 비트는 등의 무리하게 분리하려 하지 말고 다음과 같이 한다.

①먼저 접합부의 적당한 거리에 굵은 고무줄이나 비닐 테이프를 두껍게 감는다.

②그 위를 각각 양손으로 잡고 반대방향으로 서서히 회전시키며 잡아당긴다.

③낚싯대 블랭크의 직경이 늘어나 힘의 전달이 용이해짐으로 쉽게 분리된다.

사) 사용 후에는 미지근한 물로 표면의 이물질을 깨끗이 흘려내고 마른 헝겊으로 닦은 후 통풍이 잘 되고 그늘진 곳에 보관한다.

차량 내부 거치대에 수납된 낚싯대.

아) 수시로 가이드의 내측 링(Ring)을 검사하여 상처가 있다면 신속히 A/S를 받아 낚시도중 낚싯줄의 끊김을 예방한다.

릴 관리

가) 메이커에서 제공한 릴의 사용설명서에 나와 있는 사용 방법을 그대로 따르는 것이 가장 효과적인 관리법이다.

나) 분해조립도면을 잘 보관해 두며 스스로 분해조립 할 수 있는 것이 가장 바람직하다. 주기적으로 분해하여 내부 청소와 윤활유(Oil) 및 그리스(Grease)의 주입을 실시한다.

다) 사용 도중 물에 빠뜨리거나 흙이 들어갔을 경우 절대 무리해서 릴을 구동시키지 않도록 한다. 이러한 경우에는 사용을 멈추고 귀가 후 즉시 분해청소 한다.

〈그림〉릴 관리 요령

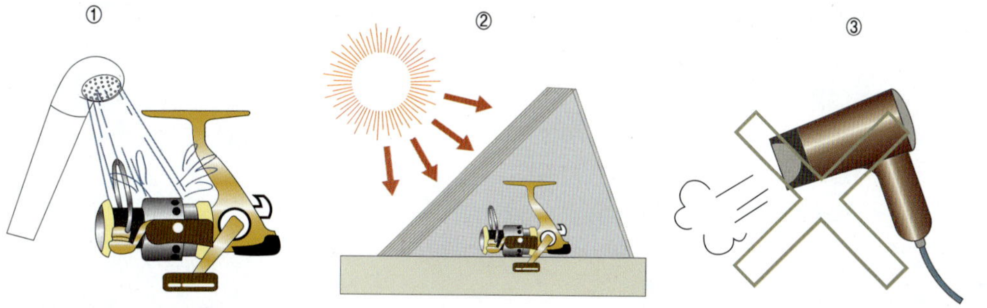

① 샤워기를 이용하여 1~2분 간 세척한다

② 물이 잘 빠지도록 하여 반드시 그늘에서 말린다.

③ 건조 시 드라이어 사용은 내부에 오히려 습기를 발생시키거나 그리스를 녹여 흐르게 하는 역효과가 있을 수 있다.

라) 염분(소금기)이 있는 물에서 사용한 후라면 반드시 흐르는 물로 세척하고 말리도록 한다. 릴 내부의 기어와 베어링에 염분은 치명적이다.

마) 윤활유와 그리스를 주입할 때는 반드시 지정된 제품을 지정된 위치에만 주입한다. 서로 뒤섞어 사용하면 성능의 저하를 일으킨다.

바) 드랙(Drag) 성능의 유지를 위해서 릴을 보관할 때는 드랙을 헐겁게 풀어놓는다.

사) 소형의 정밀한 릴을 사용하므로 밑걸림이 발생하여 낚싯줄을 끊어야 할 경우에는 무리한 당김이 릴 내부 부속의 손상을 부를 수 있으므로 릴에 무리한 하중이 걸리지 않도록 줄을 잡아서 끊도록 한다.

아) 사용 후에는 미지근한 물로 표면의 이물질을 깨끗이 닦고 마른 헝겊으로 닦은 후 통풍이 잘 되고 그늘진 곳에 건조시켜서 보관한다. 릴 세척 시에 너무 더운 물을 사용하면 내부의 그리스가 녹아 흐를 수 있으므로 주의한다.

낚싯줄 관리

가) 낚싯줄은 사용하지 않고 가만히 놓아두어도 인장력과 결절강도 등 성능이 서서히 저하된다. 일반적으로 나일론(Nylon, 모노필라멘트) 낚싯줄은 포장을 뜯지

■스피닝 릴의 주유

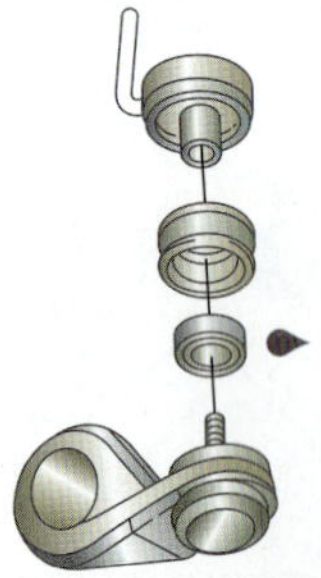

라인롤러 부위

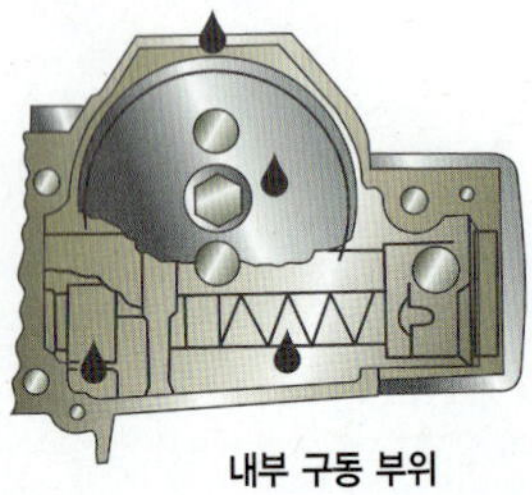

내부 구동 부위

릴 세척 이후에는 정해진 오일을 사용하여 주유한다. 일반적인 경우는 내부 부품에 직접 주유하지만, 분해할 수 없는 제품은 설명서에 정해진 주유구에 직접 주유한다(사진참조).

스풀워셔 주유.

릴 바디 주유.

라인롤러 주유.

■베이트 릴의 주유

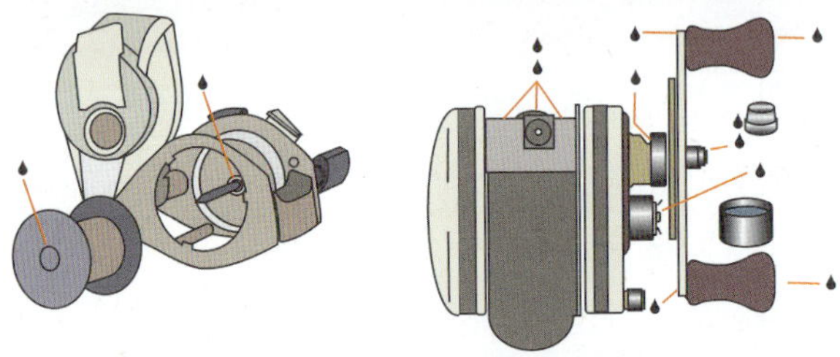

릴 세척 이후에는 구동 부위에 정해진 오일을 그림과 같이 주유한다.

베이트 릴 주유.

않고 있어도 성능유지 수명은 1년 정도이다. PE줄의 경우는 그보다 2~3배 정도 긴 수명을 갖고 있으나 사용빈도에 의해 그 수명은 매우 짧아진다.

나) 따라서 낚시 전후에는 언제나 낚싯줄을 검사하는 습관을 갖는다. 육안이나 감촉으로 검사해 이상이 있는 경우는 충분한 길이만큼 잘라낸다.

다) 나일론 낚싯줄의 경우는 2~3회 사용 후 완전한 교체를 하는 편이 바람직하며 PE줄의 경우는 표면에 보풀이 일었다면 수명이 다한 것으로 간주한다.

라) 바닷물의 염분은 물론 담수에서도 여러 가지 유기물이 낚싯줄 표면에 남아있게 되므로 특별한 이상이 발견되지 않은 경우에도 조행 후에는 흐르는 맑은 물에 충분히 세척하고 그늘에서 건조시킨다.

마) 고가의 최고급품 낚싯줄도 꼬임이나 상처가 생기면 쉽게 끊어진다. 낚싯줄은 소모품임을 기억하여 교체시기를 지나치지 않도록 한다. 필요 이상의 고가 제품을 사용하지 않는 것도 한 방법이다.

바) 낚싯줄의 성능 유지와 매끄러운 풀림을 위하여 각종 분무식 윤활제의 사용도 효과적이다. 특히, PE줄 사용 시에서는 전용 윤활제를 충분히 활용하여야 엉킴을 줄일 수 있다.

루어 관리

가) 사용한 루어를 보관할 때에는 습기를 완전히 제거한 후에 보관한다. 밀폐된 용기에 보관할 경우에는 방습제를 함께 넣어두는 것이 좋다.

나) 소프트 베이트(Soft bait) 중 특히 웜(Worm) 종류에는 플라스틱을 녹이는 가소제(可塑劑) 성분이 들어있으므로 일반 플라스틱제 루어와는 서로 닿지 않도록 별도로 보관한다.

다) 마찬가지 이유로 일반적인 일반 플라스틱 용기에 웜(Worm)을 보관하는 경우 용기가 녹아버리는 경우가 있으므로 웜의 보관은 전용 태클박스를 사용하는 것이 바람직하다.

라) 서로 다른 색상의 웜(Worm)을 한꺼번에 보관하면 색상이 서로 물들을 수 있으므로 분리 보관한다.

배스낚시의 희열은 배서만이 안다.

마) 냄새나 맛이 첨가된 웜(Worm)을 일반적인 태클박스에 그냥 보관할 경우 악취의 원인이 되므로 먼저 밀폐기능이 있는 소형 비닐 백 등에 수납한 후 태클박스에 정리한다.

바) 트레블 훅(Treble hook)이 부착된 루어는 서로 엉키기 쉬우므로 각각 전용 캡을 씌워 보관하면 편리하다.

사) 하드 베이트(Hard bait)는 사용 후에 물로 깨끗이 닦고 통풍이 잘 되고 그늘진 곳에 충분히 건조시킨 후 보관한다.

아) 금속 부분이 있는 루어는 염분이나 습기에 취약하여 녹이 슬기 쉬우므로 보관에 주의한다.

부록

배스낚시 용어 찾아보기

배스낚시 용어 찾아보기

ㅂ

ㅅ

ㅋ

ㅌ

ㅍ

ㅎ

낚시 Q&A 4

배스낚시 100문 1000답

1판 8쇄 인쇄 2019년 7월 10일
1판 8쇄 발행 2019년 7월 16일

지은이 낚시춘추 편집부

발행인 김국률
발행처 예조원

출판등록 제301-2010-184호

주소 서울특별시 중구 퇴계로 180-3
전화 (02)2272-7272 팩스 (02)2272-7275

값은 표지에 있습니다.
ISBN 978-89-94129-04-4 (03690)